江苏省教育科学“十三五”规划专项课题“STEM 理念下初中物理教学的实践研究”
(立项编号：E-c/2020/21)成果

STEM 理念下
初中物理教学的理论与实践

肖　晨　主编

苏州大学出版社

图书在版编目（CIP）数据

STEM 理念下初中物理教学的理论与实践 / 肖晨主编.
苏州 : 苏州大学出版社, 2025. 4. -- ISBN 978-7-5672-
5198-4

Ⅰ. G633.72

中国国家版本馆 CIP 数据核字第 2025KC4753 号

内容简介

随着新一轮科技革命和产业变革的加速演进，如何培养创新型人才是全球教育正面临的挑战。STEM 教育正成为全球教育的热点，也是我国建设教育强国、科技强国的重要路径。实践证明，指向核心素养的 STEM 理念下初中物理教学的理论与实践探索具有重要的价值和意义。本书从理论概述和实践研究着手，通过基于初中物理教材、综合实践活动和跨学科的丰富的 STEM 课例，阐述了 STEM 理念下初中物理教学的策略和实践模型。我们期待其成为中小学教师开展 STEM 教育、跨学科教学实践及探索人才培养路径与策略的参考资料和教师指导用书。

书　　名：STEM 理念下初中物理教学的理论与实践
STEM LINIANXIA CHUZHONG WULI JIAOXUE DE LILUN YU SHIJIAN

主　　编：肖　晨
责任编辑：周建兰
装帧设计：吴　钰

出版发行：苏州大学出版社(Soochow University Press)
社　　址：苏州市十梓街 1 号　**邮编**：215006
印　　刷：苏州市古得堡数码印刷有限公司
邮购热线：0512-67480030
销售热线：0512-67481020

开　　本：787 mm×1 092 mm　1/16　**印张**：14　**字数**：291 千
版　　次：2025 年 4 月第 1 版
印　　次：2025 年 4 月第 1 次印刷
书　　号：ISBN 978-7-5672-5198-4
定　　价：46.00 元

苏州大学出版社营销部　电话：0512-67481020
苏州大学出版社网址　http://www.sudapress.com
苏州大学出版社邮箱　sdcbs@suda.edu.cn

Preface 序

波普尔曾经说过，我们对世界了解得越多、越深入，我们对所不知道的事物的认识就会越明确、具体和清晰。波普尔提醒人类：学习越深入会越发现自己的无知。我们引导孩子拥有学习的内驱力的手段到底是什么？要让孩子们明白学习本身就是目的，要让孩子明白来到世界，有一个使命就是学习。

科技发展以前所未有的速度推动着社会进步与变革，而科学的重大发现跟上个世纪相比却进步有限，这是我们要思考的问题。随着教育改革的不断深入，如何在义务教育阶段更有效地培养学生的科学素养和创新实践能力，成为教育工作者面临的重要课题。STEM 教育成为一个极具吸引力的理念，它涵盖了有助于培养学生上述所说各项能力的课程。STEM 理念倡导科学（Science）、技术（Technology）、工程（Engineering）和数学（Mathematics）的跨学科整合，这种整合就是从科学本质视角建立内在逻辑，从项目和问题视角重构科学知识的理解，从创新创造的实践视角突破科学表达的内隐“瑕疵”，学生的独立思考和独立实践在自由创造中被激活。

《义务教育物理课程标准（2022 年版）》规定跨学科实践课时占比不少于 10%，初中物理教学中的 STEM 理念深度契合新时代科学教育要求。作为基础科学的重要组成部分，物理学不仅揭示了自然界的奥秘，更是现代科学发展的基石。义务教育物理课程作为科学教育的重要组成部分，以提高全体学生科学素养为目标，注重科学知识的传授与技能的训练，更强调对学生学习兴趣、探究能力和创新意识的培养。新课程标准强调从生活走向物理，从物理走向社会，贴近学生生活，符合学生认知特点，激发学生探索科学的兴趣与热情。这些理念与 STEM 教育理念不谋而合，共同构成了新时代物理教育的重要指导思想。

本书正是在这样的背景下应运而生的。本书系统梳理了 STEM

理念在初中物理教学中的应用现状与发展趋势，结合丰富的教学案例和实践经验，深入探讨了如何在初中物理教学中有效融入 STEM 理念，以提升学生的综合素养和创新能力。本书不仅介绍了 STEM 教育的基本概念、核心理念和教学模式，还详细阐述了如何在物理课程中设计跨学科的学习活动、开展探究式学习、实施项目式学习等，为一线教师提供了具体可行的教学策略和操作方法。

尤为值得一提的是，本书紧密结合《义务教育物理课程标准（2022 年版）》的要求，将 STEM 理念与物理课程的具体内容紧密结合，通过以工程实践为主线的生动的项目案例和翔实的分析，展示了 STEM 理念在初中物理教学中的广泛应用和显著成效。这不仅有助于教师深入理解 STEM 理念的内涵与价值，更能够激发他们在教学实践中积极探索、勇于创新的精神。

总之，《STEM 理念下初中物理教学的理论与实践》一书是一本集理论性、实践性和创新性于一体的优秀著作。它对于推动 STEM 理念在初中物理教学中的深入应用、提升物理教学质量和效果、培养学生的科学素养和创新能力具有重要意义。希望本书的出版能为广大教育工作者提供有益的借鉴和启示，为推动我国基础教育的改革与发展作出积极贡献。

科学本质上是人类理性在经验世界中的最高组织形式，二者构成螺旋上升的共生体：理性为科学提供方法论武器，科学实践反过来扩展理性边界。我们的知识只能是有限的，而我们的无知必定是无限的。通过 STEM 教育，让我们拥有 System（系统）思维、Teamwork（团队）思维、Emotion（共情）思维、Morality（合道德）思维，形成谦卑而进取的态度，这才是本书想实现的价值。

在此，我衷心祝愿本书能够得到广大读者的喜爱和认可，并在实践中发挥积极作用。同时，也期待更多的教育工作者能够关注 STEM 理念的研究与实践，共同为培养具有创新精神和实践能力的新时代人才而努力奋斗。

高适有诗：性灵出万象，风骨超常伦。用它来看 STEM，恰如其分地揭示了科学探索的双重精神内核：科学的创造本质和超越品格。培养孩子们热爱学习、热爱科学，是我们一代人的使命。

江苏省教育科学研究院
数字教育研究所所长、江苏省
STEM 教育协同中心办公室主任

2025 年 4 月

Foreword 前言

党的二十大报告指出："教育、科技、人才是全面建设社会主义现代化国家的基础性、战略性支撑。必须坚持科技是第一生产力、人才是第一资源、创新是第一动力，深入实施科教兴国战略、人才强国战略、创新驱动发展战略，开辟发展新领域新赛道，不断塑造发展新动能新优势。"①

加强 STEM 教育是培养推动未来社会发展的高素质人才、提升国家竞争力的关键。本书希望通过基于教材课例和跨学科实践活动开发等课程设计，提高学生的高阶思维能力，提升学生对知识的理解和应用能力，培养学生的创新精神。

依托江苏省教育科学"十三五"规划课题"STEM 理念下初中物理教学的实践研究"，2020 年 1 月起，我们组建了以核心成员和骨干教师为主的首批种子物理教师团队，包括苏州工业园区金鸡湖学校、西安交通大学苏州附属初级中学、苏州工业园区星湾学校等多位骨干教师。从 2020 年 9 月起，化学、生物、地理等学科骨干教师也逐步加入研究，打破学科之间的界限，探索 STEM 物理＋跨学科课程研究。

2020 年 6 月，在区域层面，时任苏州工业园区教育局局长、现任苏州工业园区人大工委副主任沈坚与时任江苏省教育科学研究院副院长王国强共同主持的江苏省前瞻性教学改革实验项目"STEM 教育支持强基创新人才的融浸式实践"成功立项，标志着新一轮 STEM 教育改革的正式启动。前瞻性教学改革实验项目中期考核优

---

① 共产党员网．习近平代表第十九届中央委员会向党的二十大作报告［EB/OL］.［2022-10-16］. https://www.12371.cn/2022/10/16/ARTI1665901576200482.shtml.

秀，并顺利结项。该项目获苏州市教学成果奖一等奖。其间，苏州工业园区金鸡湖学校成为园区 STEM 教育支持强基创新人才的融浸式实践基地学校，园区成立了十大 STEM 联盟，涉及小学至大学，有数学、物理、生命科学等学科＋十大联盟，我有幸担任了 STEM 物理＋联盟“盟主”，与区域内初中物理学科教师一起前行探索。

在课例研发过程中，我们着力于物理课堂，开展 STEM 物理＋学科融浸。综合实践活动是苏科版初中物理教材的一大特色，目前苏科版初中物理教材中一共有 9 个综合实践活动案例，它是在一章或数章后为学生提供的一种特别的学习活动，是一种基于物理知识的项目学习活动。我们基于物理课堂，开展 STEM 物理＋学科融浸，开发基于 STEM 理念下的物理综合实践活动课例。形成了《自制弹簧测力计》《自制简易望远镜》《自制立体光学成像仪》《走近非遗：自制杆秤》等课例。这些课例以“活动·体验·探究”为课堂教学基本范式，呈现“微情境、深体验、巧智慧、促思维”的鲜明教学特色，课堂教学以情境体验为起点，以问题驱动为路径，以工程实践为主线，以探究为主要工作方式，以“产品”呈现为任务，培育了学生的工程思维、科学素养、设计和创新能力。同时，带领学生开展 STEM 理念下物理创新课例的学习实践，开展 STEM 小制作比赛。学生学以致用，在活动中尽情体验实践、创新、创造的乐趣，提升科学素养、创新意识和关键能力。

为探索拔尖创新人才的培养方式，我们以物理学科为核心学科，运用 STEM 理念有效促进课程的整合。苏州工业园区金鸡湖学校和西安交通大学苏州附属初级中学分别成立了“科创”俱乐部和乐学社等，选拔和培养一批人文素养强、科技能力强、创新意识强的卓越学生。教师团队善于钻研，开发的课程有学科特色，更着眼于学生学习兴趣和科学品质的培养。

2022 年，新的《义务教育课程方案》和《义务教育课程标准》正式颁布，课程标准指出，课程改革将朝着跨学科、项目制、综合性、实践性的方向推进。新课标将围绕发展学生核心素养，精选和设计课程内容，设置“跨学科主题”学习活动，占本学科总课时的 10%，强化学科间的相互关联，增强课程的综合性和实践性。我们团队确立的研究方向与新课标的理念不谋而合，积累的较丰富的课程资源和实践成果得到了积极推广，STEM 理念下的教学实践也促进了教师专业化发展。

2022 年 8 月，我来到苏州工业园区星洋学校（简称星洋学校）担任校党委副书记、校长，学校立足课堂数字化教学变革，立足应用与创新驱动，积极培育“互联网＋”教学理念与创新生态，不断从技术、资源、策略与模式建构等方面对传统线下教学进行融合再造。在积极探索和丰富实践的基础上，创设“移动·交互·合作·翻转·创客”为特征的“星洋云课堂”创新教学模式。以“云问卷、云教研、云教学、云评价、云直播、云阅卷、云合作、云课程”八朵教育云及其相应的 App 应用，使得课堂教学变得多元且灵动自由，在实践应用中呈现开放性、先进性、融合性等创新特征。2024 年，苏州工业园区“科技强国背景下整体构建中小学科学教育体系的区域创新实践”正式获批江苏省前瞻性教学改革实践项目。苏州工业园区星洋学校依托园区少年科学院项目，立足学科素养、新课标及实际学情，实施适切的优秀学生培育计划，成立星洋学校“科创”俱乐部，设立“强基＋班级组”提升课程，将课后服务与特色课程、课外活动、自主学习相结合，充分调动了学生学习探究的积极性，让更多的学生有了创新实践的平台。星洋学校积极贯彻新发展理念，营造“互联网＋”教育创新生态，线上线下融合，扎实推进“基于教学改革、融合信息技术的新型教与学模式”的探索与实践，不断丰富、创新“课堂·课程·课改”样态。2022 年度，学校获评“小平科技创新实验室”建设学校；2024 年 3 月，学校获 2021—2023 年苏州工业园区科技教育工作先进单位；2024 年 6 月，学校获苏州市科学教育综合示范学校；2024 年 12 月，学校获全国优秀 STEM 教育学校。

目前，STEM 教育虽然在国外有一些相关案例，但需要立足我国教育实际，开发适合我国学生发展的典型案例，推进创新型人才的早期培育。因此，我们希望把此研究的相关成果与教育同仁分享。

聚焦“双减”，提质增效，基于 STEM 理念开展教学，回归教育初心。STEM 教育不仅是课程，它更是一种全新的育人理念。STEM 教育带着教师、学生在奔向未来的路上遇见更好的自己。

由于研究还不够深入、研究水平有限，书中不足之处在所难免，希望得到同仁的批评指正！

2024 年 11 月

Contents

目录

理论篇

实践篇

理 论 篇

第一章

STEM教育

第一节 什么是STEM教育

随着全球化进程的加速与科技发展的日新月异，培养具备创新思维、批判性思维和跨学科解决问题能力的人才成为各国教育改革的焦点。1986年，美国国家科学基金会（National Science Foundaion，简称NSF）发布了名为《本科的科学、数学和工程教育》的报告，该报告首次提出"科学、技术、工程和数学"教育融合的理念，强调要"加强大学教育并追求卓越，以使美国下一代成为世界科学和技术领导者"。2001年，NSF 01-207中首次正式提出STEM的概念［STEM是科学（Science）、技术（Technology）、工程（Engineering）、数学（Mathematics）英文首字母的缩写］。

美国瓦利市州立大学（Valley City State University）在其官网上对"什么是STEM教育"做了如下解释："STEM超越其首字母缩写所意味的，它远不止于科学、技术、工程和数学。""STEM教育是关于学生参与的学习，是基于项目的学习，它运用科学探究过程和工程设计工程，是跨学科的，是关于积极学习的，是关于合作与团队工作的，是关于解决实际问题的，它连接抽象知识与学生的生活，整合过程和内容……"STEM教育首先是分学科的，在STEM教育中实施分学科教学是必不可少的。如果学生不理解单个学科中的相关知识概念，就无法建立起学科间的联系，STEM教育的整合也就成了无稽之谈。因此，STEM教育要求加强相关的不同学科专业知识的学习，STEM整合教育是不能替代在许多情况下适用的STEM分学科教学的。

一、STEM 教育的起源与在美国的发展

STEM 教育起源于美国。20 世纪上半叶，科学技术迅猛发展，科学被认为是社会发展进步的不竭动力。美国于 20 世纪 50 年代最早提出科学素养概念，认为提高国民科学素养是提升国家综合实力的关键。随着世界科学技术的快速发展，社会各行业发生了翻天覆地的变化，出现了科学技术和工程方面高素质人才紧缺的问题。

从提出 STEM 教育以来，美国陆续出台了一系列研究项目和报告。

1991 年，乔治·布什总统签署实施了《美国 2000 年教育战略》，提出了面向 21 世纪的国家六大教育目标，其中力争美国学生在数学与科学成就方面全球第一。①

1996 年，美国国家科学基金会发布了《塑造未来：透视科学、数学、工程和技术的本科教育》，提出将重点关注 K-12 阶段（幼儿园阶段到 12 年级阶段）STEM 教师师资的培养。②

2006 年，布什政府发布了《美国竞争力计划：在创新中领导世界》，提出未来 10 年政府将投入 1 360 亿美元的经费，用于构建科技与教育的宏伟蓝图，并明确提出，知识经济时代教育的目标是培养具有 STEM 素养的人才。自此，STEM 理念传播到世界各地并不断发展成熟。

2007 年，布什总统签署了《美国竞争法》，将“加强从小学到研究生的科学、技术、工程和数学综合教育”视为 21 世纪教育改革目标。③

2010 年，奥巴马总统正式推出“变革方程”教育计划，其致力于促进中小学 STEM 课程的开展。④

2011 年，《K-12 科学教育框架：实践、跨学科概念和核心概念》（以下简称《框架》）指出，科学教育须面向所有学生，普及科学与工程教育，并为学生未来从事 STEM 专业领域职业奠定基础。⑤

2013 年，《下一代科学标准》发布，沿承了《框架》的设计理念和目标要求，强调科学教育中的三个维度，即科学与工程实践、跨学科概念和学科核心概念。⑥

2015 年，奥巴马总统签署了《每一个学生都成功法》（简称 ESSA），关注取得

---

① 王定华．美国基础教育：观察与研究［M］．2 版．北京：人民教育出版社，2021：18.

② 朱珂．国际视野下 STEM 教育的理论与实践［M］．北京：科学出版社，2020：17.

③ 中国科学院．《美国竞争法》出台［EB/OL］．(2023-02-10)［2007-08-14］．https://www.cas.cn/xw/kjsm/gjdt/200906/t20090608_634782.shtml.

④ 白瑞，陈坚．奥巴马任期内 K-12 STEM 教育改革研究［J］．现代教育科学，2018（4）：145-151.

⑤ National Academies Press. A Framework for K-12 Science Education: Practices, Crosscutting Concepts, and Core Ideas［EB/OL］．(2023-08-10)［2012］．https://nap.nationalacademies.org/catalog/13165/a-framework-for-k-12-science-education-practices-crosscutting-concepts.

⑥ 朱珂．国际视野下 STEM 教育的理论与实践［M］．北京：科学出版社，2020：18.

教育进步的关键领域，包括鼓励地方投资和创新以促进 STEM 教学和学习，确保学生和学校取得成功。

2017 年，特朗普签署了一份总统备忘录，指示教育部每年拨款 2 亿美元加大对科学、技术、工程及数学即 STEM 专业教育的支持，尤其是对幼儿园到高中计算机科学教育的支持。[①]

2018 年，特朗普政府发布 STEM 教育下一个五年战略计划——《绘制成功之路：美国 STEM 教育战略》，为 STEM 的普及建立了强大的基础。[②]

2022 年，美国白宫发布《芯片与科学法案》，拨款 8 亿美元用于 STEM 劳动力发展。

2023 年 6 月，美国 STEM 教育联盟发布《K-12 人工智能教育框架》。

2023 年 10 月，美国国家科学基金会宣布在未来 5 年投资超 500 万美元，在波多黎各阿雷西博天文台创建 STEM 教育中心，以确保美国在科学、工程研究和创新方面保持全球领先地位。该中心将为学生提供参与研究、促进专业发展的机会，推动 STEM 领域的研究和创新。2023 年 12 月，美国白宫发布《通过 STEM 教育培养计算素养：联邦机构和利益相关者指南》，强调了计算素养对于创新的重要性，提出将计算素养融入 STEM 教育的四大关键主题，即计算思维基础能力、教师专业发展、数字伦理和社区参与。2024 年 1 月，美国未来教育科技大会召开，聚焦人工智能对 STEM 教育的影响：一是个性化学习，人工智能算法能够根据学生需求调整学习体验，提供个性化的支持和反馈。二是智能辅导，虚拟导师能够匹配学生的学习方式和学习节奏并提供有针对性的指导。三是数据驱动的洞察，教师借助人工智能分析海量数据，从中识别并分析出某些特定模式和趋势，从而在教育实践中作出高效、明智的决策。

2024 年 5 月 1 日，美国 STEMM 机会联盟在与美国白宫科技政策办公室联合举办的“白宫 STEMM 公平与卓越峰会 2024”上，正式发布《STEMM 公平与卓越 2050：国家进步与繁荣战略》。该战略的总体目标是帮助历史上被排斥和边缘化社区的 2 000 万人进入科学、技术、工程、数学和医学领域并取得成功。联盟成员表示，他们将向近 350 个新的和现有的及其他支持该战略的项目投入总计超过 20 亿美元。该战略指出，美国在科学、技术、工程、数学和医学（STEMM）领域的领导地位有望成为进步的引擎，助力未来建设更强大、更具包容性的美国经济和社会。

STEM 教育经过多年的发展，被认为是培养科技创新人才、提升公民科学素养、保持国家竞争力的有效路径。STEM 教育的关注点已扩展到各个教育层次，贯

① 朱珂．国际视野下 STEM 教育的理论与实践［M］．北京：科学出版社，2020：18.

② 曹东云，熊玲玲，程月青．《绘制成功之路：美国 STEM 教育战略》解读及启示［J］．世界教育信息，2019（11）：17-20，34.

穿从幼儿园到大学本科的教育系统。各国和各地区对于STEM教育的战略定位有助于解决世界经济转型的用工需求，弥补数字科技人才教育短板。STEM教育是科技人才培养的有效路径，这已经成为全球各个国家的共识。

二、STEM教育的核心理念

STEM教育的核心理念是跨学科学习，通过将不同领域的学科知识融合在一起，打破了传统学科之间的界限，将科学、技术、工程和数学等不同学科的知识和技能融合在一起，形成一个有机的整体。这种跨学科的学习方式有助于学生形成更为全面和系统的知识体系，让学生在探究和解决实际问题的过程中，掌握跨学科的知识和技能。在这个过程中，学生需要运用科学思维和工程方法，通过实验和探究来获取知识和技能，从而培养创新思维和问题解决能力。STEM教育的核心理念主要体现在：

STEM教育注重实践操作和项目式学习，强调通过实践活动来促进学生的学习和发展，学生通过各种实践活动和项目来应用所学的知识和技能，如进行实验、制作模型、设计产品等。这些实践活动和项目通常与现实生活中的问题和需求相关联，能够激发学生的学习兴趣和动力，同时也能够培养学生的团队协作和沟通能力。STEM教育鼓励学生面对复杂的问题，通过团队合作、讨论交流等方式，运用多学科的知识和技能来寻找解决方案。这种问题解决的过程有助于学生培养批判性思维和创新能力。

STEM教育还包括对计算机科学和人工智能等新兴领域的关注，让学生掌握与现代科技相关的知识和技能。STEM教育充分利用现代科技手段，如信息技术、人工智能等，为学生提供更加丰富和多样的学习资源和工具。这些技术工具的应用不仅提高了教学效率，也为学生提供了更多探索和创新的机会。此外，STEM教育还注重培养学生的全球视野和国家意识，让学生了解国内外科技、经济发展的现状和趋势，培养学生的国际视野和国家认同感。

STEM教育作为一种前瞻性的教育理念，深刻践行了跨学科融合的核心原则，它不仅仅是一个学科集合的标签，更是培养学生综合素养与创新能力的重要途径。STEM教育强调跨学科整合，其学习方式主要有三种：基于问题的学习（Problem-Based Learning）、基于项目的学习（Project-Based Learning）及基于设计的学习（Design-Based Learning），它们共同构成了培养学生面对复杂现实挑战能力的坚实基石。这些方式对于培养学生跨学科解决问题的能力、沟通交流能力、合作协作能力、批判性思维能力、创造创新能力等都发挥着重要作用。

在这些学习方式中，学生们被置于真实或模拟的问题情境中，这些问题往往跨越多个学科领域，要求他们综合运用科学原理、技术工具、工程思维和数学方法去寻找解决方案。这些学习方式不仅促进了知识的深度整合，还激发了学生的好奇心与探索欲，使他们在解决问题的过程中，自然而然地锻炼了当今世界所必需的关键技能。

首先，通过基于问题的学习，鼓励学生主动提出问题、分析问题，并在此过程中学会如何有效地收集、整理和分析信息，进而形成自己的见解。这一过程不仅培养了学生的批判性思维能力，还增强了其沟通交流能力，因为学生需要与同伴讨论、分享观点，共同构建知识。

其次，基于项目的学习为学生提供了一个实践创新的平台。在项目执行过程中，学生需要制订计划、分配任务、与团队协作，以完成一项具体的产品或提供某一种服务。这种经历极大地提升了他们的合作协作能力，同时也考验了他们的创造创新能力，因为项目的成功往往依赖于新颖的解决方案和技术的运用。

最后，基于设计的学习则强调"做中学"的理念，通过设计活动来引导学生探究、实践和反思。在设计过程中，学生不仅要考虑技术的可行性和市场的需求，还要兼顾用户体验和社会影响，这要求他们具备跨学科的视野和综合运用知识的能力。通过这种学习方式，学生不仅能够深入理解不同学科之间的联系，还能在解决实际问题的过程中，不断生成新思路、新方法、新技术乃至新产品，为未来的创新与发展贡献力量。

STEM 教育不是简单地把四门学科进行线性叠加，而是通过其独特的跨学科整合方式和学习方式，不仅打破了传统学科之间的壁垒，还为学生构建了一个全方位、多层次的成长环境。它以问题解决为基础，通过多样的学习活动形式，支持学生将原本独立、分散的不同领域的学科知识和技能进行整合，促进这些知识与技能在不同情境中的迁移和运用，最终生成新思路、新方法、新技术和新产品。

三、STEM 教育内涵的扩展

STEM 教育作为一种强调学科交叉融合和实践应用的教育理念，已被人们广泛认同并推广实施。但国际上目前对 STEM 教育尚未有一个公认的完整定义，近些年 STEM 教育的内涵也有很多不同的扩展，STEM 教育也有多种变式。其扩展版本如 STEAM、STEMM、STEAMS、E-STEM、STEM＋等，它们也是在适应不同地区、不同群体对综合素质教育和高层次人才培养的需求中应运而生的。这些扩展版本不仅加深了 STEM 教育与艺术、医学、社会科学、工程技术及其他领域之间的联系，而且凸显了 STEM 教育在现代社会发展中的核心地位。例如，STEAM 强调在 STEM 的基础上融入艺术与设计元素，培养学生的创新思维和审美能力；STEMM 则进一步拓宽至医学领域，培养能在生物技术、医疗设备研发等方面有所作为的人才；

STEAMS 在 STEAM 的基础上增加了社会科学的元素，旨在培养学生的伦理道德观念和适应未来社会变革的能力；E-STEM 则侧重于将环境要素纳入 STEM 体系；STEM＋则是一个更加开放包容的概念，鼓励根据具体需求灵活添加其他相关学科内容。

STEAM：科学、技术、工程、艺术和数学，在 STEM 的基础上加了“A”（Art，艺术）。它认为艺术能够激发学生的想象力和创新思维，促进跨学科学习。艺术不仅是一种创造性的表达方式，更是一种思考和解决问题的方法。STEAM 教育强调学生的创造力、审美能力和人文素养的重要性，致力培养全面发展的人才。美国弗吉尼亚理工大学学者格雷特·亚克门在 2010 年提出了 STEAM 学科整合的教育框架（图 1-1），提出要将多个学科整合起来，以跨学科的方式指导教学，形成了一个金字塔式的框架结构。

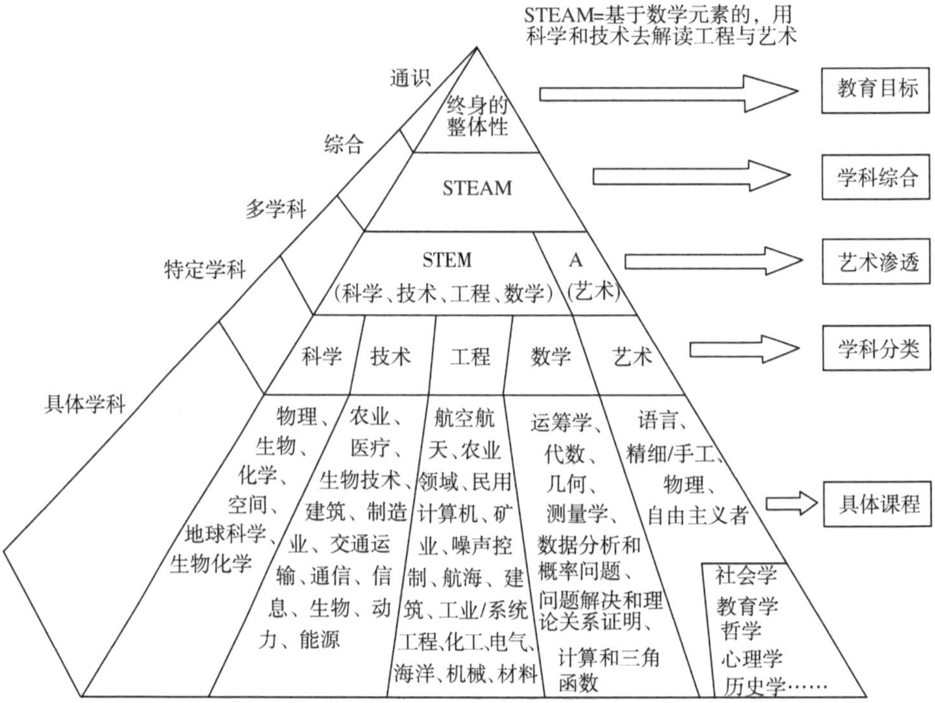

图 1-1　STEAM 教育框架①

STEMM：科学、技术、工程、数学和医学，在 STEM 基础上加了“M”（Medicine，医学）。这是由于社会对健康科学和生物医学技术的日益关注，旨在培养能够解决复杂医疗问题、推动医学科技进步的人才。医学的加入使得 STEMM 教育更加关注人体的结构和功能，以及疾病的治疗和预防。它强调生物学、生物化学、药理学等学科与 STEM 教育的紧密结合，以培养具备跨学科背景的医学人才。

① 朱珂．国际视野下 STEM 教育的理论与实践［M］．北京：科学出版社，2020：2.

STEAMS：科学、技术、工程、艺术、数学和社会，在 STEAM 的基础上加了“S”（Society，社会）。它强调 STEM 教育应关注社会影响、伦理道德和社会责任，培养学生的社会责任感和公民意识。社会因素在科技发展中起着至关重要的作用。STEAMS 教育理念认为，科技的发展应该服务于社会，造福人类。它鼓励学生运用 STEM 知识来解决社会问题，关注科技对社会的影响和伦理道德问题。

E-STEM：环境、科学、技术、工程、数学，在 STEM 基础上加了“E”（Environment，环境）。随着环境问题的日益严重，环境保护和可持续发展成了全球关注的焦点。E-STEM 理念鼓励学生关注环境问题，运用 STEM 知识来解决环境所带来的挑战。它强调环保和可持续发展的重要性，培养学生在科技社会活动中具备环保意识和责任感。

STEM+：这个是新概念，意在回归 STEM 的本质，在众多孤立的学科中架起桥梁，使零碎知识变成一个系统的整体，为学生提供整体认识世界的机会。作为一个教育领域的前沿理念和实践模式，STEM+不仅继承和发展了 STEM 教育体系的核心内涵，更是对传统教育方式进行深度革新的一种尝试。STEM+理念中的“+”寓意着无限的可能性与包容性，它强调打破传统教育模式下各学科间的壁垒，积极推动跨学科知识的深度融合与综合运用。在 STEM+的教育环境中，学生不再囿于单一的知识框架，而是突破科学、技术、工程和数学等传统领域界限，多角度、全方位地认识和理解现实世界中的复杂问题。这种教育方式不仅帮助学生建立更为全面、系统的知识体系，还着重培养他们的创新能力、批判性思维能力和问题解决能力。STEM+教育主张回归 STEM 的本质，即倡导跨学科整合学习，重视对学生综合能力的培养。它要求教育者根据社会发展和科技进步的实际情况，灵活调整和优化课程设计，使教学内容紧跟时代步伐，以满足不断变化的社会需求。

这些不同的扩展反映了不同时期、不同国家、不同教育主体对 STEM 的不同理解与需求，大框架下 STEM 的内容和含义可根据需要不断地调整。

综上所述，STEM 教育是一种注重跨学科学习、实践操作和项目式学习的教育理念，旨在培养学生的创新思维和问题解决能力，以及与现代科技和工程领域相关的知识和技能。

第二节　STEM 教育的理论基础

STEM 教育的理论基础是多元化的，它融合了多个教育理论和学科领域的思想，以支持其跨学科、实践导向和问题解决为核心特征的教学模式。STEM 教育的理论基础包括建构主义学习理论、社会文化理论和实用主义教育理念等。这些理论为 STEM 教育的发展提供了有力的支持。以下是 STEM 教育的主要理论基础。

一、建构主义学习理论

建构主义学习理论的代表人物有皮亚杰、维果茨基。建构主义强调学习是一个主动构建知识的过程，学生不是被动地接受知识，而是通过与环境的互动，将新信息与已有知识相结合，形成新的理解和认知结构。STEM 教育鼓励学生通过实践活动和问题解决来构建自己的知识体系，这与建构主义学习理论高度契合。

建构主义学习理论认为，学习是一个积极主动的过程，通过自己的经验和实践活动来构建知识。在 STEM 教育中，建构主义学习理论强调学生的自主学习和探究，让学生在实践和探究中构建自己的知识和技能。STEM 教育对学生个人发展和社会进步都具有重要的意义。在个人发展方面，STEM 教育可以培养学生的创新精神和实践能力，提高学生的综合素质和就业竞争力。在社会进步方面，STEM 教育可以推动科技进步和产业升级，为经济和社会发展提供强有力的支持。

二、社会文化理论

社会文化理论的代表人物为维果茨基。社会文化理论奠定了项目式学习中协作探究的理论基础，强调社会文化环境对个体发展的影响，特别是语言、文化和社交互动在认知发展中的重要性。STEM 教育中的团队合作、项目式学习和跨学科交流正是这一理论的应用体现。在 STEM 教育中，学生需要通过团队合作来完成项目任务，这不仅能够促进他们之间的沟通交流和协作能力，还能够让他们在共同解决问题的过程中深化对学科知识的理解和应用。此外，STEM 教育还鼓励学生参与社会实践和社区服务等活动，以便更好地将所学知识应用于社会实践中，实现知识与实践的有机结合。

三、实用主义教育理念

实用主义教育理念的代表人物为杜威。实用主义教育理念强调“做中学”，即学生通过实际操作和问题解决来学习知识和技能。实用主义教育理念是 STEM 教育的另一个重要理论基础。作为实用主义教育理念的代表人物，杜威强调教育应该以儿童为中心，以真实的问题为驱动，在解决问题的过程中培养其兴趣、增长其经验、发展其能力。这一理念与 STEM 教育强调的实践导向和问题解决理念不谋而合。

STEM 教育通过项目式学习、探究式学习等方式，让学生在真实或模拟的情境中运用所学知识解决问题，从而培养实践能力和创新能力。

在 STEM 教育中，教师需要设计贴近学生生活和社会实际的真实情境和问题，引导学生通过动手操作、实验探究等方式来解决问题。这种教学方式不仅能够激发学生的学习兴趣和动力，还能够培养他们的实践能力和创新能力。同时，STEM 教育还注重培养学生的批判性思维和问题解决能力，使他们在面对复杂问题时能够独立思考和做出明智的决策。

四、技术促进学习理论

随着信息技术的发展，技术促进学习理论逐渐成为 STEM 教育的重要支撑。这一理论强调技术工具（如虚拟现实、增强现实、在线编程平台等）在促进学生学习和创新能力方面的作用。STEM 教育充分利用这些技术工具，为学生提供更加丰富和多样的学习资源和环境。

五、学习生态系统理论

学习生态系统理论将学习环境视为一个复杂的系统，其中包括学生、教师、技术、资源等多个要素。这些要素之间相互关联、相互作用，共同构成一个支持学生学习和发展的环境。STEM 教育强调构建一个包含跨学科内容、有丰富实践机会和良好师生互动的学习生态系统，以促进学生的全面发展。

综上所述，STEM 教育的理论基础是多方面的，它融合了建构主义学习理论、社会文化理论、实用主义教育理念等多个教育理论和学科领域的思想。这些理论共同为 STEM 教育的实施提供了理论支撑和指导，帮助教育者更好地理解和实施 STEM 教育，推动了 STEM 教育在全球范围内的广泛实践和发展。在 STEM 教育中，教育者应该充分考虑学生的认知水平和需求，设计适合学生的学习任务和环境，提供必要的支持和帮助，促进学生自主学习和探究，提高学习效率和效果。

第三节 STEM 教育的特征

STEM 教育是一种注重跨学科学习、实践操作和项目式学习的教育理念，旨在培养学生的创新思维和问题解决能力，以及与现代科技和工程领域相关的知识和技能。它作为当代教育体系中的一股重要力量，正以其独特的魅力和深远的影响力，重塑着教育的未来。这一教育模式不仅融合了科学、技术、工程和数学等多个领域的知识，更强调跨学科的融合与实践创新，旨在培养具备综合素养和创新能力的未来人才。以下是 STEM 教育所具备的十大核心特征。

一、情境性教学：贴近生活，学以致用

STEM 教育的特征之一是解决真实情境问题。STEM 教育强调将知识还原于真实的生活情境之中，让学生在解决实际问题的过程中学习和掌握知识。真实的情境实际上是为学生创设的一个与知识相连的生活情境。我国教育家陶行知先生曾提出“生活即教育”“社会即学校”“教学做合一”的生活教育三大主张，指出“生活就是一连串问题的求解过程”。

真实情境问题导向的 STEM 教育最终是返回生活的教育，STEM 教育的过程一定是以真实问题为导向的，而不是以教科书为导向的。STEM 学习项目的来源既可以是企业、社会的真实问题，也可以是学生在生活中遇到的实际问题，这是目前开展 STEM 课程的一个方向。在 STEM 教育中，只有找准真实情境问题，在项目学习中紧紧围绕解决真实问题开展学习活动，使评价指标也紧跟这一思想，才能真正做到过程灵活开放、方案设计丰富多样，从而充分激发学生的创造力和创新能力，真正培养学生发现问题、解决问题的能力。① 这种情境性教学不仅有助于学生理解和记忆知识，更重要的是培养了他们的知识迁移能力和问题解决能力。学生通过模拟真实世界，能够在复杂多变的情境中灵活运用知识，实现知识的价值最大化。

二、趣味性激发：以学生为中心，寓教于乐

STEM 教育强调以学生为中心，激发学生的兴趣，点燃其学习的热情。教师在课堂教学中要以学生为中心，加强对知识结论形成过程的指导，给予学生时间和耐心。学生应当有足够的时间和空间经历观察、实验、猜测、计算、推理、验证等活动过程。教师在教学过程中扮演引导者和组织者的角色，同时又是项目的共同参与者和研究者。STEM 教育通过设计富有挑战性、与学生生活紧密相连的项目，激发学生的学习兴趣和内在动机。游戏化学习、项目式学习等策略的应用，让学生在享受游戏乐趣的同时，掌握 STEM 领域的核心概念，体验创造的乐趣和成就感。

---

① 于晓雅．STEM 课例生成与进阶解析［M］. 北京：北京师范大学出版社，2021：7.

STEM 教育强调分享与创造，致力于让学生收获并分享快乐与成就感。将游戏的元素、方法和框架融于教育场景，实现 STEM 教育内容的游戏化。这是因为将基于探索和目标导向的学习融入游戏中，有助于培养学习者的团队技能，教授交叉学科知识，讲解科学主题内容，进而达成更丰富、更优质的教育效果。例如，芬兰大学和美国北伊利诺伊大学合作成立了 Finnish-US，在 K-16 阶段开展基于游戏的 STEM 教育。

STEM 教育不是由教师预设问题或项目，而是主张由学生个体或小组调查、发现并明确问题；不仅强调问题解决能力的培养，还强调问题发现能力的培养。STEM 教育模式是一种依据学生需求，以学生生活经验为基础，寻找各学科整合点的模式。它强调学生的成就感和自我效能感，强调对学生好奇心与兴趣的维护，强调分享、创造的愉快，体现了教育者的人本主义思想。

三、体验性实践：动手动脑，知行合一

体验性实践作为 STEM 教育的核心要义之一，强调“做中学”，为学生搭建了一个将理论知识与实际操作紧密结合的平台，让学习过程不再仅限于学习书本上的内容，而是成为一种生动的探索之旅，鼓励学生通过动手操作、亲身实践来探索和理解知识。在项目设计、建构、测试等环节中，学生不再是知识的被动接受者，而是主动学习的主体。这种体验性实践不仅提升了学生的知识技能，还教会了他们如何运用所学知识解决实际问题。

1. 动手动脑，激发学习潜能

STEM 教育鼓励学生从被动接受知识的传统模式中解放出来，转而成为知识的主动探索者和创造者。在项目设计、建构、测试这一系列连贯而富有挑战性的环节中，学生被赋予了充分的自由度和责任感，他们不仅要动手操作，更需动脑思考，将抽象的概念转化为具体的实践行动。这种动手动脑的学习方式，极大地激发了学生的学习兴趣和创造力，让他们在实践中发现问题、解决问题，从而深刻理解和掌握知识。

2. 知行合一，促进全面发展

“知行合一”是中国传统哲学的重要思想，也是 STEM 教育所追求的目标之一。在 STEM 的体验性实践中，学生通过亲身实践，将所学知识内化于心、外化于行。他们不仅是知识的存储器，还是能够运用所学知识解决实际问题的实践者。这种转变不仅提升了学生的知识技能水平，更重要的是培养了他们的创新思维、批判性思维及解决复杂问题的能力。同时，团队合作、沟通协调等社会技能也在项目合作中得到了锻炼和提升，为学生的全面发展奠定了坚实的基础。

3. 解决实际问题，培养未来人才

面对日新月异的科技发展和社会变革，STEM 教育致力于培养能够适应未来社会需求的创新型人才。通过体验性实践，学生学会了如何运用所学知识解决实际问题，这不仅是他们个人成长的需要，也是社会发展的必然要求。在解决问题的过程中，学生能够深刻感受到知识的力量和价值，从而更加珍惜学习机会，努力提升自我。同时，他们也能够更加自信地面对未来的挑战和机遇，成为推动社会进步的重要力量。

综上所述，体验性实践作为 STEM 教育的核心魅力所在，不仅提升了学生的知识技能水平，更在潜移默化中培养了学生的创新精神和实践能力。在未来的教育道路上，我们应继续深化 STEM 理念，让更多的学生能够在“做中学”的过程中享受学习的乐趣，成长为具有社会责任感和创新精神的未来人才。

四、跨学科融合：打破界限，共创新知

STEM 教育的最大亮点在于其跨学科性。它打破了传统学科之间的界限，鼓励学生以问题为导向，综合运用多学科知识解决实际问题。这种教育模式培养了学生的综合思维能力和创新能力，使他们能够在更广阔的视野下探索未知、创造新知。

“跨学科学习本是人类的一种古老的学习方式，然而在新的历史时期，重新被赋予新的教育价值和意义而成为新颖的学习方式。”① 1926 年，美国社会科学研究理事会在会议中提出跨学科的概念，认为随着经济和科技的迅猛发展，单独使用某一领域的专业技术已不足以解决社会中复杂多变的矛盾，必须打破学科之间的界限，应用跨学科手段把多学科既有的知识理论共同构建在一个多维立体的空间中，促进学科相互交叉融合，从而达到解决复杂问题的目的。1953 年，美国生物学家詹姆斯·沃森和英国物理学家弗朗西斯·克里克合作，把物理学运用到生命科学中，推断出了脱氧核糖核酸双螺旋模型，获得了 1962 年诺贝尔生理学或医学奖。跨学科领域的研究是对单一学科研究的挑战与革命，是人类认识自然、改造自然的实质性突破。有人统计了 20 世纪获得诺贝尔自然科学奖的 466 位顶尖科学家所拥有的知识背景，发现具有学科交叉背景的人数占很大比例。可以说，跨学科是科学发展与技术进步的必然趋势，必将对未来科学与技术产生深远的影响。

人在解决现实工作和生活中的各种问题时，不仅需要某一学科的知识和技能，而且需要能够综合运用多学科或多方面的知识和技能，更需要具备科学方法、科学

---

① 曹帅．当语文遇上 STEAM 教育理念：探究新课改背景下语文教学的现代性 [J]. 课外语文，2019 (9)：92-93.

思想、科学精神。跨学科研究把来自两个及两个以上学科或专业的信息、数据、技能、工具、观点、概念和理论综合起来，解决那些不能用单一学科来解决的问题。真正的跨学科不是把两个及两个以上学科拼凑起来，而是把两门学科的思想和方法结合起来。20 世纪 80 年代，以诺贝尔奖获得者默里·盖尔曼为首的一批同领域的科学家，在美国组成了桑塔非研究所，开展了跨学科领域的研究即复杂性研究（复杂性科学）。该研究包括自然界的复杂性、人类社会的复杂性及人自身的复杂性。他们的研究体现了现代科学技术发展的综合趋势。盖尔曼说："研究已经表明，物理学、生物学、行为科学，甚至艺术和人类学，都可以用一种新的途径将它们联系到一起来。"① 一些领域已经取得了一定的发展，如遗传算法、计算机网络、演化经济和人工生命系统等。2016 年，《中国学生发展核心素养》发布，指出学生发展核心素养是学生应具备的，能够适应终身发展和社会发展需要的必备品格与关键能力，突出强调个人修养、家国情怀，更加注重自主发展、合作参与、创新实践。北京市《关于本市中考中招与初中教学改进工作的通知》和《北京市深化考试招生制度改革实施方案》鼓励突破学科课程的壁垒，如鼓励学校开设跨学科综合实践活动，由单一学科导向向学生核心素养导向转变；鼓励加强各类课程、不同学科之间的联系和整合，组织跨学科教学和主题教育。在创新型人才成为一个企业甚至一个国家核心竞争力的今天，上述综合素质与能力就显得更为重要。而传统教育中以教材为核心、分学科、灌输式、脱离科技实践的教学方法，并不能满足社会发展的需要，实施跨学科融合的教学模式势在必行。

STEM 教育的本质是打破学科之间的壁垒，推动不同学科知识之间的整合，把学生学习到的多学科零碎的知识转变为探究世界的相互联系的知识。我们可以从"学科核心概念""跨学科概念""科学与工程技术实践"三个维度来统领 STEM 跨学科教学。在每一个学科中，这些维度都紧密联系在一起，每一个维度的缺失都将影响整个学科。也就是说，为了让学习活动能够真实，必须将三个维度的内容清楚地体现在活动设计中。许多 STEM 教育项目之所以"有其形而无其神"，是因为忽视了上述三个维度，使得项目不完整、不准确。

将知识按学科进行划分，对于科学研究、深入探究自然现象的奥秘和将知识划分为易于教授的模块有所助益，但这并不反映我们生活世界的真实性和趣味性。如今，分科教学（如物理、化学）在科学、技术和工程高度发达的今天已显露出很大弊端。针对这一问题，理工科教育出现了取消分科、进行整合教育的趋势。STEM 教育应运而生，跨学科性是其最重要的核心特征。美国学者艾布特斯使用"元学科"

---

① ［美］盖尔曼．夸克与美洲豹：简单性和复杂性的奇遇［M］．杨建邺，李湘莲，等译．长沙：湖南科学技术出版社，2002：前言 1.

（meta-discipline）描述STEM，即表示它是代表科学、技术、工程和数学等学科的统整的知识领域，它们存在于真实世界中，彼此不可或缺、相互联系。跨学科意味着教育工作者在STEM教育中，不再将重点放在某个特定学科或者过于关注学科界限，而是将重心放在特定问题上，强调利用科学、技术、工程或数学等学科相互关联的知识解决问题，实现跨越学科界限、从多学科知识综合应用的角度提高学生解决实际问题的能力的教育目标。①

五、工程思维：系统思考，优化解决

工程思维是STEM教育的核心特征之一，它强调系统化思考、解决问题和创造性设计的能力。这种思维模式鼓励学生跳出传统框架，以全局视角审视问题，将科学探索的严谨性、技术应用的灵活性及数学逻辑的精确性有机融合，共同作用于现实世界问题的解构与重构之中。

工程思维要求学生具备以下几个关键能力：首先，是系统思考能力，它促使学生将复杂问题拆解为可管理的子问题，同时保持对各部分之间相互关联性的深刻理解，从而构建出全面而连贯的解决方案框架。这种能力使学生能够在纷繁复杂的信息中抽丝剥茧，找到问题的核心所在。其次，工程思维强调问题解决过程中的实践与创新，鼓励学生将理论知识转化为实际操作，通过设计实验、构建原型、实施测试等步骤，不断试错与修正，直至达到最优化的解决方案。这一过程不仅锻炼了学生的动手能力，更重要的是激发了他们的创新思维，让他们学会在限制条件下寻找新的可能性，创造出既实用又富有创造性的解决方案。最后，优化解决是工程思维的核心追求。要求学生不仅仅满足于找到一个可行的答案，而是要通过持续地分析、评估与改进，力求达到最佳效果。这种追求卓越的精神，不仅体现在技术层面的精益求精上，更体现在对资源利用的最大化、环境影响的最小化及对用户需求的精准把握上。它教会学生如何将科学原理和技术知识应用于实际问题的解决中，通过设计、构建、测试和优化等环节，不断迭代完善解决方案。工程思维的培养不仅有助于学生在STEM领域取得优异成绩，更将为他们未来在复杂多变的社会中应对挑战、创造价值提供有力支持。

六、设计思维：创新思维，创造未来

STEM教育注重培养学生的设计思维，即一种以用户为中心、迭代优化、追求

① 李才伟，季晓华．STEAM教育的校本化实践研究［M］．成都：四川教育出版社，2021：18．

创新的思维方式。通过参与项目设计、原型制作、测试改进等环节，学生学会了如何发现问题、分析问题、提出解决方案并不断优化完善。这种设计思维为学生未来的职业发展奠定了坚实的基础。设计思维如同一股强劲的创新力量，正引领着学生探索未知、创造可能。它不仅仅是一种思维方式，更是一种能够激发学生潜能、驱动社会进步的强大工具。STEM 教育深刻认识到设计思维的重要性，致力于将其融入日常教学之中，以培养出能够适应未来社会、勇于创新的杰出人才。

设计思维的核心在于“以用户为中心”，这一理念在 STEM 教育中得到了淋漓尽致的体现。通过引导学生关注现实生活中的问题与挑战，鼓励他们深入调研、理解用户需求，让学生逐渐学会从用户的角度出发，去思考和解决问题。这种思维方式不仅培养了学生的同理心和人文关怀意识，更让他们在未来的职业道路上能够精准定位市场需求，提供真正有价值的产品和服务。

设计思维强调“迭代优化”，即在不断试错、反馈与调整中追求卓越。在 STEM 项目的实施过程中，学生们经历了从初步设想到原型制作，再到测试改进的全过程。他们学会了如何面对失败，如何从失败中汲取教训，不断优化设计方案，直至达到最佳效果。这一过程不仅锻炼了学生的耐心和毅力，更让他们深刻体会到了持续改进和追求完美的重要性。

设计思维的核心在于创新提出新颖独特的解决方案，它鼓励学生跳出传统框架，勇于尝试新思路、新方法。在 STEM 教育的推动下，学生在解决问题的过程中不断挑战自我。他们学会了如何将跨学科的知识和技能融合运用，创造出前所未有的解决方案。这种创新思维不仅为学生个人的成长注入了无限活力，更为社会的进步和发展贡献了源源不断的智慧与力量。

STEM 教育注重培养学生的设计思维，不仅是对学生个人成长的关注与呵护，更是对未来社会发展的深刻洞察与前瞻布局。在快速变化的未来社会中，具备设计思维的人才将更具竞争力。他们能够更好地适应新环境、新挑战，提出创新性的解决方案，为社会创造更大的价值。同时，设计思维还促进了学生全面发展，提高了他们的创造力、批判性思维、团队合作等综合能力，为他们成为未来的领导者和创新者奠定了坚实的基础。

七、艺术性融入：科学之美，艺术之韵

将艺术融入 STEM 教育，意味着学生在掌握科学知识与技术的同时，也能学会用艺术的视角去审视世界，用美的标准去衡量成果，从而创造出既有科学严谨性又富含艺术魅力的作品。

STEAM 教育鼓励将艺术与科学、技术、工程、数学相结合，通过融入艺术元

素，不仅提升了学生的审美能力和创造力，还激发了他们的想象力和创新精神，创造出既有科学价值又具艺术美感的作品。

在将艺术融入 STEM 教育的过程中，学生首先会经历审美能力的提升。艺术作品往往能以一种直观、感性的方式展现科学的奥秘与技术的魅力，使学生感受科学的美丽与神奇，进而激发他们探索科学的兴趣。同时，艺术创作的过程也是创造性思维训练的过程，它鼓励学生跳出日常训练的过程，以独特的视角和创新的思维方式去解决问题，这种能力在 STEM 领域同样至关重要。因此，将艺术融入 STEM 教育，实质上是为学生插上了审美与创造的双重翅膀。

想象力是创新的源泉，而创新精神则是推动社会进步的重要动力。在 STEM 教育中融入艺术元素，能够为学生提供一个更加自由、开放的学习空间，让他们的想象力得以充分释放。通过艺术创作，学生可以自由地表达对科学知识的理解和对未来世界的想象，这种无拘无束的表达方式有助于激发他们的创新思维和创造力。同时，艺术作品的创作过程本身就是一个不断试错、不断优化的过程，这种经历对于培养学生的坚韧不拔、勇于探索的精神品质同样具有重要意义。这些作品不仅展现了科学原理的精准应用和技术手段的精湛运用，更融入了艺术家般的审美追求和情感表达。它们既具有科学的严谨性和实用性，又充满了艺术的灵动性和美感，是科学价值与艺术美感完美融合的结晶。将艺术融入 STEM 教育是一次深刻的教育变革，它不仅拓宽了 STEM 教育的视野和边界，更为学生的全面发展提供了更为广阔的空间和可能。这样的作品不仅能够满足社会对技术创新的需求，更能够丰富人们的精神生活，提升人们的文化素养。

八、实证性探索：证据说话，理性求真

STEM 教育强调实证性探索，深刻体现了现代教育的精髓与未来社会对人才素养的期望。它不仅仅是一种教学方法的强调，更是对学生认知世界、解决复杂问题能力的一种全面塑造，要求学生通过实验、观察、数据分析等科学方法来验证假设、得出结论。这种实证性探索培养了学生严谨的科学态度和理性的思维方式。在 STEM 教育的框架下，实证性探索鼓励学生跳出理论框架的束缚，以实证精神为指引，亲自踏入知识的探索之旅。激励学生去设计实验、细致观察、精确记录数据，并通过科学的分析方法去验证自己的假设，最终得出基于证据的结论。这一过程如同一次次小小的科学探险，让学生在实践中体验科学的魅力，学会用事实说话，用数据支撑观点。这极大地促进了学生严谨科学态度的形成，它使得学生认识到，任何结论的得出都应以可靠的证据为基础，而非仅凭主观臆断或盲目接受他人的观点。同时，实证性探索也培养了学生的理性思维，使他们学会用逻辑和推理去分析问题，

寻找解决方案，而不是仅凭直觉或感性判断。

此外，STEM 教育中的实证性探索还显著提升了学生的数据分析能力和问题解决能力。在信息时代，数据已成为决策的重要依据。通过反复的数据收集、整理、分析和解读，学生不仅掌握了处理复杂数据的技能，还学会了如何从海量信息中提炼出有价值的信息，为问题解决提供有力支持。这种能力对于他们未来走向社会将产生深远的影响。它让学生学会了用科学的眼光观察世界，用理性的思维分析问题，用实证的方法探求真理，在未来面对挑战时能更加从容不迫，勇往直前。

九、协作性共学：团队协作，智慧碰撞

STEM 教育鼓励学生在团队中相互帮助、相互启发，其独特的教育模式不仅注重知识的传授，更强调能力的塑造与思维的拓展，它促进了学生之间的深度交流与合作，培养了他们的团队意识和协作能力。在共同解决问题的过程中，学生学会了倾听、尊重、整合，提高了自身的综合素质。

在复杂多变的问题面前，单一的个体往往难以应对，而团队的力量则能汇聚成海，攻克难关。因此，它积极构建了一个鼓励团队协作的学习环境。在这个环境中，学生不再是孤立的个体，而是相互依赖、相互支持的团队成员。他们共同面对挑战，分享资源，交流想法，通过集思广益，共同寻找解决问题的最佳路径。这种团队协作的方式，不仅让学生在实践中体验到了合作的力量，更培养了他们的团队精神和集体荣誉感。

协作性共学的魅力在于它提供了一个智慧碰撞的舞台。在这个舞台上，学生观点、见解和想法在交流中相互碰撞、相互融合，从而激发出新的灵感和创意。STEM 教育鼓励学生大胆提出自己的想法，勇于质疑和挑战权威，同时也要求他们学会倾听和尊重他人的观点。这种开放、包容的学习氛围，为学生提供了一个自由探索、勇敢创新的空间，让他们的思维得以自由翱翔，创造力得以充分释放。

在协作性共学的过程中，学生不仅在知识领域获得了成长，更重要的是在综合素质方面实现了质的飞跃。他们学会了如何与他人有效沟通，如何协调团队内部的关系，如何在冲突中寻求共识。这些软技能在未来的工作和生活中同样至关重要。同时，在共同解决问题的过程中，学生还培养了坚韧不拔的毅力、勇于担当的责任感和解决问题的能力。这些综合素质的提升，为学生的全面发展奠定了坚实的基础。

STEM 教育中的“协作性共学”模式不仅促进了学生之间的交流与合作，更在无形中培养了学生的团队精神、协作能力、创新思维和综合素质。它像一股强大的推动力，助力学生们在知识的海洋中破浪前行，向着更加辉煌的未来迈进。

十、技术增强性：科技赋能，创新无限

随着信息技术的快速发展，STEM 教育越来越注重技术的运用和融合。通过引入虚拟现实、人工智能、大数据等前沿技术，STEM 教育为学生提供了更加丰富多样的学习资源和工具。这些技术的应用不仅提升了学生的学习效率和体验，还激发了他们的创新精神和创造力，为他们的未来发展注入无限可能。STEM 教育的技术增强性特征构成了其独特的育人新范式。STEM 教育强调学生要具备一定的技术素养，强调学生要了解技术应用、技术发展过程，具备分析新技术如何影响自己乃至周边环境的能力。在教学中，它要求利用技术手段开发学生的创新能力，并通过技术表现多样化成果，让创意得到分享和传播，从而激发学生的创新动力。STEM 教育主张将技术作为认知工具，无缝地融入教学各个环节，培养学生善于运用技术解决问题的能力，增强个人驾驭复杂信息、进行复杂建模与计算的能力，从而支持深度学习的发生。

第四节　STEM 教育在中国

一、STEM 教育在中国的发展历程

新时代、新阶段，世界对人才结构提出了更高的要求。虽然中国的人才数量逐步增长，但是我国的人才结构仍存在一些问题。在这样的背景下，中国要想实现产业结构的升级，实现中华民族伟大复兴的中国梦，STEM 教育将发挥重要作用。为了更好地实施 STEM 教育，政府将 STEM 教育纳入国家发展政策，并出台了系列措施及规划，形成了较完整的 STEM 发展路径。

1999 年，中共中央、国务院印发了《关于深化教育改革全面推进素质教育的决定》（教基〔1999〕9 号），提出改变课程过分强调学科体系、脱离时代和社会发展以及学生实际的状况。抓紧建立更新教学内容的机制，加强课程的综合性和实践性，重视实验课教学，培养学生实际操作能力。①

2001 年，国务院印发的《国务院关于基础教育改革与发展的决定》（国发

① 湖南省教育厅．中共中央国务院关于深化教育改革全面推进素质教育的决定［EB/OL］.（2023-02-10）［2005-07-13］. http://jyt.hunan.gov.cn/jyt/sjyt/xxgk/zcfg/flfg/201702/t20170214_3989930.html.

〔2001〕21 号）明确提出：小学加强综合课程，初中分科课程与综合课程相结合，高中以分科课程为主。①

2006 年，《国务院关于印发实施〈国家中长期科学和技术发展规划纲要（2006—2020 年）〉若干配套政策的通知》（国发〔2006〕6 号）指出：大力倡导启发式教学，注重培养学生动手能力，从小养成独立思考、追求新知、敢于创新、敢于实践的习惯。切实加强科技教育。② 这也正是 STEM 教育所倡导的理念。

2008 年，陈超在《美国的世界一流大学战略与启示》一文中指出，进入 21 世纪以来，在全球竞争的背景下，美国为维护其高等教育的世界优势地位，提出 STEM 教育发展战略，该战略旨在提升学生的 STEM 教育素养。③

2012 年 11 月，以"STEM 教育中的教学创新与跨学科研究"为主题的第二届科学、技术、工程和数学教育应用国际会议在北京召开，同时，在政府提出培养创新人才号召的背景下，STEM 开始成为学界和社会相关人士日益关注的热点问题。④

2012 年，《上海教育・环球教育时讯》第 4 期设置 STEM 教育专栏，这是我国教育类杂志第一次较为集中地介绍 STEM 教育政策。⑤

2013 年，中国科协青少年科技中心翻译、科学普及出版社出版了《STEM 项目学生研究手册》，它被认为是我国第一本有关 STEM 教育的译著。⑥

2014 年，上海先行成立了 STEM＋研究中心，用以开展 STEM＋教育实践，项目覆盖上海各区 300 多所实验学校，贯穿幼儿园至高中全学段。⑦

2015 年，教育部在《关于"十三五"期间全面深入推进教育信息化工作的指导意见（征求意见稿）》（教技厅函〔2015〕76 号）中首次提出要"探索 STEAM 教育、创客教育等新教育模式"。⑧

2016 年，教育部教育装备研究与发展中心根据教育部工作部署制订了 2016 年

---

① 中国政府网．国务院关于基础教育改革与发展的决定［EB/OL］．［2001-05-29］．https://www.gov.cn/gongbao/content/2001/content_60920.htm.

② 中国政府网．国务院关于印发实施《国家中长期科学和技术发展规划纲要（2006—2020 年）》若干配套政策的通知［EB/OL］．(2023-02-10)［2008-03-28］．https://www.gov.cn/zhengce/zhengceku/2008-03/28/content_5296.htm.

③ 陈超．美国的世界一流大学战略与启示［J］．中国高教研究，2008（11）：48-50.

④ 丁林，杜玉霞．从美国 STEM 教育的发展看中国 STEM 教育［J］．中国信息技术教育，2016（13-14）：21-29.

⑤ 朱珂．国际视野下 STEM 教育的理论与实践［M］．北京：科学出版社，2020：30.

⑥ ［美］哈兰德．STEM 项目学生研究手册［M］．中国科协青少年科技中心，译．北京：科学普及出版社，2013.

⑦ 王建华，胡茜．STEM 教育的全球发展［N］．光明日报，2024-01-18（14）.

⑧ 中华人民共和国教育部．教育部办公厅关于征求对《关于"十三五"期间全面深入推进教育信息化工作的指导意见（征求意见稿）》意见的通知［EB/OL］．(2022-01-10)［2015-09-02］．http://www.moe.gov.cn/srcsite/A16/s3342/201509/t20150907_206045.html.

工作要点，把创客教育和STEAM课程作为加强创新创造教育研究的中心工作。教育部发布的《国家信息化“十三五”教育规划（2016—2020年）》指出，应积极探索信息技术在跨学科学习STEAM教育和创客教育等新教育战略中的应用要求，以探索新的、适应信息化发展的教育战略。①

2017年，教育部把STEM教育列为新课程标准的重要内容之一。同年，中国教育科学研究院发布的《中国STEM教育白皮书》提出，STEM教育应该纳入国家创新型人才培养战略。②

2018年，教育部发布《教育信息化2.0行动计划》（教技〔2018〕6号），指出从工具思维向人工智能思维转变的紧迫性。③

综上所述，不难看出，从2001年起，中国科技教育领域已经陆续有关于STEM教育的介绍。2012年以后，对STEM教育的研究开始繁荣。中国STEM教育的兴起有两个重要因素。一是国家“大众创业、万众创新”的政策。2014年9月，李克强总理在夏季达沃斯论坛上提出，要在960多万平方公里土地上掀起“大众创业”“草根创业”的新浪潮，形成“万众创新”“人人创新”的新态势。2015年，李克强总理在政府工作报告中又提出“大众创业、万众创新”。2015年1月，李克强总理考察了深圳的柴火创客空间，从此创客在中国进入爆发式发展时期，创客教育开始在中小学兴起。二是信息技术的发展。《新媒体联盟地平线报告（2015基础教育版）》在驱动学校应用教育技术的趋势分析中指出，提升STEAM学习是近期趋势，同时指出，教育技术在基础教育创客空间中的应用是近期发展的趋势。④ 2016年，STEM和创客教育被写入教育部教育信息化文件。此后，STEM教育在中国进入蓬勃发展阶段，在教育研究、教育实践和教育政策方面取得了显著进展。

在教育研究方面，从2014年以来国内关于STEM教育的研究文献数量不断增长，自2016年开始，其增长尤为迅速，近年来它始终是教育研究的一个热点。分析已有文献的关键词，与STEM教育常同时出现的关键词有STEAM、创客教育、创新、科学教育、跨学科、课程等，研究的内容主要涉及STEM教育的内涵和特征、STEM教育的实施方式及策略、STEM教育比较研究。此外，近年来关于STEM教育理论和实践的成果也陆续问世。中国教育科学研究院STEM教育研究中心致力于

---

① 中华人民共和国教育部．教育部关于印发《教育信息化“十三五”规划》的通知［EB/OL］.（2022-10-10）［2016-06-07］. http://www.moe.gov.cn/srcsite/A16/s3342/201606/t20160622_269367.html.

② 中国教育科学研究院STEM教育研究中心．中国STEM教育白皮书（精华版）［R］. 北京：中国教育科学研究院，2017.

③ 中华人民共和国教育部．教育部关于印发《教育信息化2.0行动计划》的通知［EB/OL］.（2022-10-10）［2018-04-18］. http://www.moe.gov.cn/srcsite/A16/s3342/201804/t20180425_334188.html.

④ ［美］新媒体联盟（NMC）．新媒体联盟地平线报告（2015基础教育版）［R］. 北京：北京开放大学，2015.

推动我国 STEM 教育研究和实践进入系统化的、科学的协同发展，组织多方力量对我国 STEM 教育的具体发展进行了系统研究。2017 年，中国教育科学研究院发布《中国 STEM 教育白皮书》。2018 年，中国教育科学研究院启动“中国 STEM 教育 2029 行动计划”，并发布《STEM 教师能力等级标准（试行）》。这些具有前瞻性和顶层设计的研究对我国 STEM 教育的整体发展发挥了极大的推动作用。2022 年 4 月颁布的《义务教育课程方案和课程标准（2022 年版）》（教材〔2022〕2 号）强化课程的育人导向，要求各学科均设立跨学科主题学习活动，加强学科间相互关联，带动课程综合化实施，强化实践要求。基于核心素养要求，所有课程都要遴选重要观念、主题内容和基础知识技能，精选、设计课程内容，优化组织形式。STEM 课程不是某几门分科课程知识内容的简单叠加，而是要求学校“因地（学校）制宜”和“因人（学生）制宜”地对课程部分内容进行创造性改编或再开发，或针对不同的学习任务，采取不同的策略和途径开发。①

在教育实践方面，STEM 教育以极快的速度传播发展，具体表现在以下三个方面。

一是 STEM 教育进入部分省市教育发展规划。近年来，STEM 教育在实践中的影响迅速扩大，一些地区已将 STEM 教育列入地方教育重点工作。例如，2015 年，《深圳市中小学科技创新教育三年行动计划（2015—2017 年）》提出要大力推进 STEM 课程。通过择优引进与自主开发相结合，探索形成适合深圳市学生需求和中小学衔接的 STEM 课程体系。2016 年，江苏省发布《关于开展科学、技术、工程、数学教育项目试点工作的通知》，要求在全省开展试点学校申报和 STEM 教师培训工作，并于 2017 年发布了《江苏省 STEM 教育项目学校建设指导意见（试行）》。2017 年，浙江省启动中小学 STEM 教育项目种子学校推荐工作，在全省范围内确定 STEM 教育项目种子学校和培育学校各 15 所。2018 年，《山西省基础教育信息化“十三五”推进意见》和《陕西省教育信息化建设三年行动计划（2018—2020 年）》中均提出积极探索、推进 STEAM 教育。2019 年年初，陕西省教育科学研究院公布了《陕西 STEM 教育 2029 行动计划》，制定了具体工作目标和以“出台一套政策建议，建立两个专家库，构建三个平台，形成四项成果，聚焦一个大会”为主的具体工作内容以及相应保障措施。

二是部分学校将 STEM 教育作为办学特色且深入推进实施。STEM 教育契合深化课程改革理念，符合时代发展需求，加之教育研究部门和地方教育行政部门的推动，STEM 教育在学校的影响迅速扩大。据报道，2017 年，江苏省有 STEM 教育

① 中华人民共和国教育部．义务教育课程方案和课程标准（2022 年版）[S]．北京：北京师范大学出版社，2022.

项目试点学校249所。在北京、深圳、成都等地，将STEM教育作为办学特色的学校数量均很多。2018年，全国范围内有79所学校成为STEM教育首批领航学校，228所学校成为首批种子学校。各学校在引进STEM教育的过程中，与学校课程融合的方式、程度也各不相同。有的学校在实施国家课程的过程中渗透STEM教育，有的学校引进或自主开发STEM校本课程，有的学校形成了STEM课程群，有的学校将STEM教育融入了学校课程体系之中。①

三是社会机构开展STEM教育热情高涨。社会机构已经成为推动STEM教育发展的重要力量。如上海STEM云中心、江苏STEM教育云中心、柴火创客空间、鲨鱼公园、北京国信世教信息技术研究院等机构均为较有影响力的STEM教育机构。而社会上推动STEM教育实践的小型公司机构更是数不胜数。

二、国际STEM教育研究所落地中国上海及其意义

2023年11月，联合国教育科学文化组织第42届大会决议在中国上海设立教科文组织国际STEM教育研究所（UNESCO IISTEM），这是教科文组织设立的首个以STEM教育为主题的国际研究机构，也是首个落户中国的教科文组织一类中心，同时还是亚洲首个全球性一类机构。

国际STEM教育研究所系教科文组织的组成部分，其主要职能是促进科学、技术、工程和数学领域从幼儿到成人各个阶段包容、公平、适切和优质的全民教育，它具有STEM教育领域信息交流中心、网络中心、资源中心和能力建设中心的功能作用，服务教科文组织战略和会员国需求，为联合国可持续发展议程及世界和平与发展作出贡献。该中心的建立象征着全球对中国STEM教育快速发展的认可，中国将通过与研究所密切合作，促进全球教育可持续发展。

国际STEM教育研究所落地中国上海是联合国教科文组织作出的慎重决定，体现了国际社会对中国STEM教育实践的认可和对中国的信任。

中国具有较为扎实的STEM教育基础。根据《中国科技人力资源发展研究报告（2020）》及相关公开信息，截至2024年年底，中国科技人力资源总量超过1.1亿人。② 根据经济合作与发展组织统计，中国的STEM学科毕业生是美国的五倍，几乎占全球的四分之一。2017年，教育部把STEM教育列为新课程标准的重要内容之一。可见，STEM教育在中国具有扎实的实践基础和群众基础，是国际STEM教

① 王晓莉，张雅娴，郭姣．基于核心素养的STEM教育模式与案例研究［M］．哈尔滨：哈尔滨出版社，2022：11-12.

② 澎湃新闻．中国科技人力资源发展研究报告（2020）［EB/OL］．（2023-11-10）［2022-06-30］．https://www.thepaper.cn/newsDetail_forward_18820612.

育研究所落地中国上海的重要原因。

国际 STEM 教育研究所落地中国上海具有重大意义。一方面，上海具有较强的辐射能力，有利于带动共建“一带一路”国家和亚洲地区的 STEM 教育发展，缩减 STEM 教育全球发展的地域差距；中国特色的 STEM 教育实践能够为有需求的国家和地区提供技术支持，分享中国方案，提升全球数字科技型人才水平。另一方面，中国乃至亚洲需要这样的世界性机构，以促进中国 STEM 教育广泛发展，完善国内 STEM 教育相关的课程设置、教师培养等环节，与世界前沿教育深度接轨，并强化中国教育的全球辐射力和影响力。

三、推进 STEM 教育是中国教育强国战略的重要支撑和关键任务

2024 年 7 月，中国教育发展战略学会和科学与工程教育专业委员会发布《STEM（科学、技术、工程和数学）教育 2035 行动计划》（以下简称《计划》），为中国 STEM 教育的发展指明了方向。《计划》指出，将采取六大行动举措：第一，构筑科技人才贯通培育新机制；第二，构建高品质 STEM 课程和项目体系；第三，开展 STEM 教育评价；第四，创新 STEM 教师培训模式，推动 STEM 教师教育循证实践；第五，STEM 教育数字化建设；第六，引领学习方式变革，强化 STEM 教育育人价值。①

1. 强化 STEM 教育是我国战略发展的重要支撑

2023 年，习近平总书记在二十届中央政治局第五次集体学习时的讲话指出，“纵观人类历史，教育兴则国家兴，教育强则国家强。世界强国无一不是教育强国，教育始终是强国兴起的关键因素。”②

2024 年，习近平总书记在全国科技大会、国家科学技术奖励大会、两院院士大会上的讲话中进一步指出：“着力培养造就战略科学家、一流科技领军人才和创新团队，着力培养造就卓越工程师、大国工匠、高技能人才。”③ STEM 教育将培养科技创新人才作为主要目标，是我国强国建设和人才战略推进的重要支撑。

2. 推进 STEM 教育是我国教育改革的重要内容

2023 年，习近平总书记在二十届中央政治局第三次集体学习时的讲话指出：

---

① 中国教育发展战略学会，科学与工程教育专业委员会．STEM（科学、技术、工程和数学）教育 2035 行动计划［R］. 北京：中国教育发展战略学会，2024.

② 习近平．扎实推动教育强国建设［J］. 职业，2023（19）：4−7.

③ 习近平．在全国科技大会、国家科学技术奖励大会、两院院士大会上的讲话［EB/OL］.（2024-01-10）［2024-06-25］. https://www.beijing.gov.cn/ywdt/dzyjs/202406/t20240625_3726334.html.

“要切实推进科教融汇，在教育‘双减’中做好科学教育加法。”[①] 2023 年 6 月，教育部等十八部门联合发布《关于加强新时代中小学科学教育工作的意见》（教监管〔2023〕2 号），对中小学科学教育工作做了全面部署，并明确提出，通过 3 至 5 年努力，中小学科学教育体系更加完善，科学教育教师规模持续扩大、素质和能力明显增强，科学教育质量明显提高，中小学生科学素质明显提升。[②] 同时，STEM 教育是教育强国指数的重要组成部分，是教育服务能力的关键因素，加快推进 STEM 教育、打造中国教育品牌成为教育强国建设的重要抓手和重要任务。[③]

结合近些年国家关于科学教育、科技教育的一系列政策文件，可以了解到 STEM 学科不仅有广阔的发展空间，更将成为接下来一段时期内的教育发展重点。但真正的 STEM 教育并不仅仅是学科教育，它关注人的全面能力的培养与发展，而这一理念恰好与国内教育体系的核心价值观相吻合。

3. 加强 STEM 教育是促进新质生产力发展的关键举措

习近平总书记指出：“新质生产力是创新起主导作用，摆脱传统经济增长方式、生产力发展路径，具有高科技、高效能、高质量特征，符合新发展理念的先进生产力质态。”[④] 在推进新质生产力发展中，教育发挥着重要作用。一方面，新质生产力的发展需要大量掌握先进科技知识和技能的人才。另一方面，新质生产力的发展涉及多个学科的交叉与融合。传统的教育体系难以满足这种快速变化的需求，STEM 教育由于强调科学、技术、工程和数学的综合应用，能够培养学生的跨学科思维和综合解决问题的能力，成为发展新质生产力的应然之举。

中国教育发展战略学会科学与工程教育专业委员会以推进 STEM 教育发展为主要任务，聚焦 STEM 教育大中小一体化体系构建与实践应用，通过加强自身建设，团结广大志同道合者，共同推动我国创新型人才培养。目标到 2035 年，努力成为：高质量中国特色 STEM 教育体系建设的有力推动者；高效能 STEM 教育实践的杰出组织者；以 STEM 教育服务教育强国建设的积极参与者；国际 STEM 教育发展与合作的积极探索者。任务到 2035 年，构建适应中国国情的 STEM 教育研究与实践体系，探索 STEM 人才贯通培养机制（育人方式、办学模式、管理体制、保障机制），开发高质量 STEM 教育资源，建立 STEM 教育测评体系，建立 STEM 教育师资培养培训体系，推进 STEM 教育数字化，完善 STEM 教育协同机制。

---

① 习近平．加强基础教育研究 实现高水平科技自立自强［EB/OL］．(2024-01-10)［2023-07-31］．http://qstheory.cn/dukan/qs/2023-07/31/c_1129776375.htm.

② 中华人民共和国教育部等十八部门．教育部等十八部门关于加强新时代中小学科学教育的意见［EB/OL］．(2024-01-20)［2023-05-26］．http://www.moe.gov.cn/srcsite/A29/202305/t20230529_1061838.html.

③ 马晓强，崔吉芳，万歆，等．建设教育强国：世界中的中国［J］．教育研究，2023 (2)：4-14.

④ 习近平．发展新质生产力是推动高质量发展的内在要求和重要着力点［EB/OL］．(2024-08-10)［2024-05-31］．https://www.ztnews.net/article/show-434708.html.

当今世界，全球化趋势深入发展，我们迎来了第四次工业革命，飞速发展的科技成果正在重塑人类社会。科学技术越来越成为各国参与国际竞争、促进经济发展的核心因素，各国也均把技能人才竞争提升到国家战略的高度。其中，又以科学、技术、工程、数学（STEM）等领域人才的竞争最为关键。

随着移动互联网、物联网、人工智能、智能制造等产业的高速发展，数字高新技术正渗透到生活的方方面面，并不断地与不同领域、不同产业紧密结合，重构产业内部结构，提升产业效益，推动人类向数字化和智能制造时代迈进。21 世纪的人才要在当今复杂世界中维持竞争力，需要具备从各种渠道获取、收集和评估信息的意识，并以此为基础，具备快速掌握新的知识技能以解决复杂问题的能力。各国的教育实践表明，STEM 教育有助于培养学生的科学探究与实践能力、创新意识、批判性思维、信息技术能力等未来社会所需的技能和能力，并有可能在学生的未来生活和工作中持续发挥作用。

STEM 专业人才对各国抢占第四次工业革命先机，促进制造业的智能升级具有关键作用。发展 STEM 教育能引导更多学生投身 STEM 相关专业，进而提高国家的竞争力；有助于应对老龄化带来的劳动力人口减少问题，填补技能劳动力缺口，促进经济良性发展；更能够助力新兴经济体发展，抓住信息技术和互联网革命带来的发展契机，在新兴产业领域抢占先机，实现经济上的飞跃和赶超。此外，STEM 教育涉及基本的公民科学素养的培养，也关乎劳动者就业能力的提升，对于促进就业、维护社会稳定、提升公民素质均具有重要意义。

数字化时代的到来，进一步推动教学突破时空限制，促进教与学的双重革命，打造没有围墙的校园，汇聚海量的知识资源，为学习者提供更加优质、多样、个性化的学习支持，推进不同地区、不同群体之间教育的均衡发展，使得教育公平理念从理想走向现实。这一时代背景深刻地改变着教师的教学模式与学生的学习方式，也为发展 STEM 教育提供了良好基础。

第二章

STEM 教育与初中物理教学的关系

第一节 初中物理课程改革探索之路

2024 年秋季，义务教育进入了新课标、新教材、新课堂相互兼容的新时代，从过去的“育分”“育能”，到全面深化“育人”。初中物理是自然科学的基础学科，旨在培养学生的科学思维方式和实验能力。自 20 世纪 90 年代以来，我国初中物理课程也经历了深刻而广泛的变革。自 2001 年 7 月《全日制义务教育物理课程标准（实验稿）》（简称《2001 年版》）颁布以来，义务教育物理课程标准已进行了两次修订：2012 年 1 月颁布修订稿《义务教育物理课程标准（2011 年版）》（简称《2011 年版》）；2022 年 4 月颁布修订稿《义务教育物理课程标准（2022 年版）》（简称《2022 年版》）。初中物理课程标准在《2001 年版》《2011 年版》《2022 年版》三个版本中的变化趋势主要体现在课程目标、课程内容、课程理念及评价方式等方面。

一、课程目标的变化

教育是社会进步的基石，课程改革则是推动教育发展的重要动力。初中物理作为基础教育的重要组成部分，其改革不仅关乎学生科学素养的培养，更影响着国家科技创新能力和人才培养质量。从课程目标来看，《2001 年版》主要侧重于基础知识和基本技能的传授，强调学生对物理概念和规律的掌握。《2011 年版》在保持基础知识和基本技能传授的基础上，开始关注学生的科学素养培养，包括科学思维、科学探究能力和科学态度等方面。《2022 年版》进一步明确以核心素养为导向的课程目标，将物理学科核心素养凝练为物理观念、科学思维、科学探究、科学态度与责任四个方面。这不仅要求学生掌握物理基础知识和基本技能，还要求学生能够运用物理知识解决实际问题，具备科学探究能力、科学精神以及正确的科学态度和社会责任感。

从“双基”（基础知识、基本技能）到“三维目标”（知识与技能、过程与方法、情感态度与价值观），再到“核心素养”的初中物理课程改革历程，经历了三个不同的阶段，即从培养具有扎实的基本知识技能到素质教育，再到培养完整的人，它不仅体现了教育理念的更新，更体现了对培养学生能力、促进其全面发展的不懈追求，可以说是从教书走向育人。用简单的比喻来说，落实“双基”是课程目标1.0版，“三维目标”是2.0版，“核心素养”就是3.0版。初中物理课程在继承与发展中不断创新，形成了具有时代特色的课程体系。

1.“双基”时代：奠定基石，强化基础

20世纪90年代初，随着改革开放的深入，我国基础教育进入了一个快速发展的阶段。这一时期，初中物理课程主要围绕“双基”展开，即注重学生基础知识和基本技能的掌握。这一理念源于对国际教育改革趋势的借鉴，旨在通过强化基础，为后续学习及终身学习打下坚实基础。

“双基”时代的初中物理课程内容以经典物理理论为主，如力学、热学、光学、电学等，强调学生对物理概念、原理、定律的理解与记忆。教学方法上，多采用讲授法、演示法等传统教学手段，注重知识的灌输与技能的训练。评价体系则侧重于考试成绩，以分数作为衡量学生掌握程度的主要标准。

“双基”教育在巩固学生基础知识、提高学生基本技能方面取得了显著成效，但也暴露出一些问题，如过于注重知识传授而忽视能力培养、情感态度与价值观的引导不足等。这促使教育者开始思考如何在新时代背景下进一步深化物理课程改革。

2.“三维目标”时代：全面发展，注重过程

进入21世纪，随着素质教育的全面推进，初中物理课程进入了“三维目标”时代。这一转变旨在打破传统应试教育的束缚，促进学生在知识与技能、过程与方法、情感态度与价值观三个维度的全面发展。“三维目标”的提出，标志着我国初中物理课程开始从单一的知识传授向综合素质培养转变。

“三维目标”下的初中物理课程内容更加丰富多元，除了经典物理知识外，还增加了科学探究、实验设计、技术应用等内容。教学方法上，强调探究式学习、合作学习等新型教学模式的应用，鼓励学生主动参与、动手实践、合作交流。评价体系也更加注重过程性评价和多元评价，旨在全面了解学生的学习情况和发展水平。

“三维目标”的实施有效提升了学生的科学素养和综合能力，促进了学生的全面发展。同时，也启发了教育者对课程改革的深入思考，即如何更好地平衡知识传授与能力培养、过程与方法、情感态度与价值观之间的关系。

3. “核心素养”时代：聚焦关键能力，培养未来人才

近年来，随着全球化和信息化的快速发展，各国对人才培养的要求日益提高。在此背景下，我国提出了“核心素养”这一教育理念，旨在培养具有社会责任感、创新精神和实践能力的人才。

《2022 年版》确定了以核心素养为导向的课程目标，这是与之前版本显著不同的地方，将核心素养融入课程目标、内容、实施与评价之中。核心素养包括物理观念、科学思维、科学探究、科学态度与责任四个方面，旨在通过物理课程的学习，引导学生形成正确的价值观、具备良好的品格及掌握工作中必备的关键能力。

课程内容上，首次在义务教育阶段提出了跨学科实践，强调了物理学与其他学科之间的联系，以及物理学在日常生活、工程实践、社会发展等方面的应用。强调跨学科整合、情境化教学，让学生在真实或模拟的情境中学习物理、应用物理。

教学方法上，倡导项目式学习、翻转课堂等新型教学模式，鼓励学生自主探究、合作交流、解决问题。评价体系则更加注重对学生核心素养发展水平的评估与反馈。核心素养的提出为初中物理课程改革指明了方向，但也带来了诸多挑战。如何准确把握核心素养的内涵与外延？如何在教学中有效落实核心素养的培养要求？如何构建科学合理的评价体系以全面反映学生的核心素养发展水平？这些都是未来初中物理课程改革需要深入探讨和解决的问题。

从“双基”到“三维目标”再到“核心素养”，初中物理课程改革的每一次跨越都是对教育理念的深刻反思和实践探索。这一过程不仅推动了物理课程的创新与发展，更促进了学生科学素养和综合素质的全面提升。展望未来，我们应继续坚持以学生为中心的教育理念，不断深化课程改革，努力培养具有创新精神和实践能力的未来人才。

二、课程内容的变化

《2001 年版》注重构建学生扎实的物理基础知识体系，课程内容相对较为传统，紧密围绕力学、热学、光学、电学等经典物理领域展开。这一时期的教学注重理论知识的传授，通过实验验证物理定律，强调学生对物理概念、原理和公式的理解与应用。课程内容以经典物理学为核心，旨在为学生打下坚实的物理基础。知识体系完整，各章节之间逻辑严密，循序渐进。同时重视实验教学，通过实验加深对物理规律的理解。

相较于《2001 年版》，《2011 年版》在保持经典物理内容的基础上，开始注重物理与现代科技和社会发展的联系。课程内容中增加了一些与现实生活紧密相关的物理现象和技术的应用，如信息技术、能源与环境、新材料等，旨在拓宽学生的视野，增强学习的实用性和趣味性。《2011 年版》引入现代科技元素，反映科技进步对社会的影响。将物理知识与学生日常生活相联系，提高学习的现实意义。同时开始探索物理与其他学科之间的交叉融合。

《2022 年版》更加注重跨学科实践，强调物理与其他学科之间的联系和融合。课程内容不仅贴近学生生活和社会实际，还通过生动的物理现象和实际问题引导学生探索物理规律。同时，新版标准将科学探究作为课程内容的重要组成部分，鼓励学生主动参与科学探究过程，培养其创新思维和解决问题的能力。加强物理与数学、化学、生物、信息技术等学科的交叉融合。强调通过实践活动学习物理知识，注重知识的应用与转化。将科学探究贯穿于教学始终，培养学生的科学探究能力和科学态度。课程内容也更加贴近学生生活，激发学生学习物理的兴趣和动力。

从《2001 年版》到《2022 年版》，初中物理课程标准的变化反映了我国教育改革的方向和趋势。从经典物理知识的传授到与现代科技、社会生活的紧密结合，再到跨学科实践与科学探究的深化，这些变化不仅拓宽了物理学习的边界，也促进了学生综合素质的全面提升。未来，随着科技的持续发展和教育理念的不断创新，初中物理课程内容还将继续丰富和完善，为学生的全面发展和终身学习奠定坚实的基础。

初中物理课程内容主题的延续与变化具体体现为：在《2022 年版》中，课程内容由“物质”“运动和相互作用”“能量”“实验探究”“跨学科实践”5 个一级主题构成。主题内分级呈现，层层递进；主题间相互关联，各有侧重。注重“知行合一、学以致用”，体现物理课程的基础性、实践性、综合性等特点。这 5 个一级主题的设计也遵循了继承与发展的原则。下面分别从科学内容、实验探究、跨学科实践三个方面探讨课程内容的延续与变化。①

1. 以核心素养为引领，继承科学内容主题

从《2001 年版》到《2011 年版》，科学内容的一级主题皆由“物质”“运动和相互作用”“能量”构成，无论是国际比较还是实施调研，研究结果皆说明这样的科学内容主题设计合理。例如，针对《2011 年版》实施情况的调研结果显示，97.7%的教师认为一级主题这样的分类是合理的。

由图 2-1 可见，《2022 年版》的课程内容由 5 个一级主题构成，体现继承与发展的修订原则，凸显知行合一、育人为本的思想。科学内容的一级主题仍为“物质”“运动和相互作用”“能量”。其中的二级主题有微调：将原来的“新材料及其应用”

---

① 廖伯琴．继承与发展：物理课程标准修订的主旋律：以义务教育物理课程标准（从 2001 版到 2022 版）为例 [J]．物理教学探讨，2022，40（11）：1-5.

移到“跨学科实践”，整合为一条三级主题，即5.3.2节中“结合实例，了解一些新材料的特点及其应用。了解新材料的研发与应用对社会发展的影响”，同时随之移动的还有原来对应的样例；将原来的“物质的结构与物体的尺度”微调为“物质的结构和物质世界的尺度”。三级主题做了一些调整：① 降低难度，如1.3.2节中“了解人类探索微观世界的大致历程”、1.3.3节中“了解人类探索太阳系及宇宙的大致历程”、3.4.5节中“结合实例，了解电功和电功率”皆降低了难度；② 完善内容，如2.2.4节中“能用示意图描述力。会测量力的大小。知道二力平衡条件”，加上“了解同一直线上的二力合成”，使相关内容的学习更有效；③ 移动与合并，如原来“声和光”中的三级主题“知道波长、频率和波速”移到“电和磁”并整合为2.4.6节中“知道电磁波在真空中的传播速度。知道波长、频率和波速”，原来关于能源与人类生存的三级主题移到“跨学科实践”并微调为5.3.1节中的“结合实例，尝试分析能源的开发与利用对社会发展的影响”。

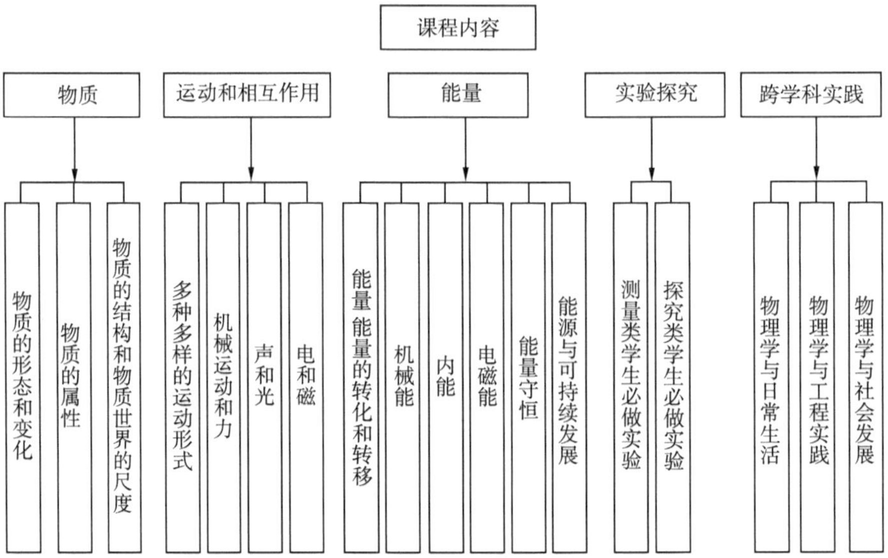

图2-1 《2022年版》的课程内容主题

与《2011年版》相比，《2022年版》丰富了样例和活动建议，将中华优秀传统文化教育、革命传统教育、爱国主义教育、劳动教育、生态文明教育、环境教育、国家安全教育、生命安全与健康教育等内容有机融入课程标准中，同时关注物理技术应用所带来的社会问题。在《2022年版》中，注重纳入与我国传统技术和现代科技成就有关的样例与活动建议，如纳入我国古代铸造技术、古代青铜器和铁器制造技术、指南针的发明、古代建筑技术、古代机械等有关内容，增加我国在载人航天及其他航天方面的新成就、第一颗人造地球卫星“东方红一号”、“中国天眼”、“奋斗者”号载人潜水器、清洁能源和受控核聚变等内容，旨在培养学生的爱国主义情怀、民族自信以及为实现中华民族伟大复兴的使命感。

2. 加强实验探究的地位，凸显物理实验的育人功能

义务教育物理课程标准中关于物理实验的育人功能是逐渐体现的。《2001年版》未明确列出学生必做的实验，其初衷虽好，意在鼓励学校根据自身条件和学生特点灵活安排实验教学，但实际操作中往往因缺乏具体指导而未能充分激发学生的探究热情，实验教学的效果大打折扣；《2011年版》虽然明确了20个必做实验，但这些实验被置于附录之中，未能引起足够重视，其育人潜力未被充分挖掘；《2022年版》将实验探究作为课程内容的一级主题，标志着物理实验教育进入了一个全新的阶段。在深化教育改革、推进素质教育的背景下，《2022年版》中实验探究的地位得到了前所未有的强化，旨在通过丰富的实践活动，全面凸显物理实验的育人功能。

将实验探究直接提升为课程内容的一级主题，这一举措不仅彰显了实验教学在物理学习中的核心地位，也为学生提供了更多动手操作、观察思考的机会。《2022年版》增设的“实验探究”包含21个学生必做实验，其中有9个测量类实验、12个探究类实验，不仅数量有所增加，内容也更加丰富多元。在测量类实验中，有8个与《2011年版》的实验一致，另有1个由《2011年版》“测量小灯泡的电功率”调整为“4.1.9　用电流表和电压表测量电阻”，通过对测量工具的使用，培养学生精确测量和处理数据的能力。在探究类实验中，有9个与《2011年版》的实验一致，有3个由《2011年版》调整而来：《2011年版》的“测量水平运动物体所受的滑动摩擦力”调整为“4.2.2　探究滑动摩擦力大小与哪些因素有关”，《2011年版》的“连接简单的串联电路和并联电路”调整为“4.2.11　探究串联电路和并联电路中电流、电压的特点”，《2011年版》的演示实验“通过实验，探究并了解液体压强与哪些因素有关”调整为“4.2.3　探究液体压强与哪些因素有关”。通过经历实验探究过程，引导学生通过假设、设计实验、收集证据、分析论证等科学探究步骤，深入理解物理规律，体验科学探究的乐趣。

随着实验探究地位的显著提升，物理实验教学不再仅仅是知识传授的辅助手段，而是成了培养学生科学精神、创新思维和实践能力的重要平台。学生在动手实验的过程中，不仅能够加深对物理概念和原理的理解，更重要的是能够学会像科学家一样思考，养成尊重事实、勇于探索的科学态度，以及培养团队协作、解决问题的综合能力。这些都将为学生未来的学习和生活奠定坚实的基础，真正发挥物理实验在育人方面的独特作用。

3. 新增跨学科实践主题，体现物理课程的综合性

在《义务教育课程方案（2022年版）》中，明确要求“原则上，各门课程用不少于10%的课时设计跨学科主题学习”。为此，《2022年版》新增一级主题“跨学科实践”，从日常生活、健康生活、低碳生活、动手实践、社会热点等方面提出内容要求，注重培养学生应用跨学科知识的能力，分析问题和解决问题的综合能力及实践能力，积极认真的学习态度，乐于实践、勇于创新的精神。

《2022年版》中的“跨学科实践”包含3个二级主题——“物理学与日常生活”“物理学与工程实践”“物理学与社会发展”。“物理学与日常生活”含3个三级主题，分别从“物理学与日常生活”“健康生活”“低碳生活”三方面提出内容要求。“物理学与工程实践”含3个三级主题，分别从“物理学与古代科技”“工程技术”“信息技术”三方面提出内容要求，这些实践活动进一步拓宽了学生的视野，使他们能够跨越时空，从古代科技如阿基米德原理在水利工程中的应用，到现代工程技术如桥梁设计与力学分析，再到信息技术如物联网、传感器技术等，全面体验物理学在工程实践中的广泛应用。这些活动不仅加深了学生对物理原理的理解，还激发了他们参与科技创新的兴趣与热情。“物理学与社会发展”含3个三级主题，分别从“能源开发”“新材料应用”“我国科技成就”三方面提出内容要求，引导学生将目光投向更广阔的社会领域，通过了解能源开发的现状与挑战、新材料如何推动科技进步以及我国科技成就背后的物理支撑，增强学生的国家自豪感与社会责任感。新增“跨学科实践”主题，这一重大举措不仅彰显了物理课程的综合性与前瞻性，更为学生搭建了将理论知识与现实生活紧密相连的桥梁，激发了他们探索未知、解决问题的无限潜能。

总体看，这些内容设计旨在从物理学与人类生活、工程实践、社会发展的相互关联的视角，培养学生的人文底蕴、科学精神、学会学习、健康生活、责任担当、实践创新等核心素养。

三、课程理念的变化

关于课程理念，早在《2001年版》中便分别从课程目的、课程内容、课程实施、课程评价等方面提出了义务教育物理课程基本理念。随后，在《2011年版》和《2022年版》中，基于继承与发展的定位，提出了义务教育物理课程基本理念（表2-1）。

表 2-1 《2001 年版》《2011 年版》《2022 年版》三个版本义务教育物理课程基本理念

《2001 年版》	注重学生发展，改变学科本位 从生活走向物理，从物理走向社会 注重科学探究，提倡学习方式多样化 注意学科渗透，关心科技发展 构建新的评价体系
《2011 年版》	面向全体学生，提高学生科学素养 从生活走向物理，从物理走向社会 注意学科渗透，关心科技发展 提倡教学方式多样化，注重科学探究 注重评价改革导向，促进学生发展
《2022 年版》	面向全体学生，培养学生核心素养 从生活走向物理，从物理走向社会 以主题为线索，构建课程结构 注重科学探究，倡导教学方式多样化 发挥评价的育人功能，促进学生核心素养发展

初中物理课程标准在不同版本中的课程理念呈现出一定的变化，这些变化体现了教育理念的更新和对学生全面发展的关注。以下是针对《2001 年版》《2011 年版》《2022 年版》课程标准课程理念变化的归纳：从《2001 年版》到《2022 年版》，初中物理课程理念经历了从注重基础知识与技能掌握，到强调三维目标的落实，再到以核心素养为导向、倡导跨学科整合、关注个性化学习需求和强化育人功能的转变。这一过程不仅体现了我国基础教育课程改革的不断深化，也反映了时代对人才培养的新要求。未来，初中物理课程将继续秉持以人为本的教育理念，不断创新教学模式和方法，为培养具有创新精神和实践能力的新时代人才贡献力量。

四、评价方式的变化

初中物理课程的评价方式经历了三次变化：

《2001 年版》主要以纸笔测试为主，注重对学生知识掌握程度的评价。

《2011 年版》开始注重过程性评价和表现性评价的结合，关注学生的学习过程和能力发展。

《2022 年版》进一步强化过程性评价和表现性评价的力度，构建多元化、发展性的评价体系。通过对学生学习过程、科学探究能力、科学态度与责任等方面的综合评价，以此全面反映学生的科学素养发展水平。同时，还注重评价方式的多样化和灵活性，以适应不同学生的学习需求和发展特点。

综上所述，初中物理课程标准在三个版本中的变化趋势主要体现在课程目标、课程内容、课程理念及评价方式等方面。这些变化反映了我国基础教育改革的方向和趋势，旨在促进学生的全面发展和科学素养的提升。

在《2022 年版》中，注重将核心素养的内涵融入各个部分。首先从物理观念、科学思维、科学探究、科学态度与责任四个维度凝练了义务教育阶段物理课程需要培养的核心素养；然后基于核心素养内涵、维度及要素提出了义务教育物理课程目标；在课程内容中通过层层主题递进提出学习要求，并将核心素养的培养融入其中；针对每个一级主题，分别从核心素养的四个维度提出了学业要求；针对学生完成义务教育物理课程后应具有的学业成就，基于核心素养内涵、维度及要素，提出了学业质量标准；在实施建议中增加了学业水平考试命题建议。《2022 年版》以素养为本贯穿始终，通过以上一系列设计，注重发挥评价育人功能，引导核心素养培养落地。

研究并制定学业质量标准是《2022 年版》的突破点之一。学业质量是学生在完成课程阶段性学习后的学业成就表现，反映核心素养要求。学业质量标准是依据物理核心素养内涵，按照物理观念、科学思维、科学探究、科学态度与责任四个维度，结合课程内容，对学生学业成就具体表现特征的整体描述，为初中学业水平考试命题提供了依据，同时对学生学习活动、教师教学活动、教材编写等发挥指导作用。在物理观念维度，学业质量标准要求学生能掌握所学的物理概念和规律，能从物理学视角观察事物，把所学概念和规律与实际情境联系起来，解释常见自然现象和解决常见物理问题。从考试评价视角看，学业质量标准要求考查学生能否解释常见自然现象和物理问题，不能命制偏题和怪题。同时，在综合应用多个物理概念和规律解决问题时，对所解决的问题是有约束的，限定为熟悉情境下的简单物理问题。在科学思维维度，提出了学生在模型建构、科学推理、科学论证、质疑创新四方面应达到的要求，如在模型建构方面，要求学生在熟悉的情境中，会用所学模型分析常见的实际问题，涉及的情境是熟悉的、模型是学过的、问题是常见的，显然比对高中生的要求低。在科学探究维度，提出了学生在问题、证据、解释、交流四方面应达到的要求，如在问题方面，要求学生能针对一些现象，发现并提出要探究的物理问题，能根据经验和已有知识作出猜想与假设。同样，在科学态度与责任维度，提出了学生在科学本质观、科学态度、社会责任三方面应达到的要求。

从以上介绍可见，学业质量标准的提出，促使初中学业水平考试命题与核心素养培养加强联系，通过改进评价，促进核心素养培养的落实。

第二节 STEM 教育与跨学科实践的关系

STEM 教育，即科学、技术、工程和数学教育的统称，但它并不局限于这四个学科的简单组合，它更是一种跨学科的教育理念，强调在实践中学习和创新。在《2022 年版》中，明确要求“原则上，各门课程用不少于 10%的课时设计跨学科主题学习”。其中新增“跨学科实践”主题，体现物理课程的综合性。

STEM 教育重视的是实践和创新。这种教育理念鼓励学生主动参与，通过观察、操作和解决问题，培养科学思维、技术应用、工程设计和数学分析能力。STEM 教育强调的是基于真实情境对知识的综合应用，以及以跨学科为核心对新知识的探索和创造。

STEM 理念与跨学科实践紧密相通。跨学科实践是指跨越传统学科界限，通过整合不同学科的知识和技能，来解决实际问题的一种学习方式。在 STEM 教育中，跨学科实践成为核心方法，使学生能在解决真实问题的过程中，培养出多元化的思维方式和实际操作能力。例如，一个生物医学项目可能需要学生运用科学知识来研究人体生理机制，运用数学知识进行数据分析，利用工程学原理来设计医疗器械，并利用技术手段将设计转化为实际产品。在这个过程中，学生需要跨越多个学科领域，综合运用所学知识来解决实际问题。这种跨学科实践的方式不仅促进了学生对 STEM 教育的理解，同时也培养了他们的创新能力和团队协作精神。

在当今这个快速发展的信息时代，知识的更新速度日益加快，单一的学科知识已经无法满足社会发展的需求。跨学科的实践能力和创新思维成了新时代人才必备的素质。而 STEM 教育与“跨学科实践”的结合正好满足了这一需求。通过 STEM 教育，学生可以更好地适应社会的发展变化，提升自身的综合素质和竞争力。

此外，STEM 教育与“跨学科实践”也有助于提高学生的学习积极性和主动性。相比于传统的灌输式教学，STEM 教育更加注重学生的参与和实践，使学习过程变得更加有趣和有意义。学生在解决实际问题的过程中，不仅能体验到学习的乐趣，同时也能增强自我效能感和成就感。综上所述，STEM 教育与跨学科实践之间的关系是相辅相成的。STEM 教育理念为跨学科实践提供了理论指导和方法论基础，而跨学科实践则是 STEM 教育的重要实现途径。通过在 STEM 教育中融入跨学科实践，学生可以更好地理解和掌握知识，培养出多元化的思维方式和实际操作能力，从而更好地适应社会发展的需求。因此，在未来的教育中，我们应该更加重视 STEM 教育与跨学科实践的结合，为学生提供更加丰富和有意义的学习体验。

第三节　STEM 教育是深化初中物理课程改革的选择

STEM 教育以跨学科知识融合为理念，强调综合运用各学科的知识和技能，在可感知的情景中，通过实践操作进而发展核心素养，重在培养利用跨学科知识解决问题的高端人才。STEM 教育是一种以真实问题解决为任务驱动、立足学习过程、多技术交叉融合的跨学科式教育，以培养具有全面科学素养和创新实践能力的人才为根本目标。

一、多学科交叉融合，实现跨学科式教育

传统教育将知识按具体学科划分，割裂了学科与学科之间、学科与真实世界之间的联系，不能有效地培养学生解决实际问题的能力，学生的学习缺乏真实性和创造性。STEM 教育从真实问题出发，以多学科交叉融合的理念为指导，在解决问题的过程中灵活运用科学、技术、工程和数学等学科知识。

二、基于真实问题情境，回归现实生活

STEM 教育注重学生学习与实际生活之间的联系，立足于生活，从真实生活中的问题出发。STEM 教育认为知识蕴含在真实的问题情境中，教师为学生创设情景，学生利用多门学科知识积极探索，培养发现、分析和解决问题的能力。真实的情境实际是为学生创设的一个与知识相连的生态情境。在这个生态情境中，教师帮助学生将知识作为探究的起点，用自己的学习和生活经验与知识对话，发展学生的潜在学习能力，在理解和创造知识的过程中促进学生自由成长。我国教育家陶行知先生曾提出“生活即教育”“社会即学校”“教学做合一”的生活教育三大原理，指出生活就是一连串问题的求解过程。真实情境问题导向的 STEM 教育最终是返回生活的教育，所以 STEM 教育的过程一定是以真实问题为导向的，而不是以教科书为导向的。这是目前开展 STEM 教育的一个方向，强调“做中学”“学中做”的教学理念，开展基于真实问题情境的探索式学习。在 STEM 教育中，只有找准真实情境问题，在项目学习中紧紧围绕解决真实问题开展学习活动，使评价指标也紧跟这一思想，才能真正做到过程灵活开放、方案设计丰富多样，从而充分激发学生的创造力和创新能力，真正培养学生发现问题、解决问题的能力。

三、重视学习过程，加强学习活动体验

STEM 教育重视学习过程，强调学生主动、积极参与到学习过程中，通过观察与实际操作来获得真实的学习体验，在学习体验中探究、反思与提高，实现理论知识与实践技能的有效衔接，促进知识的深层次建构。STEM 教育通过为学生提供多种真实情景和先进工具，加强学生的学习体验。学生应用科学、技术、工程和数学等学科知识，协作和探究式地解决现实问题。

四、技术作为支持工具，有效开展学习活动

技术不仅是 STEM 教育的重要组成要素，也是整个教学得以开展的核心支持工具，无缝融合于学习活动的各个环节中。学生在教师的引导下使用技术工具来分析与解决问题，在这个过程中，锻炼了学生的动手实践和探索发现能力，提高了技术素养。

第四节 STEM 理念下初中物理教学的实践研究

为回应新时代人才培养诉求，落实立德树人根本任务，推进义务教育高质量发展，教育部于 2019 年正式启动了新一轮基础教育课程改革，基于国际科学教育比较研究成果和国内课程实施现状调查报告，对《2011 年版》实施修订，并于 2022 年 4 月正式颁布新修订的《2022 年版》，简称“新课标”。这标志着我国义务教育阶段的物理课程正式迈向“核心素养”新时代，课程目标从“知识本位”“能力本位”转向“素养本位”，核心素养的育人目标也实现了初高中的贯通培养。作为本次修订亮点之一的“跨学科实践”学习主题具有鲜明的跨学科性、综合性和实践性特点，它借助物理学的大观念，构建与日常生活、工程实践、社会发展密切联系的实践活动，进一步促进知识、能力、素养间的逐步转化，旨在发展学生跨学科应用知识的能力、分析和解决问题的综合能力、动手实践的操作能力，培养学生积极认真的学习态度和乐于实践、敢于创新的精神。“跨学科实践”的提出，势必会受到教育研究者和一线教师的持续关注，成为下一阶段我国中学物理教育研究与教学实践的前沿热点。如何开展中学物理跨学科实践，使之成为助力物理学科核心素养落地的有效路径呢？随着社会的发展和科技的进步，在全球范围内兴起的 STEM 教育已经成为当今国际上最为关注的教育话题之一。

从物理学科的特征看，物理教学具备与其他学科融合的属性，具有开展STEM教育的可能性。义务教育阶段，初中物理课程是培养公民素质的基础课程，具有基础性、普及性和发展性。初中阶段的学习目标旨在提升学生的科学素养。特别强调“学习终身发展必需的物理基础知识和方法，养成良好的思维习惯；具有初步的科学探究能力；能独立思考、敢于质疑、尊重事实、勇于创新”。物理课程不仅要注重科学知识的传授和技能的训练，还需要重视学生科学探究能力、创新意识及科学精神的培养，因此物理课程的构建应注重让学生经历从自然到物理、从生活到物理的认识过程，经历基本的科学探究实践，注重物理与生活的对接，并在物理学习过程中提升学生人文素养。这与STEM教育的目标具有一致性。科学探究和思维发展是学生物理核心素养的灵魂。STEM教育是跨学科综合的教育，它与学科教学的内容、目标、方式都有很大差距，但它们应该是相互包容的，而不是相互排斥的。学生的学科学习是STEM教育活动的基础，学生的学科知识储备是开展STEM教育的有力保障，STEM教育要植根于学科教学的根基之上。

基于以上认识，STEM理念下初中物理教学的实践研究就是在辨识STEM理念的特征、内涵和类别的基础上，基于初中物理的学科特征，以提升学生核心素养为目标，以形成有效课堂为前提，构建一种体现STEM理念、融合不同学科知识和技能，打通基础型课程、拓展型课程、研究型课程之间的屏障。物理是一门实验性强的、与实际生活紧密相连的学科，需要学生在真实问题情境中学习知识、掌握技能。初中物理课程是我国义务教育的重要组成部分，在现有的初中物理课程改革的基础上，引入STEM理念是十分必要且具有重要意义的。从初中物理基础型课程中寻找合适的项目主题内容，通过拓展型课程学生的解决实际问题的能力得到提升，在研究型课程中满足学生不同的兴趣和特长的发展，营造支持学生深度学习的环境，重设初中物理学习目标，重构物理教学问题内容，重建教学方式和教学过程，从而在初中物理教学实践中实现学生核心素养的发展。

在“双新”（新课程、新教材）背景下，STEM教育成为深化初中物理课程改革的必然选择。STEM教育是一种将知识与实际情境相结合的教育方式，能够更好地激发学生的学习兴趣，提高学生的学习能力。通过STEM教育，学生可以在实验、观察、探究等活动中学习物理知识，提高解决实际问题的能力。

STEM教育如何与初中物理课程相融合呢？首先，教师可以根据实际情境设计课程，将物理知识融入实际生活中。例如，通过研究太阳能的利用、设计制作小车等实际项目，让学生在掌握物理理论知识的同时，培养实践能力。其次，教师可以引导学生进行探究性学习，通过观察、实验、分析等环节，让学生自己得出结论，培养学生的科学素养。最后，教师可以组织跨学科的学习活动，将物理与其他学科联系起来，培养学生的综合素养。

“双新”背景下初中物理教学的变化主要体现在以下几个方面：

① 新知识。初中物理新课程标准中新增了“物理观念”“科学思维”“科学探究”“科学态度与责任”四个方面的物理学科核心素养内涵，旨在培养学生终身发展所需的物理观念、科学思维、科学探究、科学态度与责任等方面的素养。

② 新教材。新教材在内容选择与呈现方式上更加注重激发学生的学习兴趣，注重学生的实践操作和探究学习，注重跨学科的学习和知识的综合应用。

③ 新教法。新教法注重培养学生的创新思维和问题解决能力，采用项目式学习、探究式学习、跨学科学习等教学方式，以激发学生的学习兴趣和提高学生的实际应用能力。

基于STEM理念下初中物理教学的实践研究的价值主要体现在以下几个方面：

① 提高学生的学习效果。STEM教育注重跨学科学习和实践操作，可以帮助学生更深入地理解理论基础知识，加强实际应用，提高学习效果。

② 培养学生的创新思维和问题解决能力。STEM教育注重培养学生的创新思维和问题解决能力，可以帮助学生学会运用科学思维和工程方法来探究和解决实际问题，这种能力在未来的生活和职业中有着广泛的应用，可以帮助学生更好地适应社会和时代的发展。

③ 提高教师的教学水平和科研素养。STEM教育注重实践操作和项目式学习，需要教师具有较高的教学水平和科研素养。通过实践操作和探究，教师可以不断更新自己的知识和技能，提高教学水平和科研素养，从而更好地服务于学生的学习和发展。

④ 促进教育形式、内容的多样性。STEM教育注重跨学科学习和实践操作，可以促进教育形式、内容的多样性。通过STEM教育，学生可以接触到不同的学科知识和文化背景，增加对不同领域的了解和认知，从而更好地服务于自身的个性化发展和多元化发展。

⑤ 促进国家的科技发展和经济竞争力。STEM教育可以为国家培养更多的科技人才，促进国家的科技发展和经济竞争力。通过STEM教育，学生可以接触到国内外科技和经济发展的趋势和现状，了解国家的发展目标和战略，从而更好地服务于国家的经济和社会发展。

因此，基于STEM理念下初中物理教学的实践研究具有重要的价值和意义，可以提高学生的学习效果、教师的教学水平和科研素养，只有学校、教育行政部门和学生形成合力，才能取得更丰硕的成果，真正培养出适应时代需求的创新型人才。

第三章

STEM 理念下初中物理教学的教育价值

第一节 STEM 教育促进学生素养全面提升

随着科技的迅猛发展和全球化进程的加速，当前的教育正面临着前所未有的挑战和机遇。STEM 教育已成为当今世界教育改革的重要趋势，作为一种新兴的教育方式，它强调跨学科整合、实践创新和问题解决，是学生核心素养全面提升的有效途径之一。

学生核心素养主要是指学生应具备的能够适应终身发展和社会发展需要的必备品格和关键能力。在 STEM 教育中，学生通过接触科学、技术、工程和数学的基础知识，在真实情境问题解决中培养适应终身发展和社会发展需要的相关能力。

一、激发学生的学习兴趣和动力

STEM 教育不仅能提高学生的科学素养，还能激发学生的学习兴趣和动力。当前，不少课堂教学仍以教师为中心，学生很容易失去对学习的兴趣。而 STEM 教育注重培养学生的探索精神和创新思维，使他们主动参与到学习过程中，亲身体验到探索科学知识的乐趣。此外，STEM 教育还可以帮助学生发现自身的优势和潜力，提高他们的自信心，从而更积极地学习和探索科学。

二、提升学生的跨学科思维

STEM 教育强调跨学科知识的融合。科学、技术、工程和数学并不是相互独立的学科，它们彼此紧密联系、互为支撑。STEM 教育通过将不同学科的知识有机结合在一起，帮助学生更好地理解学科之间的关系。例如，在解决实际问题过程中，学生需要综合运用数学的计算能力、科学的实验方法、技术的实施手段和工程的设计思维。通过这种跨学科的融合，学生能够更好地应对各个学科的挑战，并逐步培养出跨学科思维。

三、提高学生的高阶思维能力

通过 STEM 教育，学生在实践中学习和应用科学原理，逐步提升高阶思维能力。在 STEM 教育中，学生不仅学会观察、实验，还学会提出问题、分析问题、探索并解决问题，进一步培养批判性思维、创新能力等高阶思维能力。特别地，STEM 教育注重培养学生的分析能力，引导学生学习如何收集和分析数据，并通过数据找出规律和趋势。通过统计分析，学生可以更好地理解现象背后的本质，进一步提升高阶思维能力。

四、提升学生的团队合作能力

实际问题一般比较复杂，单靠个人的能力是很难解决的，需要团队共同探索和解决问题。学生通过 STEM 教育，在解决实际问题的过程中，不仅可以提高社交能力，还能培养沟通、协作、表达和领导能力。

五、提高学生的职业竞争力

STEM 教育可以提高学生在未来工作中的职业竞争力。在当今科技迅速发展的时代，科学、技术、工程和数学领域的专业人才需求量大，STEM 教育可培养学生具备适应终身发展和社会发展需要的必备品格和关键能力，提高他们的核心素养，有助于他们在未来的职业发展中取得成功。

第二节　STEM 教育赋能教师专业化成长

STEM 教育不仅注重培养学生的创新精神和实践能力，以及在真实情境中运用多学科知识解决问题的能力，还能够提升教师对多学科知识的理解和掌握程度，提升教师的科学文化素养，从而更好地满足未来教育对教师专业化成长方面的发展需求。STEM 教育对教师的专业发展具有积极的影响和作用，有助于培养教师的跨学科知识整合能力、创新意识和问题解决能力，以及团队协作和沟通能力等多维度的专业素养，为教师的未来发展提供了更多的可能性。

一、促进教师跨学科认知和专业素养的提升

STEM 教育强调多学科知识的综合运用，这需要教师具备跨学科的认知和理解能力。通过参与 STEM 教育活动，教师需要不断深化对不同学科知识体系的理解，从而更好地整合教学资源，为学生的跨学科学习提供支持。同时，跨学科的认知和理解能力也有助于教师自身成长，通过参加专业培训和实践交流活动，教师可以不断更新自己的知识体系，提升教学能力和创新思维能力。

1. 增强教师对多学科知识的理解

STEM 教育强调多学科知识的融合，包括科学、技术、工程和数学等学科。通过参与 STEM 课程，教师不断深化对不同学科知识体系的理解，整合多学科知识内容。这种跨学科的知识理解有助于教师打破传统学科壁垒，拓宽教育视野，提升教学水平和创新能力。

2. 促进教师专业素养的提升

STEM 教育要求教师具备较高的专业素养，包括科学、技术、工程和数学等学科的知识储备和教学技能。通过参与 STEM 教育活动，教师可以不断拓展自己的专业领域，提升自己的专业素养。

二、提高教师的教学案例研究与实践交流的能力

STEM 教育注重实践和问题解决，教师需要结合具体情境和学生需求，设计并实施相关课程和项目。同时，STEM 教育也为教师提供了更广阔的实践交流平台，通过与其他教师的合作与交流，促使自身更好地理解和应用更为前沿的教育科技手

段，不断提升自身的专业素养和实践能力。

1. 促进教师对多元化案例的研究

在 STEM 课程中，教师可以从多元化案例中汲取经验和启示，掌握更多的教学策略和方法，提高教学效果，丰富学生的学习体验。通过对不同案例的研究，教师可以不断拓宽自己的教育视野，提高教学水平和创新能力。

2. 推动教师对教学实践的反思

在 STEM 课程中，教师需要关注学生的兴趣和需求，引导学生进行自主探究和合作学习，培养学生的创新思维和实践能力。这种教学实践过程需要教师不断反思和总结，以改进和完善自己的教学方法和策略。通过参与 STEM 教育活动，教师可以培养自己的教学反思能力，从而更好地提高自己的教学水平和教学质量。

3. 强化教师间的合作与交流

STEM 教育需要教师具备跨学科的认知和能力。为了更好地满足课程需求，教师需要合作与交流，分享经验和启示，共同学习和成长。通过合作与交流，教师可以打破学科壁垒，提高跨学科认知和能力，从而更好地为学生的发展提供支持。

第三节　基于 STEM 理念的初中物理教学建议

一、学科层面——大胆尝试新型教与学模式

1. 扎实开展学科实践活动

在 2011 年苏科版教材中设置了综合实践活动，2024 年新版教材中还出现了跨学科实践，但由于课时紧张和教师不够重视等，这类实践活动经常被蜻蜓点水地带过了。但恰恰是这些内容的学习，才最能将学生置于真实问题情境中，最有利于提高学生的学科核心素养。实践活动不仅有利于培养学生主动探究、团结合作的精神，还有利于培养学生勇于创新的精神。因此，STEM 教育以项目化学习等形式开展实践活动，既符合物理学科特点，又凸显新课程理念，是实现核心素养提升的重要学习方式。

2. 适时开展大单元结构化教学

学科教学可以以一节知识结构的形式来开展，也可以打破课程和单元界限，对知识结构进行梳理后再进行教学。而真实世界的问题往往不能用单节内容或单章知识就能解决，更多的是需要跨章节甚至跨学科知识进行探究处理。如引导学生建立

“知识树”，梳理每个节点的重要概念或方法，并注意知识间的关联，学会使用工具，运用正确的方法，进行架构式学习。学校应将STEM课程进行整合与优化，确保教学内容的连贯性和完整性。同时，应结合生活实际和学生兴趣，创设真实、有效的情境，设计具有吸引力和实用性的教学内容。

二、教师层面——教师专业发展的创新实践

教师是实施STEM教育的关键因素。学校应加强教师的STEM教育培训，提高教师的专业素养和教学能力。同时，应鼓励教师不断学习和探索创新的教学方法。

（1）鼓励教师兼任同一班级的不同学科教学。由于学科的分类限制，目前，很多学校每位教师一般只任教一门学科，极少数教师兼任其他学科。我们鼓励教师兼任同一班级不同学科的教学，这样既能提高教师对学情的全面把握，又能实现学科间的深度融合，对学生核心素养的提高也将起到积极的推进作用。

（2）增强教师对多元化案例的研究。STEM教育强调实践和问题解决，教师需要结合具体情境和学生需求，设计和实施相关课程和项目。在STEM课程中，教师可以从多元化的案例中汲取经验和启示，掌握更多的教学策略和方法，拓展自己的教育视野，提高教学水平和创新能力。

三、技术层面——推进教育数字化改革

利用多种教学手段，如多媒体、互动软件、在线平台、AR、人工智能等，增强STEM教育的互动性和趣味性，学生可以更直观地了解知识，同时增加学习的乐趣。特别地，人工智能近年来发展迅猛，未来需要一种全新的教育模式来培养学生发现问题和创造性解决问题的能力。教师可以利用软件编程、3D打印、AR/VR技术与人工智能相结合的方式，组织学生开展游戏、活动、比赛等，培养学生以问题解决为导向的思维能力。

总而言之，为了更好地实施STEM教育并发挥其优势，学校应积极整合与优化课程、组织实践活动、开展教师培训等，实现学生核心素养的全面提升、教师专业的二次成长。

第四节 STEM 教育推进教育评价改革

一、STEM 教育评估需要新的评价体系

STEM 教育致力于学科知识的整合，以培养具有科学素养、技术素养、工程素养和数学素养，综合运用多学科知识解决实际问题的复合型创新人才为目标，这是未来教育发展的重要方向。为了有效评估 STEM 教育效果，教师必须摒弃旧的评价体系，开发一套全新多元的评价体系，给学生不同的表现机会。当然，这也要求教师通过多样的评价方式判断学生的知识和能力水平，综合的评价体系应包括以下几种评价方式：

1. 诊断性评价

诊断性评价也称“教学性评价”，一般是指在某项教学活动开始之前对学生的物理观念、实验探究、科学思维、科学态度与责任等状况进行的预测。通过这种预测可以了解学生的知识基础和准备状况，以判断他们是否具备实现当前教学目标所要求的条件，为实现因材施教提供依据。

2. 过程性评价

过程性评价的“过程”是相对于“结果”而言的，具有导向性，过程性评价不是只关注过程而不关注结果的评价，更不是单纯地观察学生的表现。相反，关注教学过程中学生智能发展的过程性结果，如解决现实问题的能力等，及时地对学生的学业质量水平做出判断，肯定成绩，找出问题，是过程性评价的一个重要内容。过程性评价的主要功能不是体现在评价结果的某个等级或者评语上，更不是要区分与比较学生之间的态度和行为表现。从教学评价标准所依据的参照系来看，过程性评价属于个体内差异评价，亦即“把每个评价对象个体的过去与现在进行比较，或者把个体的有关侧面相互进行比较，从而得到评价结论”。过程性评价的功能主要在于及时地反映学生学习过程中的情况，促使学生对学习的过程进行积极的反思和总结，而不是最终给学生下一个结论。

3. 终结性评价

终结性评价是当今学校中使用最多的一种评价方式，传统的学校考试是一种终结性评价。终结性评价可以了解教师教学活动的最终成果，也可以检验学生的学业水平通过教学活动是否得到了提高。终结性评价就是对课堂教学的达成结果进行恰

当的评价，指的是在教学活动结束后为判断其效果而进行的评价。一个单元、一个模块，或一个学期的教学结束后对最终结果所进行的评价，都可以说是终结性评价。终结性评价是对一个学段、一个学科教学的教育质量的评价，其目的是对学生阶段性学习的质量做出结论性评价，评价的目的是给学生下阶段性学业结论。

4. 增值性评价

增值性评价是一种综合性评价方法，旨在评估学生在学习过程中所取得的进步和增值。它将学生的学习结果与预期水平进行比较，并评估学生在学习过程中所获得的价值增加程度。增值性评价关注学生的成长和发展，强调学生在学习过程中的个体进步和改进。

5. 表现性评价

表现性评价是针对学生在特定任务或项目中的表现进行的评估。它主要关注学生的实际行为和能力展示，以评估他们在特定任务或项目中的表现水平。表现性评价通常以实际作品、演示、展示等形式进行，依据严格划分的等级并对照项目评价表进行打分，可以更直接地观察和评估学生在设计任务中的能力。例如，在自制望远镜、自制杆秤活动案例中，实施表现性评估时，均可对照量表中的能力要求为学生各个步骤的表现打分（表 3-1、表 3-2）。

表 3-1 “自制望远镜”项目评价表

任务		维度	水平 3	水平 2	水平 1	水平 0	自评	师评
1	改进望远镜	功能性	大小套筒的长度能够灵活调节；安装有寻星装置；放大倍率合适，清晰度和对比度都很高	大小套筒的长度可以调节，安装有寻星装置，清晰度较高	大小套筒的长度可以调节，没有寻星装置，清晰度较高	望远镜的套筒不能调节，没有寻星装置		
		美观性	做工精细，美观轻便，支架稳定，方便携带	做工精细，美观，支架稳定	美观，支架稳定	做工粗糙，支架不稳定		
2	撰写观察报告	科学性	内容真实可靠，认真核对记录数据和现象，通过实际的观察现象和数据分析得出结论，结论客观、准确	内容真实，能核对记录数据和现象，通过分析得出结论，结论客观	内容真实，记录的数据样本较少，能得出结论	内容不够真实，记录的数据和现象不全，不能得出结论		

续表

任务		维度	水平 3	水平 2	水平 1	水平 0	自评	师评
2	撰写观察报告	规范性	格式规范，文字表达准确，简练明了；图画清晰，有助于配合文字说明问题	格式规范，文字表达准确，简练明了；图画不清晰，图文相对独立	格式不够规范，文字表达冗长，有重复和模糊的表述	格式不规范，文字表述不清晰，甚至出现较多的错误		
		独创性	能对观察的现象和数据进行深入的分析和解释；得出有价值的结论，提出有建设性的建议；能够发现有价值的新问题	能对观察的现象和数据进行深入的分析和解释；能得出有价值的结论，提出可参考的建议	能对观察的现象和数据进行分析和解释，能得出可靠的结论	没有对观察的现象和数据进行分析		

表 3-2　“自制杆秤”项目评价表

评价指标		权重	评分标准			得分
			优秀（85%以上）	良好（75%～85%）	合格（60%～75%）	
精确度	分度值	20	分度值小于 5 g	分度值大于 5 g，小于 10 g	分度值大于 10 g	
	量程	20	双量程	单量程	不小于 300 g	
	刻度线	20	刻度线清晰，标有数字和单位	少量刻度线稍模糊，标有数字和单位	部分刻度线稍模糊，标有数字和单位	
耐用度	秤杆	6	硬度大，杆身笔直，两头包有保护层	硬度大，杆身笔直	硬度大，杆身稍有弯曲	
	提纽	6	固定不动，量程范围内不断裂	固定不动，容易老化	固定不动	
	秤盘	6	不易腐蚀，不易形变，质量较小	不易腐蚀，不易形变	不易腐蚀	
	秤砣	6	不易腐蚀、生锈，挂绳光滑	不易腐蚀、生锈	短期内不会生锈	
	刻度线	6	刻度线清晰醒目，不易磨损	刻度线清晰醒目	刻度线可以看清	
美观度	结构	5	各部件布局合理	个别部件搭配不合理	各部件完整	
	美化	5	外形修饰精美，有创意	局部修饰精美	稍有修饰	

二、STEM 教育与评价改革的结合

综上所述，STEM 教育强调培养学生的创造力、解决问题的能力和批判性思维，传统的评价方法无法适用于 STEM 教育。如何将 STEM 教育与评价改革结合起来，以下是一些方法和途径。

1. 强调实践和项目化学习

STEM 教育强调培养学生的实践能力和解决实际问题的能力，鼓励学生通过实际项目来展示他们在 STEM 领域的学习成果和能力。评估学生在项目中的表现，包括解决问题的能力、合作能力和创新思维。

2. 注重探究和思考能力

STEM 教育注重培养学生的探究精神和批判性思维。可以设计评估任务，要求学生运用科学方法和数学思维，进行实验，并学会观察和进行数据分析，以发展学生的探究和思考能力。

3. 引入技术工具和创新应用

STEM 教育借助现代技术工具和创新应用，帮助学生更好地理解和应用科学、技术、工程和数学知识。可以考查学生在使用技术工具和创新应用时的表现，评估他们对技术的理解程度和运用于实际问题中的能力。

4. 强调跨学科实践能力

STEM 教育涉及多个学科的融合，可以设计评估任务，要求学生运用跨学科的知识和技能，解决综合性问题。评估学生在跨学科合作中的表现，包括团队合作能力、沟通能力和解决复杂问题的能力。

5. 鼓励自主学习和个性化评价

STEM 教育注重学生的自主学习和个性化发展。可以采用多样化的评估方式，鼓励学生展示自己的创造力和个性化的学习成果，如通过作品展示、个人项目或研究、教师评、学生评等方式进行评价。在探究活动的学生汇报展示阶段，可以设计“项目探究活动小组、听课专家评价量表”（表 3-3）、“项目探究活动个人学习行为评价量表”（表 3-4）等，进行自评与他评相结合的多维度评价，以鼓励学生进行自主学习。

表 3-3 项目探究活动小组、听课专家评价量表

评价项目	分值等级		
	5 分	3 分	1 分
探究能力	针对探究活动进行有效设计，严谨认真，善于发现问题并有深度思考	针对探究活动进行有效设计，实事求是，有一定思考	针对探究活动设计一般，基本完成探究
合作能力	每位组员都参与项目活动	部分组员参与项目活动	仅汇报和制作 PPT 的组员参与项目活动
PPT 制作	内容丰富，PPT 版面美观	内容较丰富，PPT 版面较美观	内容一般，PPT 版面较杂乱
汇报表达	清晰流畅，有条理	较清晰，不够有条理	不清晰，没有条理

表 3-4 项目探究活动个人学习行为评价量表

序号	评价内容	个人自评			组内互评			教师评价		
		5 分	3 分	1 分	5 分	3 分	1 分	5 分	3 分	1 分
1	我全程参与项目探究活动									
2	我能够积极提出自己的观点									
3	我能多渠道积极寻求问题解决方案									
4	我能完成自己的任务									
5	我能清楚地向他人分享自己小组的探究活动成果									
总分										
经过本次活动，我最大的收获是：										

6. 关注教师的专业发展和评估方式的改革

为了有效推进 STEM 教育的发展，还需要关注教师的专业发展和评估方式的改革。不定期对教师进行培训，提供多方面的支持，帮助他们掌握 STEM 教育的理念和教育方法。同时，建立具有科学、技术、工程和数学专业背景的教师评估机制，以确保能合理地对教师的教学能力和专业发展能力进行评价。

第五节　STEM 教育提升学校办学品质

一、传统办学理念的劣势

传统办学理念虽然在过去的一段时间内发挥了引领作用，但在当今时代，其弊端逐渐显现。传统办学理念在教育实践中往往过于强调知识的灌输，而忽视了学生的主体性和创造性的培养。这种教育方式导致学生常常处于被动接受知识的状态，缺乏独立思考和自主学习的机会。这不仅限制了学生的个人发展，也阻碍了其创新能力和批判性思维的发展。这种以分数为导向的教育模式已经无法适应现代社会对人才的需求。

二、星洋学校 STEM 教育项目办学课例

下面就以苏州工业园区星洋学校的“教智融合背景下大数据支持的智慧生态多场景学习空间”STEM 教育项目课程为例，浅析 STEM 教育课程的优质本土化改革对提升学校办学质量的优势。

该课程依托学校的智慧温室大棚、室外种植基地，打造了一个劳动教育创新空间。该空间配备了土壤和气候物联网传感记录仪、智慧灌溉系统、智能种植育苗箱、风光互补发电站、鱼菜共生大型种植系统等设施，实现了大数据支持下的智慧生态多场景学习空间建设。

其主要革新之处为：

① 实现多场景融合。该空间融合了劳动教育、学科学习、生态环保、人工智能等场景。

② 实现大数据支持。依托软件平台（该软件平台提供了植物生长图像抓拍数字化追溯、土壤微量元素含量数字化采集（图 3-1)、智慧灌溉数字化控制、清洁能源数字化应用等功能），丰富了数字教学资源，创新了教学模式。

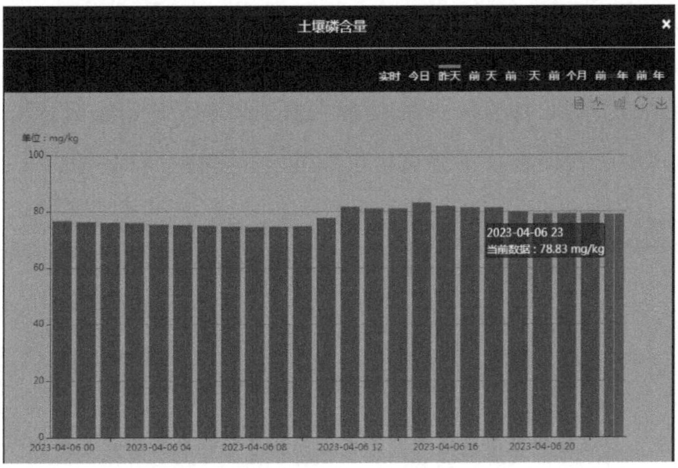

图 3-1　土壤磷含量数字化采集

在大数据支持下的智慧生态多场景学习空间延展了教学资源，丰富了“双减”课程，创新了教学模式，拓展了教学空间，支撑学生个性化成长。依据我国当前“双减”政策对 STEM 课程做出了调整与变革，在减负增效课堂中培养学生核心素养。

该课程的创新举措在于利用教学装备，实现了教学过程的全数字化管理，具体表现在：在开展劳动教育的过程中，学生到种植基地打卡劳动，设备自动记录学生每次打卡劳动的情况；同时设备记录了植物生长过程中土壤氮、磷、钾等微量元素含量的实时情况，并利用物联网大数据技术，在云平台记录昨天、今天、前 7 天、前 30 天、前半年、前一年等历史数据，并通过折线图和柱状图的形式展示；将历史数据与学生的每日劳动成果相结合，贴合我国中小学生的学习生活，将学习与劳动数字化、可视化。

该软件平台丰富了学科课程资源，具体表现在：可以以单物理量或多物理量为坐标显示图表，为学生探究土壤、环境、气候等提供了精准的数据支撑，支持学生将传感数据坐标图以图片形式进行下载；图像抓拍可实现植物生长全生命周期的数字化追溯，解决了植物生长慢周期和教育教学快周期之间的矛盾，智慧追溯丰富了数字化教学资源。

数字化教育空间创新了教学模式，为泛在教学和移动教学提供了技术保证。学生可以利用智能设备在温室大棚和种植基地开展泛在学习和移动学习。围绕土壤、气候、种植农作物等开发的课程案例，以电子书的形式展示在平台端和移动端，便于学生查看。

该课程的后续成效也较为显著：一方面，“劳动成长卡”清晰地显示学生劳动的位置、劳动时间以及劳动的次数等信息。它可激发学生的劳动乐趣，让学生养成劳动习惯，认知劳动价值，从而培育了学生的劳动精神。另一方面，学生可利用平板电脑等设备移动学习，查看植物生长环境的实时数据和历史数据，了解土壤和环境对植物生长的影响；进一步通过对土壤氮、磷、钾等微量元素的分析，探究植物在生长过程中出现的一些现象，了解植物生长过程和习性（图 3-2）。

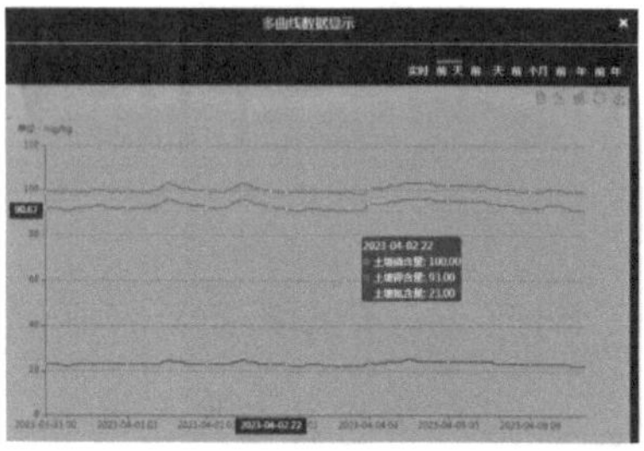

土壤微量元素监测曲线

学生劳动位置

“土壤的奥秘”相关资料

图 3-2 教智融合背景下大数据支持的智慧生态多场景学习空间

通过不同的教学活动的开展，教师结合教学装备采集的传感数据和本校的实际情况，开发特色校本课程，并在云平台以电子书形式进行展示，进一步丰富了“双减”背景下的课程资源。

本课程利用高科技装备，在室外对学生进行劳动教育，融合了多学科、多领域的知识，探索、开创、形成了独具学校特色的创新教育模式。它突破空间概念，从室内走到户外，从线下学到线上，形成一种虚实融合体验式教学模式。它突破学科界限，以生物学科为主，融合数学、地理、物理、物联网、人工智能、劳动教育、生态环保教育等课程，充分利用生态创新空间，积极探索区域“STEM 教育支持强基创新人才的融浸式实践”新模式。

三、STEM 教育提升学校办学品质的路径

STEM 教育源于美国，我国尚处在 STEM 教育实践的起步阶段，但与传统课程相比，STEM 课程在提升学校办学品质中发挥了重要作用。根据星洋学校 STEM 教

育的优秀案例，STEM 课程的本土化改革可以从以下几个方面展开：

1. 结合实际情况调整课程内容和教学方式

在 STEM 教育中，需要结合我国的实际情况，调整课程内容和教学方式，使其更加符合中国的教育环境和学生的学习特点。例如，可以在 STEM 课程中加入更多的传统文化元素，或者采用更加适合中国学生的教学方式，如探究式学习、项目式学习等。

2. 提高教师的专业能力和教学水平

教师是 STEM 教育中的关键因素。因此，需要加强对教师的培训和指导，提高他们的专业能力和教学水平。可以通过组织教师培训、开展教学交流、分享教学经验等方式，促进教师之间的合作和共同进步。

3. 加强实践教学和创新教育

结合国情与政策，推广更为贴合学生实际情况的课程。需要加强实践教学和创新教育，为学生提供更多的实践机会和创造空间。可以通过建设实践基地、开展创新竞赛、组织创意活动等方式，激发学生的创新思维和实践能力。

4. 推动学校和社会的合作

STEM 教育需要学校和社会的共同参与和支持。因此，需要推动学校和社会的合作，整合教育资源，共同推进 STEM 教育的本土化改革。可以通过与企业、科研机构、社会团体等合作，建立产学研合作机制，实现资源共享和优势互补。

5. 完善评价体系和激励机制

STEM 教育的评价需要多元化和全面化，不仅关注学生的知识掌握程度，还要关注学生的实践能力、创新能力等方面。因此，需要完善评价体系和激励机制，鼓励学生全面发展。可以通过设置奖项、评选优秀学生等方式，激发学生的积极性和创造力。

综上所述，因 STEM 教育起源于美国，学校若直接套用美国的经验和模式，会出现水土不服的情况。因此，需要根据我国国情、地方实情和学校校情，因地制宜、因校制宜地进行跨学科的拔尖创新人才培养。如应根据我国学生的认知规律和认知特点，设置教学目标和实施计划，针对多元化的个体，在校园主阵地的基础上，充分利用社区和企业的优质资源，因材施教，开展 STEM 教育。同时，学校应结合本校学生的实际，尊重其在 STEM 教育中的主体地位，改变传统教育中学生的被动地位，让其自主表达、积极创造，从而培养他们的核心素养。这既能够顺应世界教育改革发展的趋势，又能提升学校办学的品质，进一步增强学校竞争力。

第四章

STEM 教育与物理综合实践活动融合的理论探索

STEM 教育与物理综合实践活动的融合，是当前教育领域的一大热点。这种融合不仅有助于提高学生的综合素质，还能培养他们的创新能力和解决问题的能力。2001 年，教育部印发了《基础教育课程改革纲要（试行）》（以下简称《纲要》，教基〔2001〕17 号），其中规定“从小学至高中设置综合实践活动并作为必修课程”，这意味着综合实践活动正式纳入基础教育课程体系。2017 年颁布的《中小学综合实践活动课程指导纲要》（教材〔2017〕4 号）中又对综合实践活动做了全新的定义：综合实践活动是从学生的真实生活和发展需要出发，从生活情境中发现问题，转化为活动主题，通过探究、服务、制作、体验等方式，培养学生综合素质的跨学科实践性课程。

2004 年苏科版义务教育初中物理教材中开始编入综合实践活动，它是在一章后或数章后为学生提供的一种项目学习活动。这种学习活动以物理知识和科学方法为基础，与生活、技术、工程、数学相联系，实现物理学科内的综合，甚至是跨学科间的综合，教材中专门开辟了 9 个“综合实践活动”栏目。教材主编刘炳昇教授认为“综合实践活动”应该具有如下 5 个特征：以物理知识和科学方法为基础；实现物理学科内的综合和跨学科的综合，与生活、技术、社会相联系；需要有相对全面的实践过程；必修与选修的结合；课内与课外结合。刘炳昇教授认为，为了提高学生的科学素养和适应创新性人才培养的需要，开展物理综合实践活动具有三点意义：

① 综合实践活动的选题能够将物理与自然、生活、社会、技术、环境联系起来，利用这种活动有利于对学生进行“科学、技术、社会、环境”教育。

② 综合实践活动是一种基于物理知识和科学方法的项目学习活动，学生围绕项目任务进行探究和设计活动，经历全程的探究和设计，有利于学生对科学探究的理解，提升科学探究的能力；有利于学生对技术的理解，提升技术设计的能力。

③ 综合实践活动的开放性强，为学生自主选择和创新提供了更广阔的空间，有

利于发展学生的个性特长和增进学生合作的意识和能力。

综合实践活动课程强调从日常生活情境中发现问题，面对学生的真实生活和发展需要，选择综合性活动内容进行跨学科实践，解决实际问题，培养学生的综合素质，这与STEM理念不谋而合。STEM教育与物理综合实践活动融合往往指向学生学习的本质，成为发展学生跨学科素养最为重要的一种学习模式。

第一节 STEM教育与物理综合实践活动融合的现实意义

一、有利于培养学生的核心素养

STEM教育是一种以学生为中心的教学方式，它更加注重学生学习的自主性，在学习过程中通过创设具体的问题情景，更大程度激发学生的兴趣，让学生成为主动的学习者。

1. 激发创新思维与问题解决能力

在STEM教育与物理综合实践活动的融合中，学生们面对的不再是单一学科的问题，而是需要综合运用多学科知识来应对挑战，教师要更加注重联系生活，注重学生的亲身体验，让学生在学习中学会综合运用知识与技术来解决生活中的实际问题；STEM教育更注重对学生创造思维与能力的培养，问题的解决不拘泥于一种方法，学生可以结合自身特长与优势展开学习，这极大地激发了学生的创新思维和问题解决能力，为他们未来面对未知挑战奠定了坚实的基础。

2. 强化批判性思维与自主学习能力

STEM教育与物理综合实践活动的融合往往涉及大量的资料搜集、数据分析和实验验证。学生在STEM理念的引领下学习，获取能灵活运用的程序性、综合性知识，从多角度思考解决问题的方法，提高自身的思维能力。在实践活动中，培养独立思考和自主学习的习惯。在这个过程中，学生需要学会筛选信息、寻找证据，形成自己的判断。这种批判性思维的训练，使学生能够更加客观、理性地看待问题，不盲目接受既有观点。同时，面对实践活动中的难题，学生往往需要主动查阅资料、学习新知识，这种自主学习的过程不仅增强了学生的求知欲，也提高了他们的学习效率和学习能力。

3. 培养团队合作与沟通能力

STEM 教育与物理综合实践活动的融合往往需要团队合作才能完成。在团队中，每个学生都有自己的专长和角色，他们需要相互协作、沟通交流，共同解决实践活动中的难题。在小组合作中，学生彼此接纳和尊重，积极参与和合作，共同体验成功与失败。这种团队合作的经历，不仅让学生学会了如何与他人有效沟通、协调分歧，还培养了他们的合作意识、团队精神和社会责任感。在共同追求目标的过程中，学生之间的友谊和信任也得到了升华，为他们未来的社会交往打下了良好的基础。

4. 提升实践技能与动手操作能力

STEM 教育与物理综合实践活动的融合，特别注重学生的实践能力和动手操作能力的培养。通过实验、制作、调试等实践活动，学生不仅加深了对物理原理的理解，还掌握了各种实验技能和工具的使用方法。这些实践技能不仅能在学生当前的学习中发挥重要作用，更为他们未来的职业发展提供了有力的支持。

STEM 教育与物理综合实践活动的深度融合，不仅为学生搭建了一个跨学科的探索平台，更在培养学生核心素养方面展现出了独特的优势与价值。这种融合教育模式，打破了传统学科界限，将抽象的理论知识与具体的实践操作紧密相连，为学生提供了一个全方位、多角度的学习体验。它不仅能够激发学生的创新思维和问题解决能力，强化学生的批判性思维与自主学习能力，还能培养学生的团队合作与沟通能力，以及提升学生的实践技能与动手操作能力。这些核心素养的全面提升，为学生未来的学习和生活奠定了坚实的基础，使他们能够更好地适应社会发展的需求，成长为具有创新精神和实践能力的优秀人才。

二、有利于促进教师的专业成长

STEM 教育是一种跨学科、跨知识领域的综合教学模式，这就要求教师能整合物理学科以及其他学科的课程资源，甚至是社会生活生产中的资源，有时还需要其他学科的教师协同教研，梳理学习素材，根据学生的兴趣、能力和生活背景，确定项目主题，设计活动方案。这对教师的课程执行力、领导力和开发力提出了十分高的要求。

1. 深化专业知识，构建跨学科视野

STEM 教育与物理综合实践活动的融合，首先要求教师具备扎实的物理基础，并能灵活地将之与科学、技术、工程和数学等多个领域的知识相融合。在这一过程中，教师不得不深入钻研物理学的前沿理论，同时广泛涉猎其他领域的知识，从而构建起一个立体、全面的跨学科知识体系。通过参与项目设计、实验操作、数据分析等实践活动，教师们能够在实践中学习，在学习中实践，不断加深对STEM理念的理解和应用，实现专业知识的深化与拓展。

2. 提升教学设计与实施能力

STEM教育强调问题解决能力、批判性思维和创新能力的培养，这对教师的教学设计与实施能力提出了更高要求。在物理综合实践活动中融入STEM教育，意味着教师需要设计更具挑战性、趣味性和探究性的学习任务，以引导学生主动探索、合作交流和自主建构知识。在这一过程中，教师需要不断创新教学方法，运用探究式学习、项目式学习等先进的教学策略，激发学生的学习兴趣和动力。同时，教师还需具备敏锐的观察力和灵活的应变能力，及时调整教学方案，确保教学活动的高效有序进行。这些实践经历无疑将极大地提升教师的教学设计与实施能力。

3. 促进教学反思与科研能力

STEM教育与物理综合实践活动的融合，也为教师提供了丰富的反思素材和科研契机。每一次教学活动的实施都是一次教学实验的尝试，每一次学生作品的诞生都是对教师教学效果的直接反馈。教师可以通过观察学生的学习过程，分析学生的学习成果，反思自己在教学中的得与失，进而提出改进策略和优化方案。此外，教师还可以将教学实践中的经验和问题提炼为科研课题，进行深入的研究和探索。

4. 增强团队协作与沟通能力

STEM教育往往涉及多个学科和领域的交叉融合，需要团队成员之间的紧密协作和有效沟通。在物理综合实践活动中融入STEM教育，同样要求教师具备良好的团队协作和沟通能力。教师需要与同事、学生乃至校外专家进行广泛的交流与合作，共同解决项目实施过程中遇到的各种问题。这种跨学科的团队协作经历，不仅有助于教师拓宽视野、增进理解，还能在潜移默化中提升教师的团队协作和沟通能力，为未来的专业发展奠定坚实的基础。

STEM教育与物理综合实践活动的深度融合，不仅为学生创造了更加丰富多彩的学习体验，更为教师的专业成长提供了宝贵的机遇和平台。在这一过程中，教师必须认真研读课标和教材，把握学生的已有认知，研究教学方式和评价标准，在实践中不断反思总结，拓宽知识边界，深化对教学的理解，积累教学经验，形成课堂特色，最终实现从“教书匠”向“教育家”的华丽转身。

三、有利于整合校本化课程资源

STEM教育与物理综合实践活动的融合，为学校整合校本化课程资源提供了新思路。《义务教育小学科学课程标准》（教基二〔2017〕2号）对中国版STEM做出明确定义，即为“一种以项目学习、问题解决为导向的课程组织方式，它将科学、技术、工程、数学有机地融为一体”。我国科学教育界倾向于将STEM作为一种以真实问题解决为目标，项目学习为途径的教学策略。2019年颁布的《教育部关于加强和改进中小学实验教学的意见》（教基〔2019〕16号）指出：在实验教学中要遵循学科特点，积极推动学生开展研究型、任务型、项目化、问题式、合作式学习。鼓励学校向学生开放实验室，方便学生利用课余时间，以独立或小组合作方式开展实验探究。广泛利用校外资源积极开展科学实验活动。

STEM的活动空间不局限于教室，学习的内容不仅限于教材上罗列的素材，学校可以根据自身特色和优势，开发具有地方特色、贴近学生生活的物理综合实践课程。教师需要对教学资源重新梳理和整合，把学生的生活作为课程建设的源泉，从学生兴趣入手，结合自己的特长，整合地域教育资源，汲取教材中现成的积极因素，设计基于项目的综合实践活动，逐步生成和发展鲜明的课程特色，丰富初中物理课程内涵，有效整合课程资源，促进校本课程的建设。

四、有利于建构多元化评价体系

随着STEM教育与物理综合实践活动的深度融合，传统的以考试成绩为唯一标准的评价体系显然已无法全面反映学生的学习成果与能力发展。因此，构建多元化评价体系成为必然趋势。

STEM教育与物理综合实践活动的深度融合，不仅为教育领域带来了一场革新，更在构建多元化评价体系方面展现出了前所未有的优势与潜力。这一融合过程，通过跨学科的知识整合与实际应用，为学生提供了更为丰富、立体的学习体验，同时也为教育评价体系的多元化发展开辟了新的路径。

第二节　STEM教育与物理综合实践活动融合的设计原则

一、科学性原则

STEM教育与物理综合实践活动融合的科学性原则，不仅是一种教育理念的创新，更是对未来教育发展方向的深刻洞察。这种融合旨在打破传统学科的界限，通过跨学科的方式，培养学生的综合能力和创新思维。

科学性原则强调教育活动的真实性和实用性。在 STEM 教育与物理综合实践活动的融合中，我们应当以真实世界的问题和挑战为出发点，设计富有挑战性和实践性的项目。这样的项目能够激发学生的学习兴趣，让他们在实践中学习、在探索中成长。

科学性原则认为，学生是学习的主体，教育应当充分发挥学生的主观能动性。在 STEM 教育与物理综合实践活动的融合中，我们应当尊重学生的个性差异，提供多样化的学习资源和方式，鼓励学生自主选择、自主探究、自主解决问题。这样的学习方式能够培养学生的自主学习能力和创新精神。

STEM 教育的核心在于跨学科整合，通过科学、技术、工程和数学的相互渗透和融合，培养学生的综合素质和解决问题的能力。在物理综合实践活动中，我们也应当注重跨学科整合，将不同学科的知识和技能有机结合起来。这样的整合让学生更好地理解和运用所学知识，提高他们的综合素质。

二、开放性原则

STEM 教育与物理综合实践活动的融合，代表着现代教育的一种重要发展趋势。这种融合不仅强调了跨学科知识的综合运用，还鼓励了学生在实践活动中发展解决问题的能力、创新精神和团队合作能力。在这一过程中，开放性原则的运用显得尤为重要，它为学生提供了一个自由探索、创新实践的广阔空间。开放性原则主要体现在以下几个方面。

1. 选题上的自由性

STEM 教育与物理综合实践活动融合时，应当避免传统的、固定主题的束缚，允许学生根据自己的兴趣、特长和实际需求，自主选择研究或实践的主题。这种自由选题的方式能够极大地激发学生的主动性和积极性，使他们更加投入地参与到活动中来。

2. 资源上的开放性

在 STEM 教育与物理综合实践活动的融合过程中，学校和社会应当共同为学生提供丰富多样的资源支持，包括图书资料、实验器材、网络信息等。同时，学校还可以与社会机构、企业等建立合作关系，共同为学生提供实践场所和导师指导。这种资源的开放性能够帮助学生更好地将理论知识与实际应用相结合，提升他们的综合素质和能力。

3. 评价体系上的多元化

传统的评价体系往往过分强调分数和成绩，忽略了学生在实践活动中的表现和发展。因此，在 STEM 教育与物理综合实践活动的融合过程中，应当建立一个更加多元化的评价体系，包括学生自评、互评、教师评价、专家评价等多种形式。这种评价体系能够更加全面、客观地反映学生的综合素质和能力水平，同时也能够鼓励学生积极参与实践活动，提升他们的自信心和成就感。

4. 成果展示和交流上的多种形式

在STEM教育与物理综合实践活动的融合过程中，学生会产生许多有价值的成果，如研究报告、设计方案、实验数据等。学校应当为学生提供多种形式的展示和交流平台，如学术论坛、科技展览、网络分享等。这种展示和交流不仅能够让学生更好地展示自己的成果和才华，还能够促进他们之间相互学习和交流，激发他们的创新精神和团队合作能力。

STEM教育与综合实践活动的融合需要坚持开放性原则。通过选题的自由性、资源的开放性、评价体系的多元化及成果的展示和交流上的多种形式，我们可以为学生提供一个更加广阔、自由、创新的实践空间，帮助他们更好地发展自己的综合素质和能力水平。同时，这种融合也能够推动教育教学的改革和发展，为培养具有创新精神和实践能力的高素质人才提供有力支持。

三、实践性原则

STEM教育与物理综合实践活动融合的实践性原则，是现代教育理念下培养学生综合素养的重要途径。这一原则强调学生在实践中学习、在探索中成长，通过跨学科的知识整合和问题解决，培养学生的创新思维、实践能力和团队合作精神。

STEM教育与物理综合实践活动的融合，应围绕真实世界的问题或挑战展开。学生需运用跨学科知识，如物理学原理、数学计算、工程技术及信息技术等，设计解决方案并付诸实践。这种以问题为中心的学习模式，能有效促进学生批判性思维、创新思维及团队协作能力的培养。在教学过程中，教师应注重将科学、技术、工程和数学的知识与现实生活问题相结合，设计具有挑战性和实践性的项目任务。这些项目任务应能够激发学生的学习兴趣，引导他们主动探索、积极思考，从而在解决问题的过程中不断学习和成长。

在STEM教育与物理综合实践活动融合的过程中，采用项目式学习法，让学生从头到尾参与项目的规划、设计、实施、评估及改进全过程。这种深度参与不仅能加深学生对物理概念的理解，还能培养其项目管理能力、时间管理能力和自我反思能力，为未来职业生涯奠定坚实基础。

在整个过程中学生不再被动地接受知识，而是主动参与。他们需要在教师的引导下，自主选题、设计方案、实施项目、评估成果，全程参与并主导学习过程。这种自主学习的方式能够培养学生的独立思考能力、创新精神和问题解决能力。

实践性原则强调团队合作的重要性。在STEM教育与物理综合实践活动融合的项目中，学生往往需要与他人合作完成任务。通过团队合作，学生学会如何与他人沟通、协作、分享资源和成果，从而培养他们的团队合作精神和领导能力。这种团队合作精神在未来的学习和工作中都将发挥重要作用。这一融合过程，必须坚守实践性原则，以行动为导向，让学生在“做中学”，在“试错”中成长，从而深刻理解和应用物理知识，激发创新思维，提升解决复杂问题的能力，这样的教育模式不仅能够激发学生的学习兴趣，提升其科学素养和创新能力，更能为他们打开通往未来科技世界的大门，成为推动社会进步的重要力量。

四、多元化评价原则

STEM教育与物理综合实践活动深度融合不仅是知识体系的交叉碰撞，更是对学生综合素养与创新能力的全面激发。

1. 强调过程性评价，关注成长轨迹

在STEM教育与物理综合实践活动的评价体系中，过程性评价应占据核心地位。这意味着不仅要关注学生的最终成果，更要深入剖析学生在项目设计、实验探索、问题解决等过程中的思考路径、努力尝试及所遇到的挑战与突破。通过记录、观察、访谈等多种方式，全面捕捉学生的成长轨迹，鼓励他们从失败中学习，从尝试中创新，从而培养学生的坚韧不拔和持续探索的精神。

2. 倡导多维度评价，促进全面发展

多元化评价的核心在于“多元”，即评价标准的多样化。在STEM教育与物理综合实践活动的融合过程中，我们应打破单一成绩评价的桎梏，从知识掌握、技能运用、创新思维、团队合作、沟通能力、问题解决能力等多个维度综合评价学生。这种评价方式鼓励学生展示各自的特长与优势，促进他们在不同领域均衡发展，为成为未来社会的复合型人才奠定坚实基础。

3. 实施同伴评价与自我评价，培养批判性思维

同伴评价与自我评价是多元化评价体系中不可或缺的一环。通过同伴评价，学生可以学会从他人的视角审视自己的作品与表现，培养批判性思维和相互尊重的态度。而自我评价则能促使学生反思学习过程，明确自身优点与不足，进而设定更加明确的学习目标。在这两种评价方式的共同作用下，学生能比较全面地认识自我，从而进一步激发内在潜能。

4. 利用技术工具，提升评价效率与精准度

随着信息技术的发展，我们可以借助大数据、人工智能等先进技术工具，对学生的学习数据进行深度挖掘与分析，实现评价的智能化与精准化。这不仅可以大幅提升评价工作的效率，还能更加客观地反映学生的真实水平，为个性化教学提供有力支持。

STEM 教育与物理综合实践活动融合的多元化评价原则，是促进学生全面发展、培养创新型人才的关键所在。它要求我们在评价理念、标准、方法等方面进行全面革新，以更加开放、包容、科学的态度，引导学生在探索与实践中不断成长，为社会的进步与发展贡献自己的力量。

第三节　STEM 教育与物理综合实践活动融合的教学策略

一、以项目为导向的教学策略

以项目为导向的教学策略是 STEM 教育与物理综合实践融合的有效手段之一。教师可以根据学生的兴趣和实际情况，设计具有挑战性的物理项目，让学生在实践中学习和探索。在项目实施过程中，教师可以引导学生运用所学的物理知识，通过团队合作和创新思维，解决实际问题。这种教学策略不仅能够提高学生的实践能力，还能够培养学生的创新思维和团队协作能力。

二、实验与探究相结合的教学策略

实验是物理教学中的重要组成部分，也是 STEM 教育与物理综合实践活动融合的重要途径之一。教师可以通过设计具有探究性的实验，让学生在实践活动中发现问题、解决问题，从而加深对物理知识的理解和掌握。在实验过程中，教师可以引导学生运用所学的物理知识和方法，进行实验操作和数据分析，培养学生的实验技能和科学素养。

三、跨学科整合的教学策略

STEM 教育强调跨学科整合。通过与物理综合实践活动的融合，教师可以引导学生将所学的物理知识与其他学科知识进行整合，从而拓宽学生的知识视野，提升其解决问题的能力。例如，在物理教学中可以融入数学、化学、生物等相关学科的知识，让学生在跨学科的学习中，形成全面的知识体系。

四、信息技术辅助的教学策略

随着信息技术的快速发展，其在教育领域的应用也越来越广泛。在STEM教育与物理综合实践活动融合的教学中，教师可以运用信息技术手段，如多媒体教学、网络学习平台等，提高教学效果和强化学生的学习体验。例如，教师可以利用多媒体教学工具展示物理现象和实验过程，帮助学生更好地理解物理知识；通过网络学习平台，教师可以发布教学资源、布置作业、组织讨论等，与学生进行互动和交流。

STEM教育与物理综合实践活动融合的教学策略是一种创新的教学方式，能够培养学生的综合能力和创新思维。要成功实施这种教学策略，需要构建一个以项目为导向的学习环境，注重学生的主动性和参与性，关注学生的个体差异，利用现代科技手段进行教学，以及注重与其他学科的融合。只有这样，才能够真正发挥STEM教育与物理综合实践活动融合的教学策略的优势和潜力。

实践篇

第五章

STEM 教育与物理教材课例融合的实践探索

课例 1 自制弹簧测力计

一、项目介绍

苏科版《物理》八年级（下册）第七章“第 1 节 力 弹力”适合作为八年级学生的 STEM 学习项目。该项目以与力学有关的综合实践活动为载体，以项目式学习为手段，以深化物理观念、提升实验素养、提升进阶思维、养成科学态度为目标，最终呈现学生自制作品——弹簧测力计。

“第 1 节 力 弹力”是苏科版《物理》八年级（下册）力学的开篇，学生已学习了机械运动和物质的物理属性等知识，通过本章的学习学生将能够认识自然界中最基本的三种性质的力的特征，进而归纳出力的概念及测量、描述力的方法，并直接为“第八章 力与运动”“第九章 压强和浮力”及机械功率等内容的学习打下基础。

这部分内容与日常生活紧密联系。学生每天都接触到力，对力已有较丰富的感性认识，但学生的认识往往是混乱的，尤其是对力的定义、弹力的认识很浅显。初中生的观察能力往往受自己生活经验及感觉器官的主观影响，教师可创设问题情境，以调动学生动手参与体验研究的积极性，为学生提供良好的学习空间。教师通过本节课的教学，要使学生对力和弹力的粗浅认识上升为理性认识。

二、学习目标

（1）通过活动和生活经验感受力，归纳并理解力的概念，能判断施力物体和受力物体，知道国际单位制中力的单位。

（2）通过实验感受弹力，知道弹力是由于物体发生弹性形变而产生的力。

（3）通过实验得到物体形变大小与外力的关系。

（4）通过自制弹簧测力计，认识弹簧测力计的构造和使用方法。

（5）知道发生弹性形变的物体具有弹性势能。

- 教学重点：

（1）建立力的概念。

（2）探究物体形变大小与受力大小的关系，理解弹簧测力计的原理。

（3）认识弹簧测力计的构造及使用方法。

- 教学难点：

（1）弹力概念的理解。

（2）通过探究认识弹簧拉伸长度与拉力的关系。

（3）弹簧测力计制作及其使用。

三、流程设计

教师紧紧围绕“第 1 节　力　弹力”这一节的核心知识，着重从“感受力”“认识力”“测量力”“应用力”四个主题活动进行教学设计。整节课的内容环环相扣、由浅入深，既让学生体验科学探究的全过程，又让学生学会理性思考，紧抓重点，突破难点。引导学生基于 STEM 理念制作弹簧测力计，以学生的认知规律为基础，使每个学生的潜能得到发展，体现了“从生活走向物理”“从物理走向社会”的课程理念，促进学生科学素养的提高。图 5-1 为基于 STEM 理念的模型制作流程图。

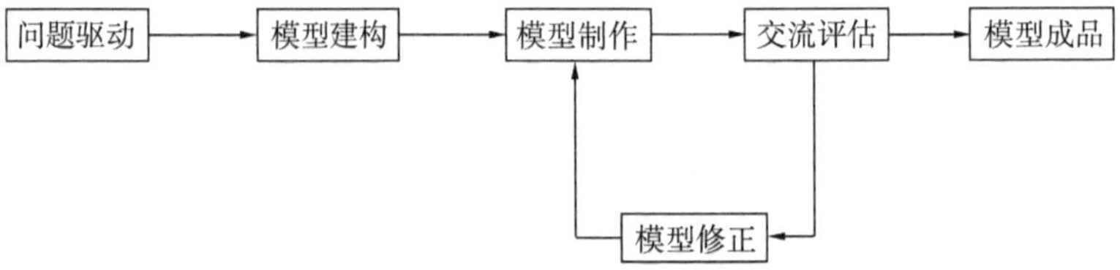

图 5-1　基于 STEM 理念的模型制作流程图

四、教学过程

1. 互动游戏，引入课题

通过创设情境引入新课，激发学生的学习兴趣。

【活动1】同学间掰手腕。请掰手腕赢了的“大力士”拉拉力器，其他同学仔细观察拉拉力器同学的表情和拉力器的变化。要求：“大力士”缓慢地尽自己全力拉开拉力器。注意，不到万不得已，不能放松拉力器。

教师采访“大力士”：拉拉力器的过程中，肌肉有什么感觉？（紧张、绷紧）。再采访观众：大家认为该同学用力了吗？（用力了）你们怎么看出来的？（表情、动作、拉力器伸长了……）

2. 创设情境，建构概念

运动员举杠铃——运动员通过举的动作对杠铃产生力的作用。狗拉雪橇——狗通过拉的动作对雪橇产生力的作用。

【问题1】有人认为，力是由于肌肉紧张引起的，所以只有人和动物才能产生力的作用，对吗？你能否举例说明？

铲车举起重物——铲车通过举的动作对重物产生力的作用（图5-2）。火车头拉车厢——火车头通过拉的动作对车厢产生力的作用（图5-3）。

图5-2 铲车举起重物

图5-3 火车头拉车厢

小结：不仅人和动物能产生如拉、举等力的作用，铲车、火车头等物体也能对其他物体产生如拉、举等力的作用。

【问题2】归纳一下，什么是力？

3. 深化问题，释疑解惑

【问题3】“一个巴掌拍不响”“孤掌难鸣”说明产生力的作用时，一定有几个物体同时存在？

【活动2】手用力拍桌子。

【问题4】手拍桌子时，施力物体是什么？受力物体是什么？

小结：产生力的作用时，一定有两个物体同时存在，其中一个是施力物体，另一个是受力物体。

【问题 5】之前列举的产生力的作用时，两个物体都是直接接触的。不直接接触的物体之间能否产生力的作用？请举例说明。

小结：不直接接触的物体之间可以产生力的作用。

介绍力的相关知识，感受 1 N 的力（拿起两个鸡蛋所用的力大约是 1 N）。

【活动 3】借助图 5-4 所示实验器材，用手对气球、握力圈、橡皮泥、弹簧、直尺施加力。（注意：不要用力过大，以免损坏器材）

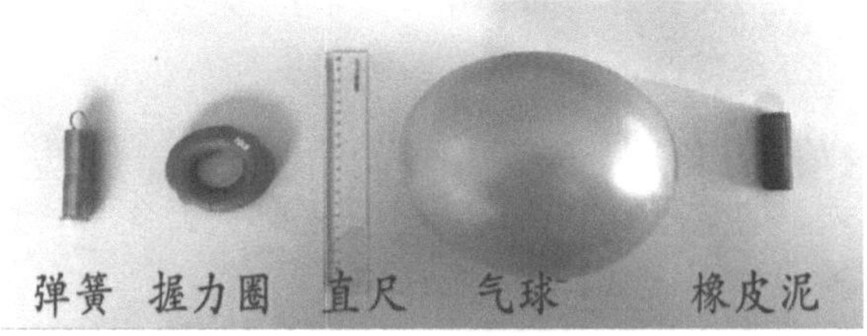

图 5-4　实验器材

【问题 6】这些物体受力时，发生了怎样的变化？

【问题 7】撤去外力后，物体发生的变化一样吗？能否继续对这些发生形变的物体进行分类？

小结：发生形变的物体在撤去外力后能恢复原状的形变称为弹性形变；发生形变的物体在撤去外力后不能恢复原状的形变称为塑性形变（图 5-5）。

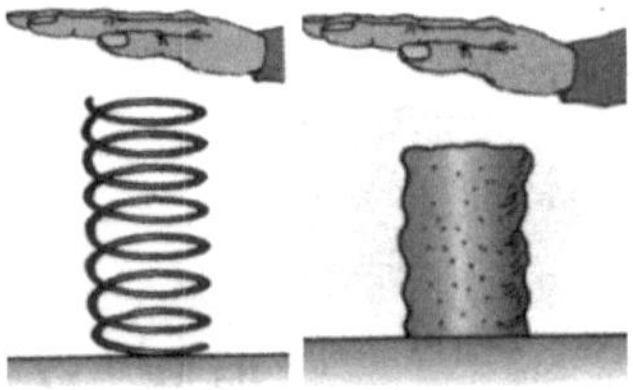

图 5-5　弹性形变与塑性形变

4. 实验导引，探寻规律

【问题 8】在压气球、拉弹簧、压握力圈、压直尺时，增大对物体施加的外力，物体发生弹性形变的大小有什么变化？

小结：使物体发生弹性形变的外力越大，物体的形变就越大。

【活动 4】再次压握力圈，增大对握力圈施加的外力。

【问题 9】用力压握力圈时，你的手有什么感觉？能否归纳一下弹力的定义？

【活动 5】探究弹簧伸长的长度与外力的关系。

引导学生用图 5-6 所示实验器材加钩码（每只钩码 0.5 N）进行猜想与假设，设计实验，进行实验，记录数据（表 5-1），最后得出结论。

表 5-1 弹簧伸长的长度与外力的关系实验数据记录表

物理量	序号				
	1	2	3	4	5
外力/N					
伸长的长度/cm					

【活动 6】用图 5-6 所示实验装置测量物体（两只鸡蛋、苹果等）对它的拉力。

【问题 10】用此实验装置测量物体对它的拉力时有什么缺点？

小结： 实验装置太庞大、不方便携带……

【活动 7】把钩子下移，在装置外部套上透明塑料管，同时固定上端弹簧，还可以将刻度标注在透明塑料管上（图 5-7），这样该装置就可以方便地在教室移动了。但还是有点笨重，可继续改进，使之更加小巧精致。

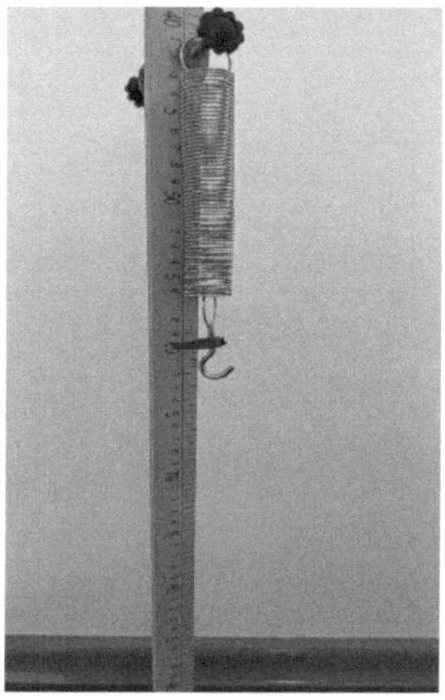

图 5-6 简易弹簧测力计

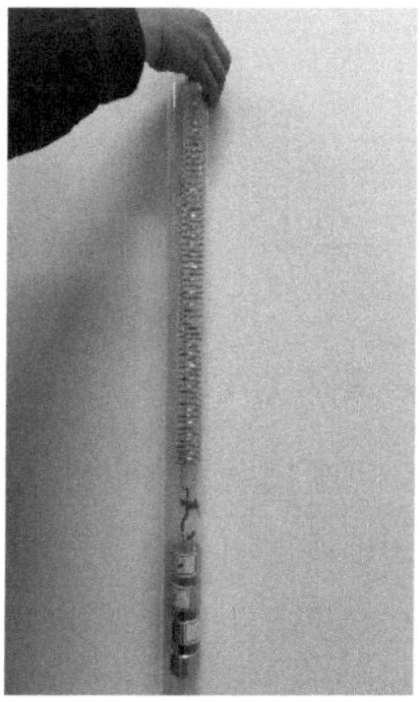

图 5-7 改进后的弹簧测力计

5. 学以致用，基于 STEM 理念进行器材制作

【活动 8】建构凸显 STEM 理念的弹簧测力计器材，并编写使用说明书。

提供钩码、签字水笔、弹簧等器材，学生自制弹簧测力计……

教师根据 STEM 理念与初中物理教学特色初步建立了初中物理实验器材制作的教学模型，如图 5-8 所示。

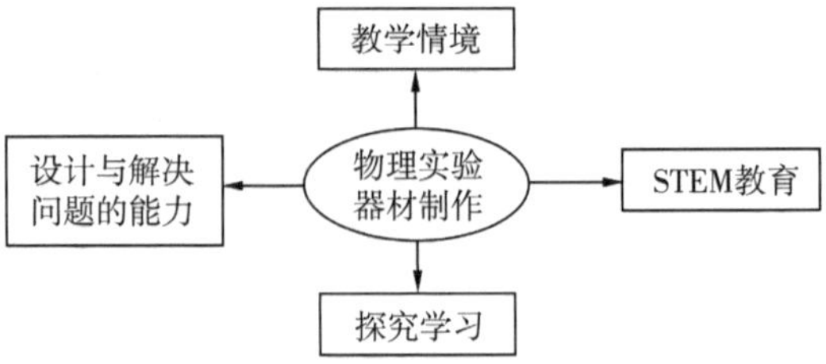

图 5-8　基于 STEM 理念的初中物理实验器材制作的教学模型

基于 STEM 理念的初中物理实验器材制作将围绕问题展开，在某一种教学情境下，教师提出核心问题，学生运用 STEM 四个方面的综合知识和科学探究方式进行主动研究，解决问题。这样的教学模式突出知识的内在联系，鼓励学生综合运用相关知识，创造性地解决物理实验器材制作问题。根据以上教学模型可将教学途径分为 4 个步骤来进行，如图 5-9 所示。

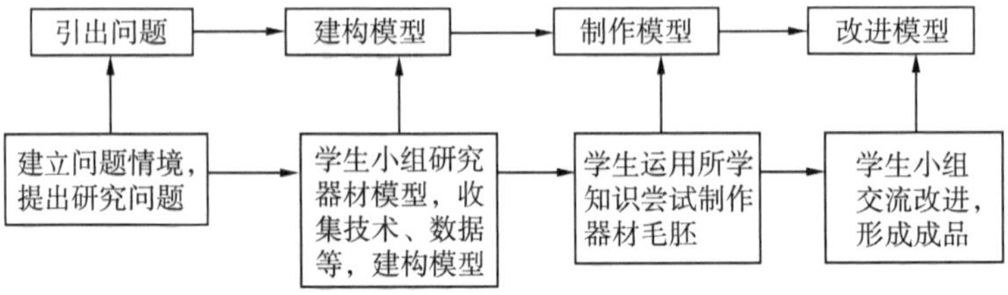

图 5-9　基于 STEM 理念的初中物理实验器材制作的教学过程示意图

第 1 步：创设问题情境。创设的情境要能够进行器材制作，并能应用 STEM 教育的相关学科知识开展器材制作。

第 2 步：学生以小组为单位，运用 STEM 知识研究器材模型并收集相关技术、数据，建构模型。

第 3 步：学生以小组为单位，运用所学知识尝试制作器材毛坯。

第 4 步：学生利用新建构的概念解决新问题，学生小组交流改进，形成器材的成品。

弹簧测力计是初中物理教学中的常用器材，教师将结合基于 STEM 理念的初中物理实验器材制作的教学模型，以苏科版《物理》八年级（下册）第七章“第 1 节　力　弹力”教学内容为例，建立以问题为中心的基于 STEM 理念的制作弹簧测力计的教学流程，如图 5-10 所示。

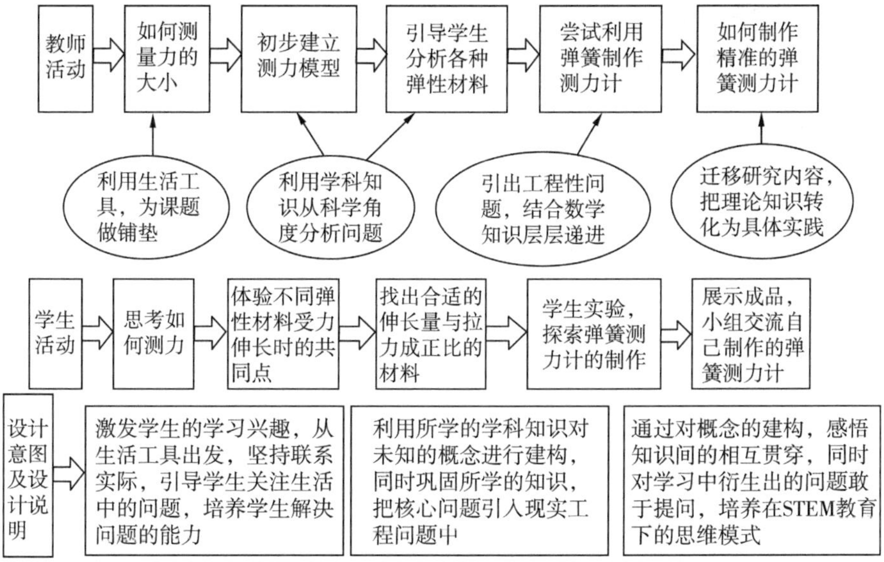

图 5-10　基于 STEM 理念的制作弹簧测力计的教学流程图

同学讨论并汇报弹簧测力计的零刻度线、刻度的标注方法，以及弹簧测力计主要组成部分等，评价并改进自制的弹簧测力计。学生用自制弹簧测力计测量一些物体对弹簧测力计的拉力。编写弹簧测力计的使用说明书。

本节课对于弹簧测力计制作的建构体现了 STEM 教育的基本要求。通过让学生思考如何测量力，理解科学、技术、工程、数学四大领域之间的紧密联系，逐步制作出弹簧测力计。最后让学生拿不同的物体挂在自制的弹簧测力计下进行测量，将理论学习转化为实践操作。

平板式的弹簧测力计在实验室里最为常见，那么在日常生活和实验室里还有哪些常用的、形状各异的弹簧测力计呢？

【问题 11】我们通过前面的学习，知道了运动的物体具有动能，那么发生弹性形变的物体也具有能量吗？

播放视频：人能被形变的蹦床弹起，运动员高台跳水，运动员撑竿跳高……

【活动 9】石头能被拉开的橡皮筋弹弓射出去；玩具青蛙里面拧紧形变的发条可以让青蛙欢快地跳起来……

小结：这些例子都说明发生弹性形变的物体具有能量，这种能量称为弹性势能。

6. 课堂小结，感悟收获

物理量——力。

力——弹力。

单位——牛顿（N）。

规律——在弹簧的弹性限度内，弹簧的伸长量与受到的外力成正比。

器材——弹簧测力计。

能量——弹性势能。

作业布置

1. 书面作业：《课时作业本》对应练习。

2. 实践作业：设计方案，测量一根头发所能承受的最大拉力，说明实验步骤并动手测一测。

板书设计

§8.1 力 弹力

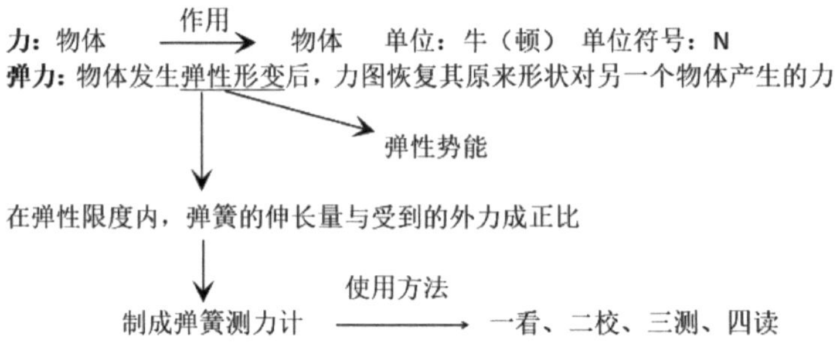

（撰稿：苏州工业园区星洋学校　肖晨）

课例2　测量长度和时间（第1课时）

一、项目介绍

苏科版《物理》八年级（上册）第五章“第1节　长度和时间的测量”适合作为八年级学生的STEM学习项目。该项目以与长度有关的综合实践活动为载体，以STEM项目式学习为手段，以深化物理观念、提升实验素养、提高进阶思维能力、养成科学态度为目标，最终呈现学生自制作品——刻度尺。

二、学习目标

（1）通过体验活动，掌握国际单位制中长度的单位及换算方法。

（2）能根据日常经验粗略估测物品的长度，知道测量结果由数值和单位组成。

（3）通过自制刻度尺和长度测量活动，学会正确使用刻度尺测量长度。

（4）通过不同长度的测量活动，知道提升测量结果精确度的方法。

三、流程设计

教师紧紧围绕“长度的测量”核心知识，营造真实活动的学习环境，学生通过观察、探究与反思等，发现问题、解决问题，培养高阶思维能力，实现知识向真实情境的迁移。各板块环环相扣，让学生在真实的情境中发现问题、确认主题，在方案设计、实施中获得充分体验，在展示交流、评价优化中实现素养的提升。

四、教学过程

1. 基于时事热点，融入价值观教育

情境创设：教师播放庆祝中华人民共和国成立 70 周年大阅兵的视频，并提出问题，受阅方阵踏过天安门广场时雄壮威武，气势如虹，动作整齐划一，令世界震撼。他们是如何做到的？

引入课题：我们看到了受阅方阵整齐划一的动作，除了士兵们的艰苦训练外，离不开精准的测量。今天我们一起走进测量的世界，共同学习第五章“第 1 节 长度和时间的测量”。

设计意图：国庆 70 周年阅兵是社会关注的时事热点，贴近学生的生活实际。以此创设课堂情境，在震撼的音乐与整齐划一的动作步伐画面中，揭秘受阅部队平时训练的方法，使用刻度尺测量脚抬起的高度、前后战士的间距、前进时的摆臂高度等，渗透情感态度与价值观教育。让学生感受到精准测量的重要性，激发学生强烈的学习动机。

2. 基于问题解决，把握概念的本质

【活动 1】教师展示教室内课桌的三条边，并分别命名为 1 号、2 号、3 号（图 5-11）。请同学们目测这三条边，比较它们的长短。

图 5-11 课桌的三条边

【问题 1】通过目测发现 3 号边最长，对 1 号和 2 号边的长短进行比较时，同学们产生了分歧。如果不用尺，用什么方法来检验自己目测的结果呢？（教师使用课件或板画呈现比较结果，见表 5-2）

表 5-2　课桌 1 号边和 2 号边比较表

方法	边	
	1 号边	2 号边
方法 1		
方法 2		
方法 3		
方法 4		

学生提出方案，可以用一拃、一个臂长、一支笔长等方法来测量课桌边的长度。学生进行测量活动，并汇报实验结果。

【问题 2】这位同学（与前一位同学身高悬殊）也用拃来测量，能否归纳一下，什么是测量？

小结：测量就是将待测量与标准量进行比较，通过比较发现 1 号边比 2 号边长。

【问题 3】测量过程就是将待测的边与标准量（拃、课本……）进行比较的过程，同样以拃为标准量时，测量结果不同，比如有的同学测出结果是 3 拃，有的同学测出结果是 3.2 拃。古时候就经常出现因标准量不同而发生争吵的事情。教师播放古时候买布的视频，提出问题：如何避免争执？

学生表示应该选择同样的标准量。选择的标准量一定是大家都认可的，是公认的标准量。这种公认的标准量就叫单位。国际上将公认的标准量称为国际单位，长度的国际单位是米（m）。

【问题 4】有比米大或比米小的长度单位吗？

播放视频，了解这些单位之间的换算关系，并将千米到微米相邻单位的进率填写在学案上。(取出海报板上单位换算表，并吸在黑板上)

【活动 2】了解 1 m 究竟是怎样规定的？

教师取出长度为 1 m 的木棒展示，手掌到这边的距离大约就是 1 m。将 1 m 等分成 10 份，其中 1 份就是 1 dm（展示 1 dm 的木棒)。将 1 dm 再等分成 10 份，1 份就是 1 cm（展示 1 cm 的木棒)。

【活动 3】图片展示一些生活中常见的物体，请学生填上合适的单位。(课件设置游戏活动选项)

如苏州轨道交通一号线的全长约为 25.7 km，等于多少厘米呢？（板书换算过程）一元硬币的直径为 25 mm，等于多少千米？请学生在学案上完成。学生完成换算后，教师拍照上传展示。

设计意图：目测比较物体的大小是人们在生活中常用的方法，它简单便捷，但存在一定的局限性。要求学生选择不同的方法比较 1 号边和 2 号边的长度，并将方法填入表4-2中，引导学生逐步理解测量是比较的过程。若用拃测量边，不同的人对同一物体的测量结果不同。使用视频呈现古代买布时因标准不同而出现的争吵的场景，推导出需要寻找统一的标准。最后，使用海报自制板书呈现单位换算，了解生活中常见的长度。由台阶式的问题链帮助学生建构测量的概念，螺旋上升式体会“比较—统一—公认”的测量思想，理解测量的本质，了解一些典型的物体的长度大小，丰富学生的生活经验，以此迁移到对常见物体的长度的正确估测，实现义务教育物理课程标准中“会根据生活经验估测长度”的要求。

3. 基于STEM理念，自制厘米刻度尺

认识生活中长度测量的工具——刻度尺。教师展示实物刻度尺照片，如米尺、三角尺等，引导学生回忆生活中接触到的测量工具，如温度计，了解它们的量程和分度值。迁移认识刻度尺的量程和分度值。此外，学会确定刻度尺的零刻度线。

【活动4】学生制作一把纯手工打造的刻度尺，教师播放制作过程，学生学习制作刻度尺。

教师巡视学生自制刻度尺的过程，拍照上传活动时的一些亮点与不足，展示学生的作品。学生思考自制的刻度尺与工厂生产的刻度尺有什么不同？自学教材104页“信息快递”内容，将相关内容填入学案。

【活动5】教师将课本吸附在黑板上，请一位同学用自制的1号刻度尺演示测量课本的宽度。同时描述如何放置刻度尺。教师投屏上传，并注意拍照视线与尺面垂直。学生进行读数，测量结果为18.5 cm。教师利用放大镜放大图片，提问：18和19之间的数字需要读吗？引出误差的概念，把真实值与测量值的差异叫作误差。了解减小误差的方法，如果三次测量结果取平均值后除不尽，需保留与估计值位数相同的数字，否则相当于改变了刻度尺的分度值。

设计意图：本教学环节让学生经历选择合适的测量工具进行长度的测量的实验，包括认识刻度尺、制作刻度尺和使用刻度尺。帮助学生回忆温度计的使用方法，认识常用刻度尺的量程、分度值和零刻度线。利用A4大小的半透明硫酸纸，打印间隔为1 cm的条纹，裁剪后在上面粘贴双面胶，如图5-12所示。要求学生将透明垫板裁剪成条形刻度尺状，在半透明硫酸纸的刻度线旁标上刻度值后，粘贴在透明垫板塑料条上，即完成了刻度尺的制作，如图5-13所示。拍摄微视频介绍自制刻度尺的基本步骤：准备材料、标记刻度、粘贴刻度。学生完成刻度尺制作，展示交流制作成果。制作完成分度值为1 cm的刻度尺后，学生自学课本中有关刻度尺的使用注意事项。请一位同学演示测量课本的宽度，通过提问课本在刻度尺刻度18～19 cm之间的那段是否需要读数，引出误差的概念，总结正确使用刻度尺的方法。学生小组合作测量物理课本的宽度，介绍多次测量取平均值减小误差的方法。使用分度值为1 mm的常用刻度尺再次测量课本的宽度，将数据填入表格。利用手机同屏上传学生的作品，评价刻度尺的精细程度与美观程度，培养精益求精的工匠精神，融合STEM教学理念。

图 5-12　半透明硫酸纸刻度线

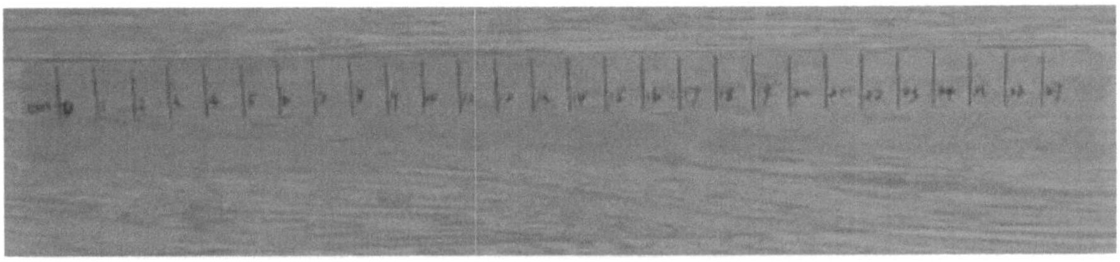

图 5-13　自制刻度尺成品

4. 基于作品优化，培养批判性思维

【活动 6】学生取出 2 号刻度尺测量课本的宽度，将数据填入学案表格中。教师同屏投影学生的测量过程。

【问题 5】同学们都掌握了刻度尺的使用方法，哪把尺子测量精度更高？

小结：越精密的测量工具，测量越准确。选择更精密的测量工具也能减小误差。

除了刚才使用的刻度尺外，还有其他的测量工具，如游标卡尺（用于测量球或圆柱体的直径）、螺旋测微器（用于测量一些微小的长度，如头发丝的直径），如图 5-14 所示。随着科技的发展，一些便捷的测量工具应运而生，如激光测距仪。教师实物演示测量教室的宽度。激光测距仪测量时精准、方便，经常应用于建筑装饰、工程设计等领域，大大提升了工作效率。

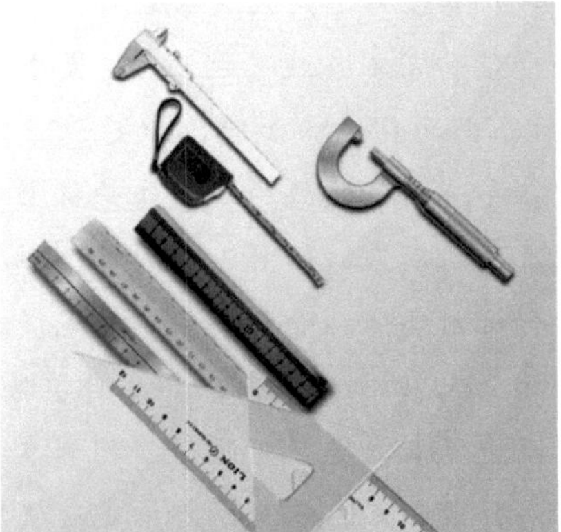

图 5-14　常见的测量工具

设计意图：科学思维是培养学生高阶能力的重要内容，批判性思维能够提高学生在不同情境下的问题解决能力。学生通过自主交流讨论活动，分析实验数据，基于证据评价学习成果，强化对刻度尺的认识。展示不同测量工具各自的测量功能与特点。让同学们阅读激光测距仪的使用说明书，教师实物演示测量教室的宽度。还原工具使用的真实情境，凸显物理学习的时代性。

作业布置

1. 书面作业：《课时作业本》对应练习。
2. 实践作业：思考如何测出一张纸的厚度并动手尝试一下。

板书设计

§5.1 长度的测量

一、测量：将待测量与一个公认的标准量进行比较。
二、单位：千米、米、分米、厘米、毫米、微米、纳米。
三、刻度尺及其使用。

（撰稿：西安交通大学苏州附属初级中学 顾健）

课例3 自制天平

一、项目介绍

本项目可以作为2004年苏科版《物理》九年级（上册）第十一章和人教版《物理》九年级（上册）第十二章“第2节 跨学科实践：制作简易杆秤”的延伸STEM学习项目。以跨学科实践为载体，以STEM项目式学习为手段，以深化物理观念、提升技术素养、提升进阶思维、养成科学态度为目标，最终呈现学生自制作品——天平。

“简单机械和功”是苏科版《物理》九年级力学的开篇，学生在已有机械运动和物质属性、力学基础知识等的基础上，通过本章的学习将能够认识生活生产中最基本的三种机械的力、距离以及它们两者之间的关系，进而归纳并深化出功、功率、机械效率的概念，为“第十二章 机械能和内能”“第十三章 电路初探”“第十五章 电功和电热”等内容的学习打下基础。

本课是一节跨学科实践课，内容与日常生活紧密联系。天平是学生经常接触到的初中物理实验器材，学生对它已有较丰富的感性认识，并且能够熟练地使用它。由于初中生的观察能力往往受自己生活经验及感觉器官的主观影响，教师利用学生对天平、杆秤的了解，创设问题情境，调动学生积极动手参与体验、制作、研究、改进，提供了良好的教学空间。

二、学习目标

（1）通过生活经验和活动，了解托盘天平的结构。

（2）了解天平的发展历史。

（3）通过自制悬挂式天平，深入认识天平的工作原理——杠杆原理。

（4）提升学生的工程技术素养。

• 教学重点：

（1）天平的构造。

（2）天平的分度盘、指针、平衡螺母、标尺和游码的作用。

（3）杠杆原理与天平工作的关系。

• 教学难点：

（1）杠杆原理与天平工作的关系。

（2）天平来回晃动的原因。

三、流程设计

本节课核心知识是“天平的工作原理”，着重从“认识天平构造”“认识各部件的作用”“标尺刻度均匀”“天平为何会来回晃动”四个主题活动进行教学设计。整节课过程环环相扣，内容由简单到复杂，将设计、理论、实践相结合，让学生在做中学，在做中发现问题，理性思考，协作解决问题。使每个学生学习科学的潜能得到发展，体现了“从生活走向物理”“从物理走向社会”的课程理念，促进学生科学素养的提高。基于 STEM 理念的作品优化流程图如图 5-15 所示。

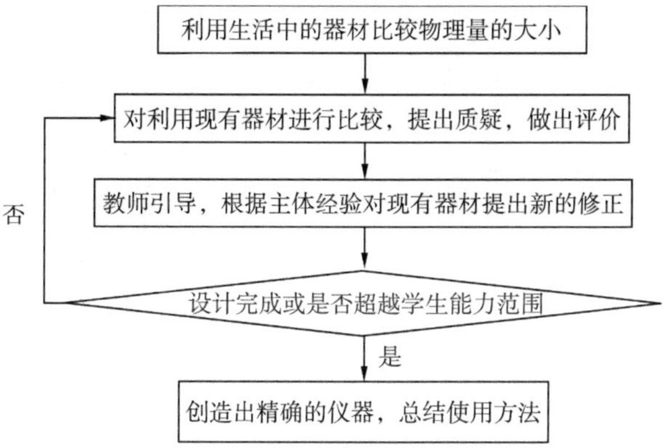

图 5-15 基于 STEM 理念的作品优化流程图

四、教学过程

1. 创设情境，引入课题

【活动 1】不用任何器材，比较两组中两个物体的质量，其中一组物体 A、B 质量悬殊，另一组物体 C、D 质量接近。可“掂一掂”比较物体的质量，这是通过比较重力大小来实现的，通过创设情境引入新课，激发了学生的学习兴趣。

【问题 1】掂一掂 C、D，并不能比较 C、D 的质量大小，可用什么仪器比较呢？

可用天平进行测量。因课堂上没有天平，今天就自制一个天平来比较和测量物体的质量。

2. 解决问题，应用原理

【问题 2】如图 5-16 所示，这是一架距今已有 4 500 年的天平。它的主体由一根长约 8.5 cm 的石灰石横梁组成，中间及两端钻孔，现藏于伦敦科学博物馆。这架天平能够测量物体的质量，它应该具有什么样的特点？

特点：有砝码、横梁质量分布均匀、等臂、绳的摩擦小……

【问题 3】质量分布均匀及等臂的目的是什么？

消除横梁自重的影响，同时根据 $F_1L_1=F_2L_2$，得到 $F_1=F_2$，所以物体的质量等于砝码的质量。

图 5-16 距今 4 500 年的天平

【活动 2】基于这样的目的，桌面上有一个支架、一把打有孔的直尺、两个回形针，可以使用提供的器材进行组装［图 5-17（a）］。

为了方便取放物体和砝码，我们可以用纸杯制作两个托盘。砝码可以用桌面上的 1 元硬币充当，1 个一元硬币的质量为 6 g［图 5-17（b）］。

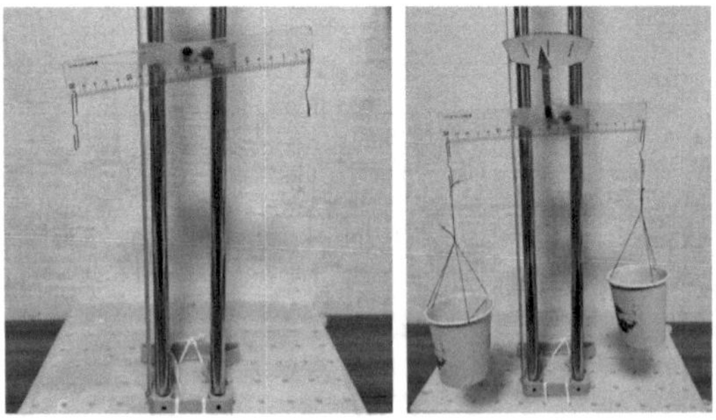

(a) (b)

图 5-17 自制天平

【问题 4】当达到什么样的效果时，可以读取物体的质量？

横梁水平时可以读取物体的质量。

【问题 5】利用桌面上的器材：卡纸打印的箭头、分度盘及重垂线，请为自制天平设计一个能判定天平横梁是否水平的装置，说出你的设计原理。

将箭头（指针）垂直粘贴于直尺（横梁）上，在支架上悬挂一个重垂线，并在支架上粘贴分度盘，使分度盘中央线与重垂线平行，当指针指在分度盘中央线时，则横梁水平。

【活动 3】使用提供的器材按照图 5-17（b）所示进行组装。

这与公元前 1 570 年左右的天平非常相似，这架天平的横梁的中点处有由指针和吊线铅垂组成的指示原件，使得校准天平横梁的平衡成为可能。

【问题 6】利用自制的天平能否精确地测量物体的质量？

天平横梁此时不是水平的，需要调平，可利用桌面上的橡皮筋套在横梁上或者夹子夹在横梁上，调节位置使其平衡。

【活动 4】利用自制天平比较物体 C、D 的质量。

结论：测出 C 的质量为 6 枚硬币的质量，即 36 g，D 的质量大于 36 g，但不到 42 g（7 枚硬币的质量），无法调平。

3. 抛出问题，引导发现

【问题 7】已知物体 E 的质量小于 6 g，但身边没有质量小于 6 g 的砝码，如何测量？

【活动 5】观察图 5-18 所示实验室天平，拨动游码，使天平平衡。

【问题 8】我们用桌上的另一个夹子当作游码，又应该如何进行设计呢？

小结：横梁当作标尺，将金属夹夹在横梁支点左侧某一位置，尽量使夹子左侧在整数刻度，调节平衡螺母，使天平平衡（图 5-19）。

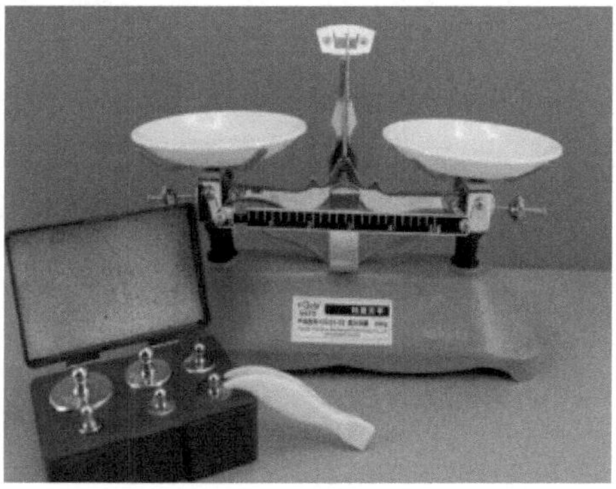

图 5-18　实验室天平

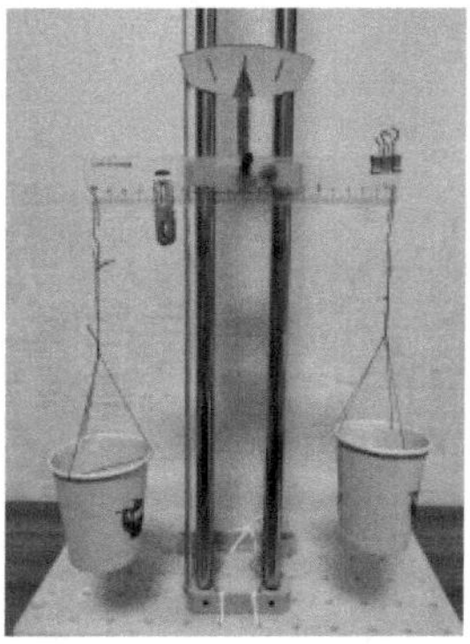

图 5-19　改进自制天平

【问题 9】实验室天平的最小砝码是 5 g，标尺的最大刻度是 5 g。自制天平有了夹子（游码）和 6 g 硬币（砝码），怎样标刻度呢？

在游码左侧最初所在位置标记为 0 g，在调平的天平左盘中放入一枚硬币，移动游码，使其再次平衡，此时游码左侧所在位置标记为 6 g，平分横梁长度，即可标出刻度线。

【问题 10】标尺上刻度能够平均划分的理论依据是什么？

量筒上刻度是均匀的，其表示的体积 $V=Sh$（S 为量筒的横截面积，h 为液面的高度），量筒粗细均匀，S 不变，V 与 h 成正比。那么要想证明刻度均匀，就要得到，左盘内物体的质量 m_E 与游码移动距离 L_x 成正比。

由于测量 E 前后天平两次平衡，所以 $F_1L_1=F_2L_2$，即 $m_EgL_1=m_{游}gL_x$，变形为 $m_E=m_{游}L_x/L_1$，故刻度线均匀（其中，$m_{游}$ 为游码的质量，L_1 为 E 的力臂，L_x 为游码移动的距离）。

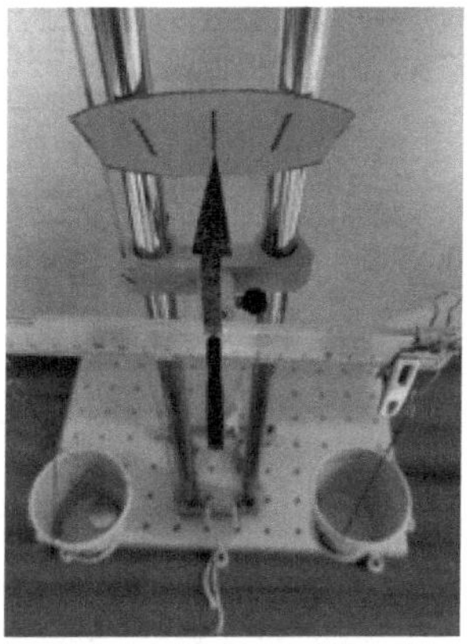

图 5-20　设计标尺刻度

【活动 6】为天平设计标尺上的刻度（图 5-20），并适当改进，测出物体 E 的质量。

4. 深化问题，释疑解惑

【问题 11】如图 5-21 所示的质量均匀分布的等臂杠杆，其重心和支点都在杠杆的几何中心处，使杠杆处于水平平衡（图 5-21 实线），在杠杆上施加大小相同的力，则杠杆能够保持平衡；若使杠杆倾斜（图 5-21 虚线），仍然施加大小相同的力，杠杆能否平衡？

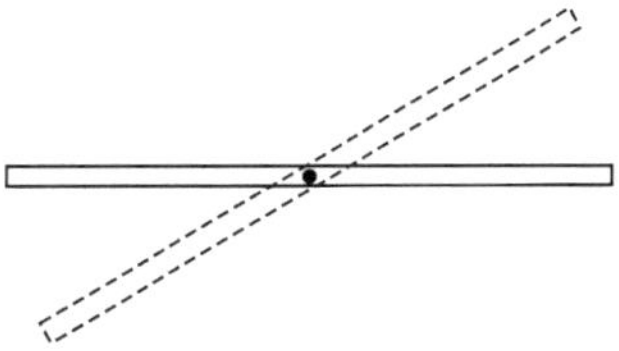

图 5-21　等臂杠杆

答案是此时杠杆仍然平衡。由杠杆平衡原理，有

$F_1L_1=F_2L_2$，则 $F_1/F_2=L_2/L_1$，当杠杆倾斜时 L_2/L_1 不变，故杠杆仍然可以保持静止。

【问题 12】若将平衡的天平拨至倾斜，为什么此时天平不能保持平衡呢？是由于力臂比值发生变化了吗？

【活动 7】请观察自制天平的横梁和支点的位置。

当天平平衡时，可以将指针、横梁、平衡螺母、游码、托盘组合体看成一个等效杠杆，如图 5-22 所示。

其中支点 O 在两个力的作用点 O_1O_2 连线上方，整体的重心在 O 的下方某一位置（约在 O_1O_2 连线上）；其中 $\angle OO_1O_2=\angle OO_2O_1=\alpha$。

若使天平倾斜（图 5-23），相当于天平绕 O 点偏转，此时 G_0 的作用线不通过 O 点，不符合杠杆平衡条件，天平便会偏转回平衡位置，由于惯性作用，天平继续偏转……循环往复，直到能量消耗殆尽，天平停在平衡位置。

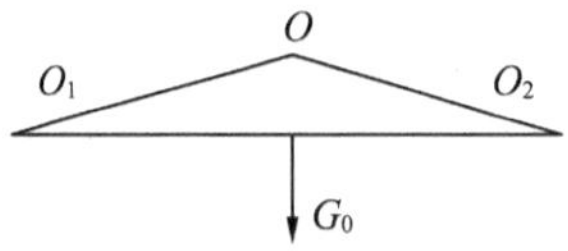

图 5-22　等效杠杆

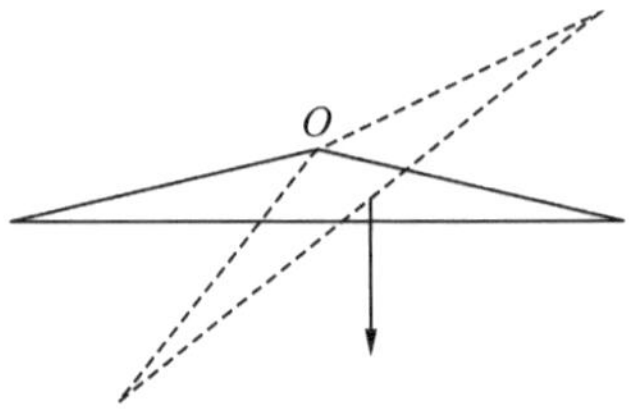

图 5-23　倾斜杠杆

5. 评价制作，课堂小结

【活动 8】对自制天平作改进，然后用它测量物体 D 的质量，并用讲台上的电子天平测量物体 D 的质量，比较两次测量的结果，求出误差的百分比，选出相对精密的天平。

【问题 13】为使天平更精确，你还有哪些建议？

选用不易变形、两边对称的横杆做横梁，横梁越长，天平越灵敏；尽量减少中间支点处的摩擦；天平要放在水平桌面上……

【问题 14】通过这节课你学到了哪些知识？

每一种仪器、器材的每一个部件被发明创造出来，均有其原因。发明创造者在使用仪器过程中根据实际需要，减小测量误差并不断地修正，最终创造出我们现在使用的仪器。可以说仪器的发展过程就是一个不断地使用、尊重事实、质疑、求真、修正的循环过程，这正体现了科学创新精神。

作业布置

1. 书面作业：《课时作业本》对应练习。

2. 实践作业：拆开托盘天平底座，观察底座内部结构，查阅资料，说明此种结构的益处。

板书设计

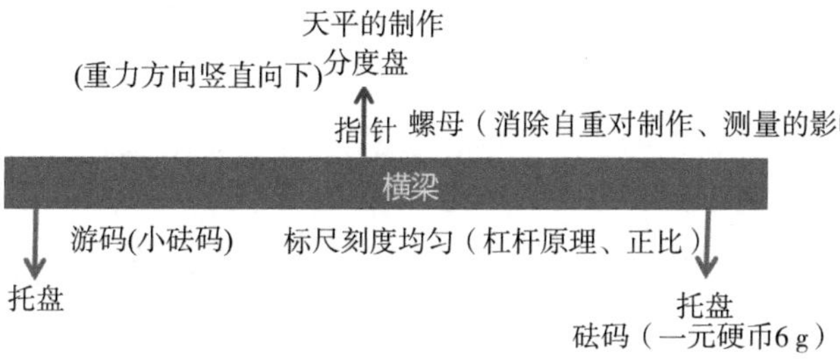

（撰稿：苏州工业园区星湾学校　周健）

第六章

STEM 教育与物理综合实践活动融合的实践探索

STEM 教育与物理综合实践活动融合的课程以活动为主，课程设计的核心是活动内容的设计，分别为确定项目主题、设计解决方案、实施方案规划和展示交流评价，如图 6-1 所示。其中设计解决方案、实施方案规划和展示交流评价是一个不断循环迭代的过程，学生作品经过一系列的完善，逐步达到目标。

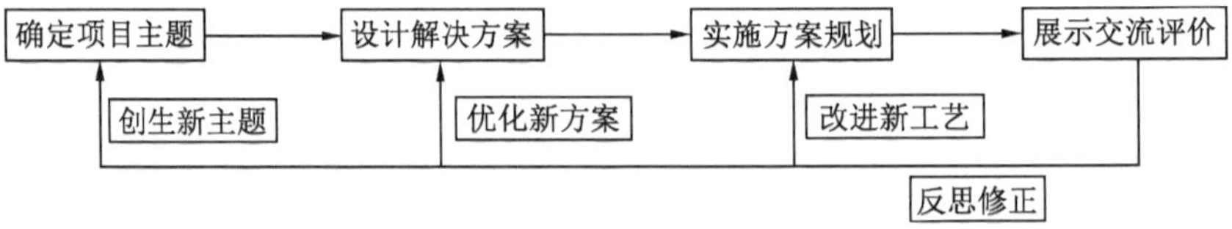

图 6-1　STEM **教育与物理综合实践活动融合课例流程**

确定项目主题主要是指在一节课的开始，教师要以一个能够引起学生学习兴趣的真实生活情境导入，引导学生形成问题意识并能够提出与活动主题相关的问题，能够通过一系列情境认知活动明确本轮活动的任务。接着，学生需进行知识和技能的准备，此时就需要教师通过任务单引导学生将学过的学科知识与技能运用到本次活动设计之中。

设计解决方案是指学生通过分析问题，以自主探究或小组合作探究的方式收集资料、筛选、思考、分析，针对遇到的问题，提出问题解决的思路，制定出问题解决的方案，在此过程中可培养学生的分析问题的能力和制定方案的能力。

实施方案规划是指通过前两个活动，学生基本上已具备了一定的知识与技能及解决问题的思路与方法，教师应当鼓励学生以自主探究或小组合作探究的方式按照方案计划表动手实践，生成各种各样的作品，通过与其他小组的交流分享，改进自己的设计思路，进一步完善作品，在实施过程中锻炼自己执行方案的能力。同时，教师也要尽可能地鼓励学生将他们所学的知识和技能应用于解决现实生活的问题中。

展示交流评价是指在教师的组织下，学生以小组为单位展示自己的作品、创作思路及作品对现实生活的意义，主要包括设计目标、设计思路、遇到的问题、解决问题的方法、结果如何，同时也要对自己作品的性能进行展示。在此过程中，其他小组同学可以提出疑问或给出建设性的意见，交流之后可有选择性地采纳其他同学和老师的意见，对自己的作品进行再设计、再制作，使之达到预期目标，这在一定程度上可提升学生的反思及交流的能力。

课例1 自制简易望远镜

一、项目介绍

本项目名为“自制简易望远镜”，是适用于八年级学生的STEM学习项目。“自制简易望远镜”的设计源于苏科版《物理》八年级（上册）“第三章 光的折射 透镜”，物体位于凸透镜的两倍焦距之外成倒立、缩小的实像，物体位于凸透镜的一倍焦距与两倍焦距之间成倒立、放大的实像，物体位于凸透镜的一倍焦距之内成正立、放大的虚像。“自制简易望远镜”项目以“凸透镜成像规律”知识的应用为载体，以工程制作为手段，以物化成果为目标，全方位展示学生的STEM素养。

二、学习目标

S（科学）：了解凸透镜成像规律的实验现象，认识凸透镜成倒立、缩小的实像和正立、放大的虚像的应用价值。基于真实问题情境，通过问题驱动，经历科学探究，引导学生不断探索，提高分析问题、解决问题的能力和科学思维能力，能将所学物理知识与实际情境联系起来，具有用物理观念解释自然现象和解决实际问题的意识，体现物理学科在生产生活中的重要性。

T（技术）：尝试设计制作简易望远镜的初步方案，会利用刻度尺选择长度、直径符合要求的套筒，强化实验操作技能，渗透技术在制作过程中的应用。通过介绍我国的500 m口径球面射电望远镜“中国天眼”（FAST）的成果和中国巡天空间望远镜“飞天巨眼”的项目计划，加强物理与社会发展、科技进步的联系，凸显我国科技成就，引导学生增强文化自信，树立科技强国理念。

E（工程）：会利用胶带固定凸透镜，组合大、小套筒，装饰、美化自制的简易望远镜。让学生了解工程设计、工程制作的全过程，培养工程思维，在制作过程中能与他人共同实施方案，培养学生相互合作的团队意识，形成积极认真的学习态度和乐于实践、敢于创新的精神。

M（数学）：通过像距、物距与两个凸透镜焦距的关系，确定大小套筒的长度，计算望远镜的放大倍数。引导学生运用数学知识，建立完整、准确的望远镜模型，帮助学生更好地理解和应用凸透镜成像知识。通过数形结合思想，从数学思维角度思考问题，降低学生对物理实验原理和相关概念的理解难度，进一步丰富学生知识框架体系。

三、流程设计

如图 6-2 所示，本项目的流程分为四大板块。首先通过创设问题情境，确定项目主题；然后通过实验探究建构模型，设计解决方案；进而结合工程思维，实施方案规划；最终展示交流评价，进一步完善物化成果。各板块衔接自然，学生在真实的情境中发现问题、解决问题，在方案设计、实施中获得充分体验，在展示交流、评价优化中提升自身的 STEM 素养。

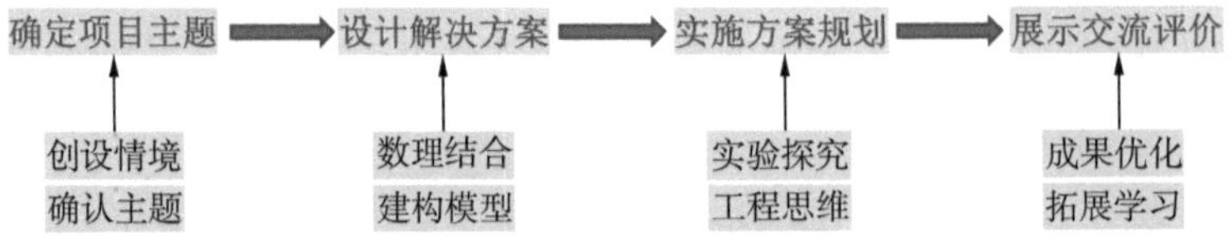

图 6-2　自制简易望远镜设计流程

四、材料准备

（1）器材盒：凸透镜（$f=10$ cm）、自制光屏、单面医用胶带、双面胶带、剪刀、自制暗筒。

（2）简易操作台及附件：小凳、亚克力硬板、白萝卜块（3 块）。

（3）自选材料包：凸透镜组一（$f_1=70$ cm、$f_2=10$ cm）、凸透镜组二（$f_1=20$ cm、$f_2=5$ cm）、泡沫条（厚度 0.3 cm）、大套筒（长 70 cm、直径 10 cm）、小套筒（长 30 cm、直径 4 cm）、三脚架。

（4）两个磁吸式凸透镜模型（焦距一大一小）。

五、教学过程

1. 基于生活，确定项目主题

【问题1】大家想拥有一个能够清晰地观看月食的装置吗？

设计意图： 以观察月食为情景导向向学生提出问题，主题明确，又有诱惑力，激发了学生的学习兴趣。依据维果茨基的最近发展区理论，结合初二学生的认知特征，项目任务难度应略微超出学生的现有认知能力，这样既能使学生感兴趣，又能促进学生的知识建构和能力提升，全面培养学生的核心素养。

2. 问题驱动，设计解决方案

由于初中物理弱化了凸透镜成像光路的作图，初中生还不具备望远镜成像原理的认知基础，如果简单告知两个凸透镜的距离，让学生根据提供的器材直接组装，就失去了综合实践课程的意义。我们从学生现有的认知（照相机和放大镜）出发，通过问题驱动，让学生在实验探究中了解望远镜的工作原理，了解其核心部件，进而设计解决方案。

（1）唤醒学生认知，再现照相机。

【问题2】① 同学们能利用工具盒（图6-3）里的器材，给远处的教学楼拍张照吗？其拍照原理是什么？

② 我们可以随时欣赏照相机拍下来的照片，用上述方法拍摄的照片可以随时看到吗？

③ 桌上的操作台有什么作用？

④ 对底片美景满意吗？有优化方案吗？

⑤ 如果我们在室外，白天也想要照相，怎么办？

⑥ 为什么我们看到的是倒立、很小的像？

图6-3 工具盒

【活动1】① 用凸透镜、光屏在操作台上操作，如图6-4所示。

② 关灯观察，像明显清晰了。

③ 利用内置光屏的套筒，改进实验装置，如图6-5所示。

【互动1】在黑板上贴上照相机成像原理的板画，如图6-6所示。

图6-4 在操作台上操作

图6-5 装置改进

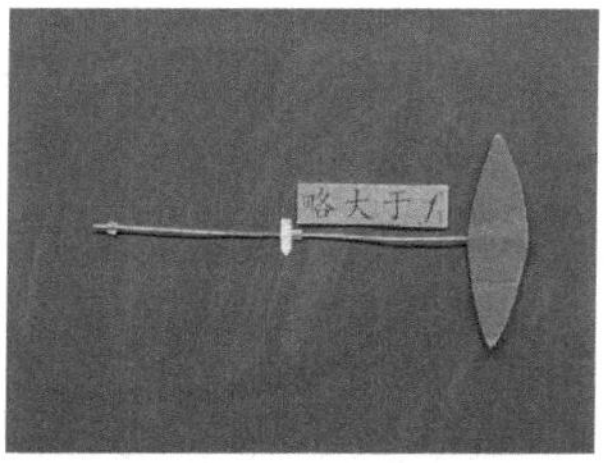

图6-6 照相机成像原理

设计意图：选择用白萝卜块代替光具座作为固定器材的支架，该实验器材来源于生活，操作方便，也与苏科版《物理》教材的实验思想一致——选择身边的器材进行实验。虽然随着经济的发展，大部分初中物理实验不再需要“拼拼凑凑做实验”，但是“坛坛罐罐当仪器”有利于学生发现身边的实验器材，使物理实验不再局限于学校、实验室，而可以走进家庭、走向社区和社会。利用学生已有认知，当 $u>2f$ 时凸透镜成倒立、缩小的实像的原理，使远处物体的像成在近处的光屏上，通过问题驱动，知晓要在任何情况下看清像，需创造一个较暗的环境，使套筒自然地出现，初步为望远镜的雏形做好铺垫。适时在黑板上贴上成像时像的大致位置，变抽象为直观，也为认识望远镜的原理做好初步准备。

（2）利用组合思维，再置放大镜。

【问题 3】如何将看到的像放大一点呢？你有什么好办法？原理是什么？

【活动 2】放置放大镜，如图 6-7、图 6-8 所示。

【互动 2】在黑板上再放置放大镜贴板画，如图 6-9 所示。

图 6-7　放置放大镜侧面图

图 6-8　放置放大镜正面图

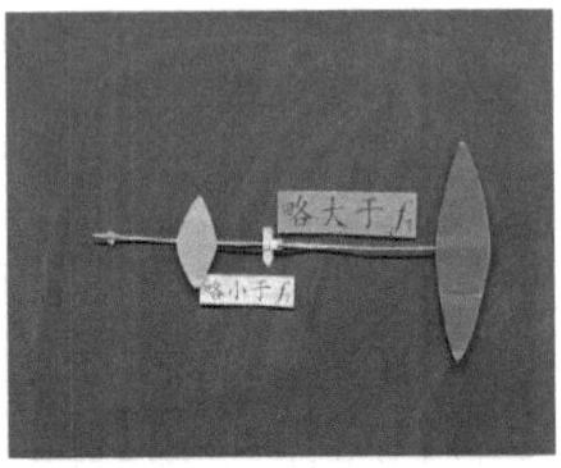

图 6-9　装置原理贴板画

设计意图：继续借助学生已有认知，当 $u<f$ 时，凸透镜成正立、放大的虚像，将两个凸透镜组合使用，可以使远处物体较小的像适当放大，初步介绍望远镜的原理，但老师此时并不说破，为后续认识望远镜做足铺垫。

（3）巧用自制教具，初识望远镜。

【问题 4】将套筒的后半截取下，透过透镜还能看到对面的教学楼吗？

【活动 3】观察到更清晰的像。

设计意图：图 6-5 中的自制套筒由两截套筒组成，具体结构如图 6-10 所示（①为前半截，比较长；②为后半截，比较短，约 2 cm；③为半透明硫酸纸，密封在后半截的一端，与前半截组装后置于筒内，相当于光屏；④为支架，可以插在萝卜上，便于固定）；⑤处开口，开口大小为 2 cm×1 cm，可以卡入凸透镜的支架，也可以根据需要前后调节。用单面胶将前后两截套筒组合，再将作为光屏

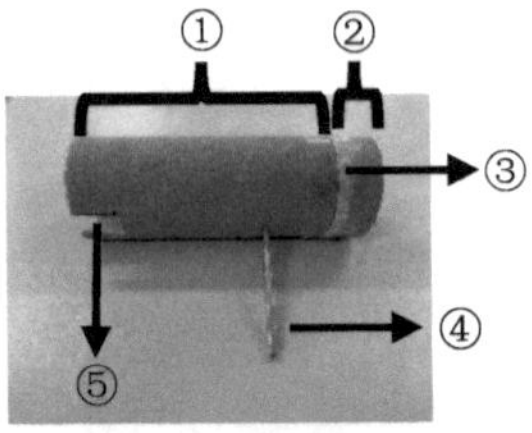

图 6-10　套筒结构

的硫酸纸置于套筒内，这样既可以保证光屏置于较暗的环境中，也可以随着后半截套筒一起取下。当学生随后直接透过两个透镜再次观察到更清晰的像时，立刻顿悟——这不就是一台望远镜吗？图6-9的板画也就是望远镜成像的原理图，使无形变有形，抽象变直观，学生的认知进一步升华。此刻，学生不仅制作了望远镜，还了解了望远镜的主要部件，明白了望远镜的成像原理，为后续的选材、组装做好了知识上的储备。

3. 团队合作，实施方案规划

【问题5】制作一架属于你自己的独一无二的望远镜，需要哪些器材呢？

【活动4】在组内讨论的基础上，组长选取透镜组（图6-11）、套筒和辅助材料（图6-12）。

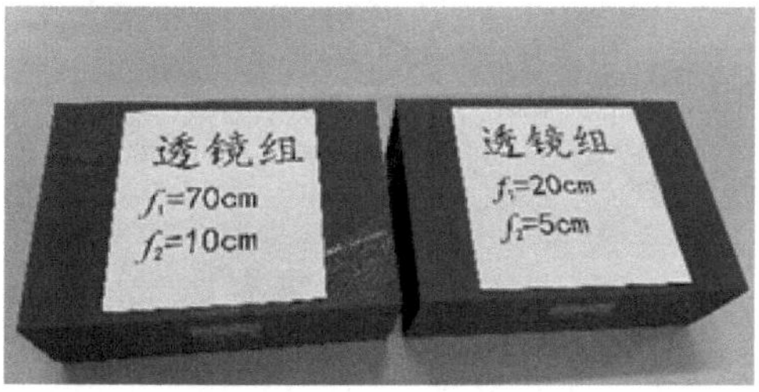

图6-11 透镜组

图6-12 套筒和辅助材料

【任务1】认真阅读大屏上的“提醒和建议”（图6-13）后，动手制作一架专属自己的望远镜。

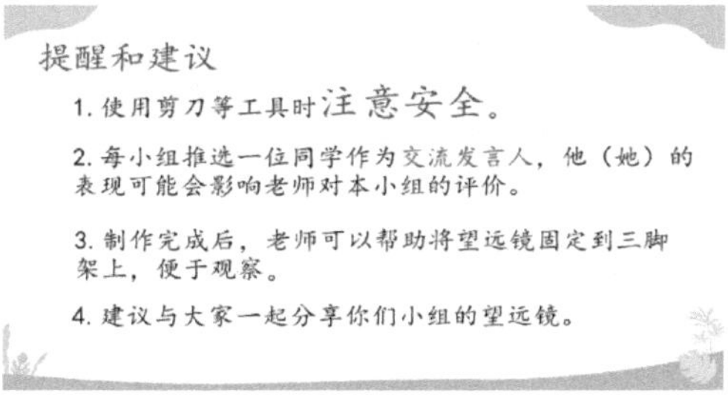

图6-13 提醒和建议

设计意图：提供不同的透镜组，给学生思考和选择的空间，也可供学生制作不同放大倍数的望远镜，从而能够比较不同望远镜的性能。通过组内合作、组间互助，选择合适的组装器材，小组协作完成简易望远镜的制作。虽然知识准备充分，但是学生在组装过程中依然会遇到较大的困难，如两个凸透镜如何固定在大、小套筒内，大、小套筒如何连接，才能既不松动，又能保证小筒能够适当前后移动。学生的操作能力和工程组装能力还有待训练和培养，因此该环节需要老师全程参与、组织和管理，及时跟踪项目进展、指导学生活动，不断激励学生，适时、适度地提供帮助和引导。

4. 展示交流，多元互动评价

【活动 5】利用自制的望远镜（图 6-14）观察远处的物体（图 6-15），然后谈一谈制作过程中的感受。最后请各小组组长和听课老师将自己的奖牌贴在认为最优秀的小组下方（图 6-16）。

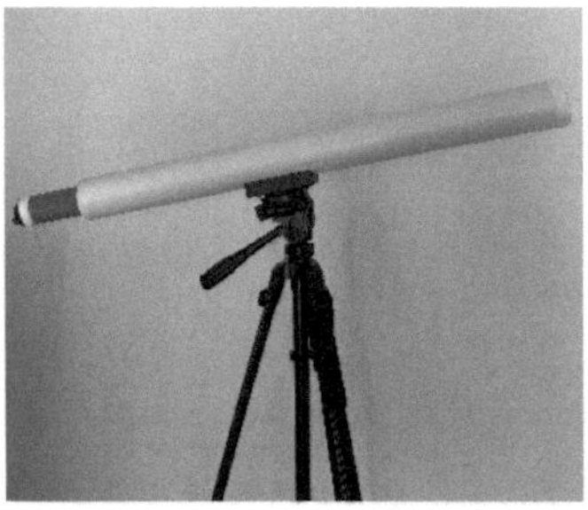

图 6-14　自制的望远镜

图 6-15　用望远镜观察远处的物体

设计意图： 通过组内自评、组间互评、教师他评，结合各小组成员整节课的过程动态、参与程度、项目作品的整体结构和使用效果作出多元评价。根据多元化的评价过程和结果，学生反思在学习过程中出现的问题，提高元认知水平。在展示、交流和评价过程中形成经验性知识，促进知识的迁移和应用，学生的思维得以迭代跃升，从而可以进一步优化项目方案，改进制作工艺，甚至产生新的项目主题，最终达成深度学习的目的，体会项目学习的乐趣。

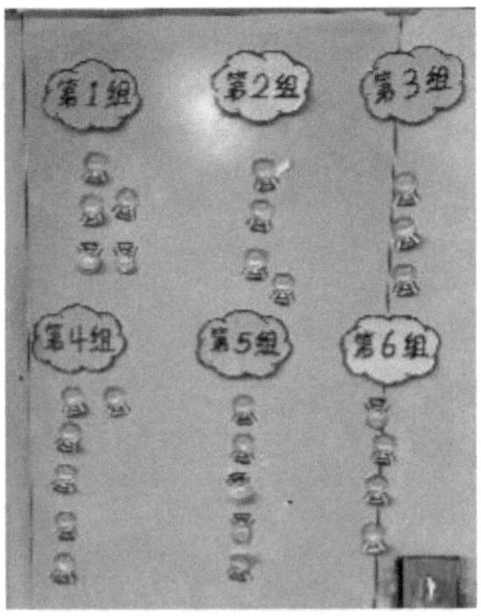

图 6-16　他评结果

六、教学反思

自制简易望远镜是一次既富有教育意义又充满乐趣的教学活动，该课例激发了学生对天文学和光学的浓厚兴趣，锻炼了学生的动手能力和团队协作能力。

要制作一台简易望远镜，所需的材料并不复杂，但如何将这些普通材料转化为一个具有实际观测功能的工具，需要精心设计教学方案。在教师的引导下，学生通过自选并组装连接器材、调整镜片间距、聚焦瞄准目标等环节，亲身体验了观察对象从模糊到清晰的转变，这极大地激发了学生对科学探索的热情。在制作过程中，小组成员分工合作，有的负责选择材料，有的负责调试镜片，有的则负责整体组装，这种团队协作不仅提高了工作效率，还让他们学会了如何与他人有效沟通和协作，培养了团队协作能力。

这次教学活动不仅仅是一次简单的动手实践活动，更是一次培养学生科学素养和创新精神的重要机会。通过自制望远镜，学生们不仅学到了科学知识，还学会了如何运用所学知识解决实际问题。学生们在实践中不仅学到了知识，还激发了创造力和探索欲。通过组内合作、组间评价等方式，真正实现生生互动、师生互动，让学生感受学习物理的知识性、趣味性和人文性，在激发学习兴趣的同时，也提升了物理核心素养。

（撰稿：西安交通大学苏州附属初级中学　陈刚）

课例2　走进非遗：自制杆秤

一、项目介绍

本项目名为“走进非遗：自制杆秤”，是适用于九年级学生的STEM学习项目。“走进非遗：自制杆秤”的设计源于苏科版《物理》九年级（上册）“第十一章　简单机械与功”单元，以简单机械的综合实践活动为载体，以STEM项目式学习为手段，以深化物理观念、提升实验素养、提升进阶思维、养成科学态度为目标，最终呈现学生自制作品——杆秤。

二、学习目标

S（科学）：通过自制杆秤，深化对杠杆的认识，能够指出常见杠杆的五要素，会用杠杆的平衡条件解释生活中的现象与应用。

T（技术）：通过讨论提升杆秤的精确度和量程的方法，渗透工匠精神的价值观教育；通过观看微视频，了解杆秤的文化内涵，弘扬中华优秀传统文化。

E（工程）：通过小组合作组装杆秤的半成品，提升学生的动手操作能力；通过使用自制的杆秤称身边物体的质量，感受作品的实践应用价值。

M（数学）：通过设计杆秤结构图，渗透工程设计的思想，使学生具有杆秤的模型意识；通过标注杆秤的刻度，提高学生应用简单数学知识解决物理问题的能力。

三、流程设计

本项目的流程分为四大板块。首先通过创设生活情境，确定项目主题；然后利用数理知识建构模型，设计解决方案；进而结合工程思想进行实验探究，实施方案规划；最终展示交流评价，为进一步的成果优化、课后拓展学习做准备。各板块环环相扣，让学生在真实的情境中发现问题、确认主题，在方案设计、实施中获得充分体验，在展示交流、评价优化中实现素养的提升。

四、材料准备

50 g 钩码 80 个、长筷子（45 cm）20 根、铅笔 20 支、棉线若干、电子秤 1 个、钢盘 20 个（打孔）、秤砣（200 g）20 个。

五、教学过程

1. 创设情境，确定项目主题

实物展示：非物质文化遗产中的杆秤。

【问题 1】大家知道杆秤的历史吗？

杆秤是中国人独立发明的衡器，其中凝结了大量的精巧工艺技术，至今仍然具有特殊的历史人文价值。一些地方将杆秤制作工艺列为非物质文化遗产，今天我们一起走进非遗，用简单的工具制作测质量的杆秤，感受中华传统文化的博大精深。学生观看实物，思考问题。

设计意图：通过实物展示，让学生了解杆秤的历史，激发学生对非遗项目杆秤的制作工艺的敬畏，并引出课题。

2. 特征解构，明确项目要求

图片展示：古埃及的天平是迄今为止最古老的天平，距今约有 4 500 年的历史。我国最早的天平秤出现于春秋时期（图 6-17）。

图 6-17　我国春秋时期的天平秤

【问题 2】① 同学们能认出它的主要构造吗？

② 该测量工具的实质是什么机械？

③ 若只有一个秤砣，如何测出不同质量的物体？

设计意图：通过观察图片，以问题驱动学生了解杆秤的起源和演变过程。

【任务 1】了解制作杆秤的要求。制作杆秤，需要达到两个要求：杆秤的精确度能够达到 10 g，能提出优化自制的杆秤的方法。

设计意图：明确杆秤制作的要求，以目标引领杆秤的制作。

3. 工程实施，规划项目制作

【活动 1】学生在学案上绘制杆秤的结构图，思考杆秤各个部分的功能。

设计意图：将工程设计理念融入教学中，引导学生整体规划杆秤的组成部分。

【问题3】杆秤的实质是杠杆，杠杆具有五要素。杆秤的支点是哪个？

学生回答问题，指出杆秤的五要素，并以版画的形式将其标注出来。教师展示杆秤平面模型（图6-18）。

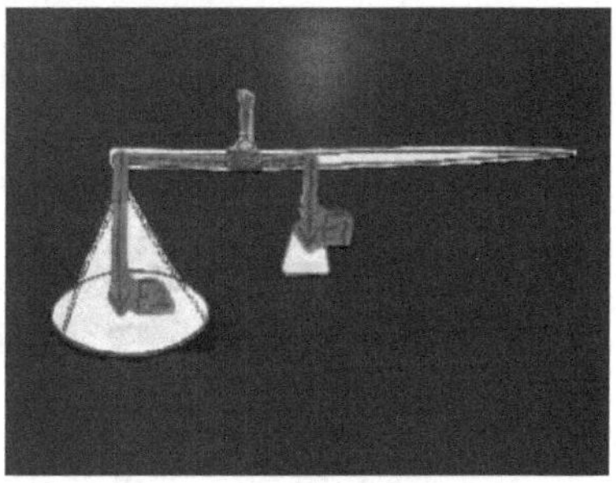

图6-18　杆秤平面模型

设计意图：帮助学生明确杆秤的结构特征，让学生具有一定的模型意识。

【问题4】如何使用棉线制作提纽并固定在木杆上？

【活动2】学生思考问题，观看制作提纽的微视频。小组合作完成活动。

设计意图：基于结构图的整体设计，训练学生的动手操作能力。

4. 问题解决，融入数学思想

【问题5】如何标记杆秤的零刻度线？

【活动3】学生思考讨论，利用秤砣找到杆秤的零刻度线位置，并用铅笔做好标记。

设计意图：利用杠杆的平衡条件，学生标记零刻度线，感悟物理知识在解决实际问题过程中的重要作用。

【问题6】如何标记其他刻度？

【活动4】方案一：将50 g钩码放入秤盘中，移动秤砣，使杠杆在水平位置平衡，秤砣的位置就是50 g的位置，依次可以标出100 g、150 g……

方案二：利用杠杆原理 $F_1L_1=F_2L_2$，分别测出动力臂、阻力臂和阻力，计算得到动力。

设计意图：通过提供多样性的方法，让学生自主选择合适的方法进行试验，培养学生的批判性思维。

5. 测试优化，培养高阶思维

【活动5】学生合作完成了一把杆秤，用此杆秤称出一个笔袋的质量。同时，用电子秤称出笔袋的质量，将其与杆秤测出的质量进行比较。学生发现制作的杆秤还比较粗糙，测量出的质量和物体的实际质量相比还存在一点差异。部分小组测出的笔袋的质量过大，超出杆秤的量程。

设计意图：使用小组合作自制的杆秤测量身边物体的质量，了解常见物体的质量。

【问题7】如何减小量程的分度值？又如何增大量程呢？

【活动6】思考提升杆秤精确度的方法。

设计意图：将各个小组测出的笔袋的质量与其实际质量进行比较，肯定小组的成果，探索优化方案。

【问题 8】引导学生观察刻度，提出问题：杆秤的刻度分布均匀吗？可以证明吗？

学生利用前面推导的公式证明刻度是均匀分布的。将刻度等分，减小分度值。等距往后标记，增大量程。

设计意图：基于学生观察所得的感性认识，引导学生定量证明刻度是否均匀，融入数学知识，解决实际问题。

【活动 7】组织学生再次标记刻度，引发新的问题，即相邻刻度之间的距离太小，标记比较困难。思考解决方案。

设计意图：修正反思，亲身体验工匠精神。

【问题 9】课本中利用杠杆称大象（图 6-19）。提问：动物园的工作人员利用一根杆子称出了一头大象的质量，我们制作的杆秤可以称出大象的质量吗？为什么？

图 6-19　杠杆称大象

【活动 8】学生思考讨论增大杆秤的量程的方法。

设计意图：将自制的杆秤与课本中的杆秤模型进行比较，思考增大杆秤的量程的方法。

【问题 10】从精确度方面提出了杆秤的优化方案，如何从耐用度和美观度方面改进杆秤呢？

设计意图：对自制杆秤的刻度、材质、提纽、棉线、秤砣等进行优化，为课后制作升级版杆秤做准备。

【活动 9】实物展示量程为 60 斤（1 斤等于 0.5 kg）和 150 斤的杆秤，介绍改变杆秤的量程的方法。学生观察不同量程的杆秤。

设计意图：通过实物展示学生提出的方法已被应用到杆秤的制作中，激发学生的探究欲望。

6. 非遗渗透，弘扬优秀文化

【活动 10】播放非遗项目中杆秤制作传承人的制秤工序的视频，如图 6-20 所示。

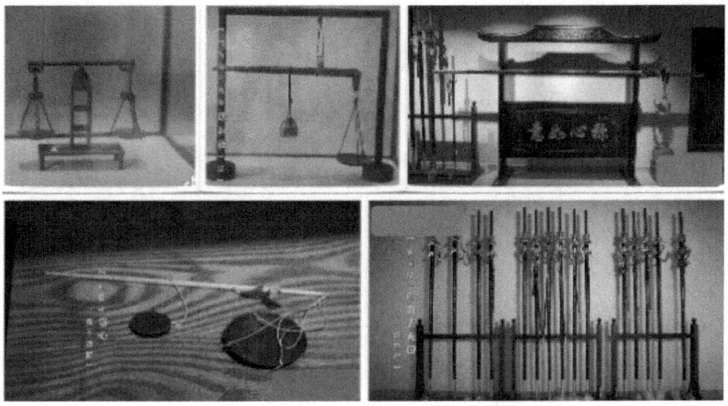

图 6-20 制秤工序

学生了解杆秤的制作工艺。

设计意图：通过渗透非遗项目“杆秤的制作工艺”，弘扬传承人对杆秤质量精益求精的精神。

【活动 11】播放杆秤的文化内涵的视频，如图 6-21 所示。

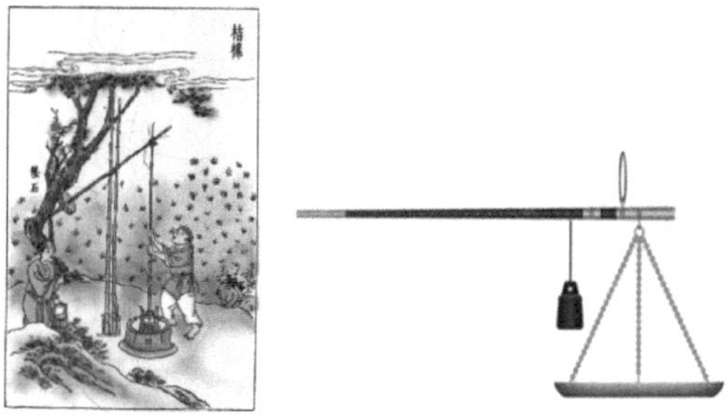

图 6-21 杆秤的文化内涵

介绍杆秤的发明，了解杆秤的文化。

设计意图：感受中华优秀传统文化的博大精深。

【任务 2】了解杆秤的历史，知道杆秤的制作方法，并测出一个笔袋的质量，讨论优化杆秤的方法。课后请学生根据评价表格、优化方案，选择合适的器材，制作一把既准确又美观的杆秤。学生选择合适的材料，利用课上所学的杆秤制作方法，制作升级版杆秤。

设计意图：通过方法引领提升学生的实践素养，体现小杆秤中的大智慧。

六、教学反思

1. 项目化学习能够提升学生学习的内驱力

项目化学习引导学生在真实情境中发现问题，创造性地解决问题，又在解决问题中发现新的问题，这种对问题持续的探索就是学习的本质，它能够提升学生学习的内驱力，培育核心素养。

2. 项目化学习能够拓宽学生学习的行动路径

项目化学习能够将跨学科实践由课内延伸至课外，利用表现性评价驱动学生在课后对作品优化升级，做到课内掌握方法、培养能力，课外创新实践、生成素养，实现教学评一体化。

3. 项目化学习能够提升学生的解决问题的能力

学生通过项目化学习的全程参与，提升方案设计、实验操作等能力，注重科学方法的应用，提升理论与实验相结合的解决问题的能力。

（撰稿：西安交通大学苏州附属初级中学　顾健）

课例3　自制立体光学成像仪

一、项目介绍

本项目名为“自制立体光学成像仪”，是适用于八年级学生的STEM学习项目。“自制立体光学成像仪”的设计源于苏科版《物理》八年级（上册）“第三章　光的折射　透镜”，以光学知识的综合实践活动为载体，以STEM项目式学习为手段，以深化物理观念、提升实验素养、提升进阶思维、养成科学态度为目标，最终呈现学生自制作品——立体光学成像仪。

二、学习目标

S（科学）：通过观察，学会利用所学的光学知识解释生活中的简单现象，加深对物理观念的理解；了解舞台3D成像的基本原理，体会物理与社会、生活的广泛联系；初步了解国内外在“伪”全息成像技术方面所取得的成就，养成正确的科学态度与责任。

T（技术）：基于身边的物品，亲历实验方案的设计、改进过程，全面提升实验素养；完成立体光学成像仪的雏形制作，培养动手实践、小组合作的能力，并获得成功的喜悦感。

E（工程）：结合使用体验，优化立体光学成像仪结构，提升稳定性，初步体会从工程视角思考问题、解决问题的方法，逐步养成工程思维。

M（数学）：培养把实际问题转化为物理问题的建模能力，并利用动画将立体几何问题降维为平面几何问题，提高使用数学知识解决物理问题的能力。

三、流程设计

流程设计同课例 2。

四、材料准备

（1）分组器材：透明塑料板、记号笔、刻度尺、剪刀、透明胶带、热熔胶枪、支架、平板电脑（内存全息投影视频）。

（2）演示器材：平面镜、玻璃板、台式电脑、立体光学成像仪模型、45°二面角演示器、3D 风扇屏。

五、教学过程

1. 创设情境，确定项目主题

播放 2023 年春晚 3D 节目演出视频。（激发学生兴趣，确定项目主题）

设计意图： 3D 成像技术在生活中的应用越来越广泛，无论是 3D 电影、3D 电视、3D 建筑，还是春晚 3D 节目表演等，都已随处可见，学生的生活体验感十足，但对原理不大了解，课内知识也未有涉及。这样的项目源于生活，符合八年级学生的认知特点，且能极大地激发学生的探究欲。由于不同 3D 成像技术的原理各不相同，因而以相对简单、贴近八年级学生已学知识的舞台 3D 成像原理为例，这是一次融物理、实验、工程、数学为一体的跨学科实践的尝试。

2. 以问题为导向，设计解决方案

设计思路： 由于项目源自生活实际问题，学生需要从理论层面分析现象的原理，进而借助空间立体几何的知识建构模型，在此基础上，结合身边物品明确设计方案。其中有不少关键问题的解决方案已超出学生思维的最近发展区，如教师直接呈现问

题，这既会失去研究的价值所在，又无法提升学生的素养，因而通过问题驱动，引导学生在问题链中，逐步解决关键问题，进而设计解决方案。

（1）物理建模，分析原理。

【问题 1】舞台下方有一播放器在播放 3D 演出画面，前方的观众看到的是真的表演者吗？若不是，用什么光学器材可以实现这种播放效果呢？它的原理是什么？（学生思考问题，联想已经学过的光学知识解释现象）

【活动 1】改变平面镜与桌面的夹角，观察成像情况，如图 6-22 所示。

【问题 2】为满足观察条件，平面镜该如何摆放？如果不仅要看到像，还需要透过平面镜看到后方的真人，又该如何改进？（学生观察演示实验后，思考如何摆放、选择平面镜）

【活动 2】将平面镜换为玻璃板，观察成像情况，如图 6-23 所示。师生总结成像原理（光的反射、折射）。

图 6-22　用平面镜观察成像

图 6-23　用玻璃板观察成像

设计意图： 对舞台 3D 成像原理的认识，可通过“利用什么器材”“如何摆放平面镜”“如何看到镜后的人”“成像的原理是什么”这几个关键问题的思考，让学生经历猜想、观察、思考、改进、检验的过程，结合已学光学知识，将实际问题转化为物理问题情境，逐步揭秘成像原理。

（2）数理结合，构建模型。

【问题 3】如果要让四面的观众都能看到画面，如何改进？将每个面延伸出去成为封闭图形，侧面可以做成什么形状？这个模型是什么样的？（学生在问题的引导下，逐步从“一块平面镜”起点出发，到四块平面镜，到利用平面延伸填补镂空，最终建立侧面是三角形的金字塔模型，如图 6-24 所示）

【问题 4】要进一步确定金字塔的形状，就要知道三角形的底边与腰长的比例，这是一个三维图形，你有什么办法？（学生交流讨论，暂无解决办法，教师引导学生在图形中找出特殊角 45°）

【活动 3】检验学生猜想，并找出 45°的真正位置，如图 6-25 所示。

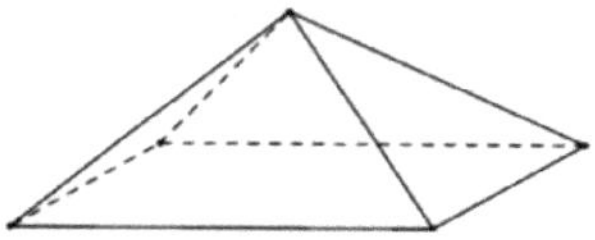

图 6-24 金字塔模型

图 6-25 特殊角 45°的位置

动画展示：如何确定等腰直角三角形的位置（图 6-26）。（学生计算得出三角形底边与腰长的比例为 2∶$\sqrt{3}$，并上台汇报推算过程，如图 6-27 所示）

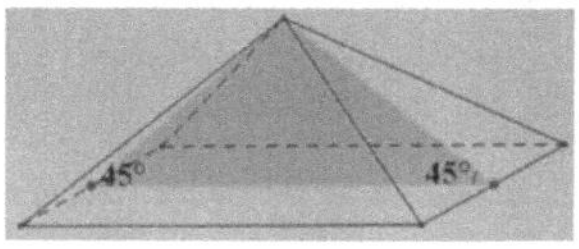

图 6-26 确定等腰直角三角形的位置

图 6-27 推算过程

【问题 5】已经得出模型边长的比例关系，只要确定一条边的尺寸，就可以确定模型。如何使用与金字塔配套的平板电脑确定尺寸？（通过学生对平板电脑宽度到屏幕宽度的测量，完成尺寸的确定）

设计意图： 建构模型大致分为三部分：确定模型的几何形状、确定模型的边长比例、确定模型的边长尺寸。通过实际情境引出问题：如何让四面观众都看到成像画面？由此从物理的角度，将单块平面镜拓展到四块平面镜的组合，从而引出新的问题：部分镂空不能满足从各个方向上均能看到，从数学的角度，进一步将单块平面镜延伸设计为三角形，最终确定模型的几何形状——金字塔状。

在活动 3 中，让学生初步尝试找到特殊角 45°，基于学生的猜想进而利用自制教具证实猜想，借助两平面间的夹角 45°确定等腰直角三角形方位，再辅以动画演示，明确等腰直角三角形的辅助线添加方法，物理模型成功被数学量化，立体几何问题被降维为平面几何问题，利用勾股定理成功确定边长比例关系。

在确定模型的边长比例环节，基于现有的器材，学生思考成像原理，测量平板电脑屏幕宽度，从而确定底边长尺寸，实现数学模型再到真实问题的实际化，至此构建数理模型项目任务顺利完成。

（3）小组合作，设计方案。

【任务 1】利用器材框中的器材，思考制作流程。（学生提出方案：用记号笔在透明塑料板上画出四个大小一致的等腰三角形，用剪刀将三角形剪下来，用透明胶带将三角形的腰与腰粘贴在一起，组装成立体金字塔）

设计意图： 在构建模型环节，将立体几何问题降维为平面几何问题，学生已经能将降维的思想迁移应用到作品设计中，只要制作出四个三角形，就能粘贴组合成金字塔。在交流讨论中，学生们完成方案的最优设计，实现思维的有效碰撞。

3. 规划实施方案，引入工程思想

【任务 2】明确实验方案，给小组成员分配任务后，各小组开始制作。（学生小组活动，教师适时引导）

【问题 6】你有什么心得？如何稳定金字塔的结构？（观察平板电脑中的视频，如图 6-28 所示，并在实践中发现金字塔结构不稳定、使用不方便。学生动手将金字塔粘连在固定支架上，并再次观看另一视频，如图 6-29 所示）

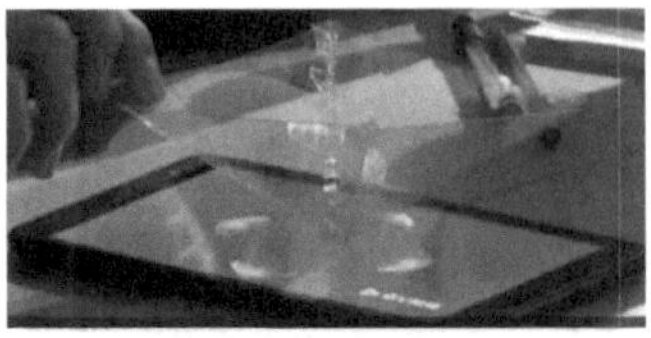

图 6-28　平板电脑中的视频

图 6-29　观看另一视频

【问题 7】有没有发现新的问题？如何解决这些问题？（学生小组动手尝试解决成像倒立问题，如图 6-30 所示，并总结使用方法）

图 6-30　解决成像倒立问题

设计意图：虽然项目方案已经明确，任务也已经提前分工好，但怎么画出等腰三角形最为快速简便、用什么材料粘贴对成像影响最小，等等，对诸如此类的实操细节处理仍然尤为关键。教师并未提前告知，而是让学生在做中思、思中学、学中悟，成功制作出模型。再观看视频，诱发学生思考，提出新想法，解决新问题，培养学生在真实情境中利用工程思想解决实际问题的能力。

4. 展示交流，拓展学习

【问题 8】本实验还有哪些改进空间？为了使成像更清晰，可以从哪些方面改进？为了使成像更大，又可以从哪些方面改进？（学生指出其他改进之处，如成像不够清晰、不够大，模型还不够精美，没有背景音乐，等等，由课内平面镜成像知识联想到解决方法：提高屏幕的亮度、背景暗一些；换用更大的屏幕、制作更大的金字塔）

【活动 4】利用自制的更大的金字塔展示更清晰更大的成像，如图 6-31 所示。

【活动 5】生活中已广泛应用类似今天制作的金字塔的装置，还有其他 3D 成像技术，如我国研究团队研制的 3D 风扇屏（图 6-32），由此了解全息技术与伪全息技术。

图6-31 展示更清晰、更大的成像

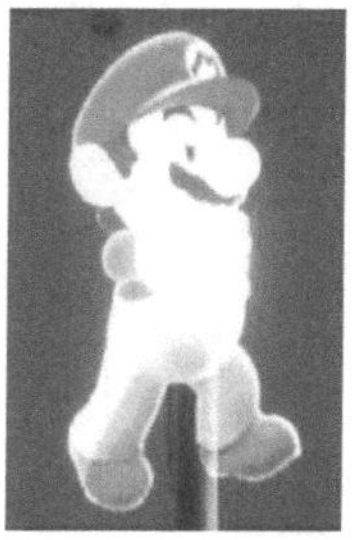

图6-32 3D风扇屏

设计意图：基于学生的使用体验，通过师生互动的方式，提出优化改进的方向，教师有选择地对成像清晰和成像大小两个问题进行探讨，旨在培养学生学以致用的能力。而对于其他改进之处，则可作为课后的拓展学习，让实践活动从课内延续至课外。

六、教学反思

跨学科实践已被纳入新版课程标准的课程内容体系，它对学生核心素养的提升，其作用是毋庸置疑的，如何有效开展跨学科实践活动已成为现今每一位物理教师亟需思考的问题。STEM教育则完全与跨学科实践的思路一致，它主要强调科学、技术、工程和数学的融合，与物理学科教学相适切。STEM理念下的项目化学习，旨在创设真实情境，让学生经历实际问题的解决过程，并主动将物理知识与技术结合，利用数学知识推算、建模，运用工程思维改进、优化，最终呈现阶段性物化成果，不失为学生进行跨学科实践的一种有效的学习方式。

本课选择从生活中的热点问题——3D成像技术出发，既能吸引学生眼球，激发探究欲望，又能培养学生在巩固课内知识结构、深化物理观念的基础上，向社会、科技领域进一步延伸拓展。在设计解决方案阶段，先将实际问题转变为物理问题，逐步剖析成像原理；而后通过问题链的设置，将一块平面镜延伸到平面镜的组合，由空间想象构建封闭图形、利用自制教具确定特殊角、动画演示呈现辅助线的添加，到学生将立体几何问题降维为平面几何问题，利用勾股定理确定模型边长比例，进阶提升思维能力；最后结合所用器材，确定模型尺寸，实现方案设计。在实施方案规划阶段，让学生在做中思、思中学、学中悟，并学会用工程思想优化作品，提升实验素养。在展示交流评价阶段，不仅在师生互动中探讨后续改进之处，还为课后拓展学习提供了实践方向，同时开阔了学生的眼界，根植爱国主义教育，培养了学生的责任意识。

（撰稿：苏州工业园区金鸡湖学校　李康）

课例4 自制投影仪

一、项目介绍

投影仪在日常生活中的应用广泛，学生有接触，也有使用体验。八年级学生已有投影灯的成像原理的理论知识，若让他们摸索去制作一盏属于自己的投影仪，能极大地激发学生的学习兴趣。基于此，确定“自制投影仪”为STEM学习项目。本项目适用于八、九年级学生。“自制投影仪”的设计源于苏科版《物理》八年级（上册）“第三章 光的折射 透镜”，以光学知识的综合实践活动为载体，以项目式学习为手段，以深化物理观念、提升实验素养、提升进阶思维、养成科学态度为目标，最终呈现学生自制作品——自制投影仪。

二、学习目标

S（科学）：通过观察，学会利用所学的光学知识解释生活中的简单现象，深化对物理观念的理解。

T（技术）：通过观察成品投影仪，到自主制作投影仪，经历产品设计、升级的过程，培养把实际问题转化为物理问题的建模能力。

E（工程）：结合使用体验，优化结构，提升稳定性，初步体会从工程视角思考问题、解决问题的方法，逐步养成工程思维。

M（数学）：利用几何作图，诠释投影仪成像原理，基于几何建模能力，画出投影仪设计草图，全面提升实验素养。

三、流程设计

本项目的流程分为四大板块，如图6-33所示。通过构建学生熟悉的学习场景，来确定项目主题；并在此基础上利用现有理论知识复习巩固、深入探索，在共同探究学习过程中理清解题思路；将课堂交给分组学生，给予学生充分的空间进行组内讨论，规划设计方案，并在此基础上利用现有材料，解决遇到的问题，完成简易投影仪的制作；制作完成后，展示成品，并在组内评价交流，在组间互评。

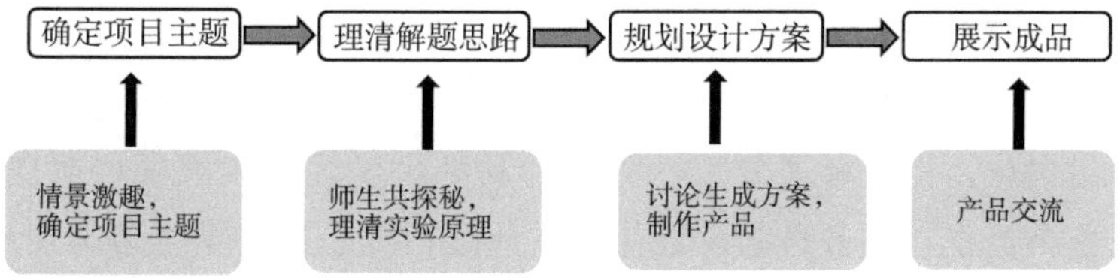

图 6-33 自制投影仪设计流程

四、材料准备

（1）分组器材：剪刀、美工刀、刻度尺、强光手电筒、各种凸透镜、各种各样的暗箱、投影片。

（2）演示器材：直径 30 cm 的凸透镜、手电筒、定制投影仪。

五、教学过程

1. 情境激趣，确定项目主题

【问题 1】利用凸透镜能完成投影任务吗？

设计意图： 投影仪在日常生活中已经大范围应用，从先前教室中的大屏幕投影，到舞台灯光秀，每时每刻都在为生活增添光彩。尽管投影仪的应用十分广泛，但学生对其投影原理鲜有了解。本项目从日常应用出发，利用学生的好奇心对生活中随处可见的物品展开探索，符合八年级学生的认知特点。投影仪原理和凸透镜的成像规律高度相关，从课本知识出发，深入探索，再让学生动手操作，这是一次将物理、实验、工程融为一体的综合性跨学科项目式课程。

2. 师生共探秘，理清解题思路

【问题 2】利用凸透镜投影的原理是什么？如何展示？

【问题 3】如何使成像更清晰（图 6-34）？

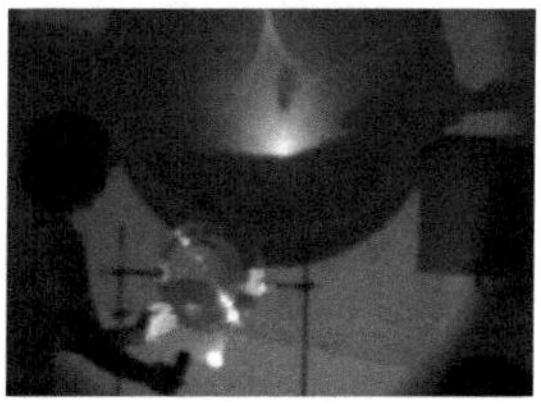

图 6-34 成像展示

设计思路： 本项目研究对象内容来源于实际生活，且与课本内容关系紧密，学生需要以课本中学习的知识为基础，进行更高一级的学习，并培养将理论知识应用到实践中的能力。在学习凸透镜成像规律时，研究对象是简单物体，而在投影仪中，成像的则是复杂图片甚至是动态图片。从简单图案变化为动态图案，超出了学生的自主思维能力，因此，学生在学习过程中需要教师的逐步引导。

3. 讨论设计方案，动手操作

【任务】请各小组利用已有器材自制投影仪。

学生分组讨论，组内合理分工，明确产品的科学性、美观度、便携性等要素，同时按照任务单流程，准备自制投影仪。在此过程中，提供学生可能使用到的足量材料，给予学生充分的自由发挥空间，不因原材料的限制禁锢学生的思想。在设计讨论过程中，教师适当巡视，及时点拨。某小组的设计进程如图 6-35 所示。

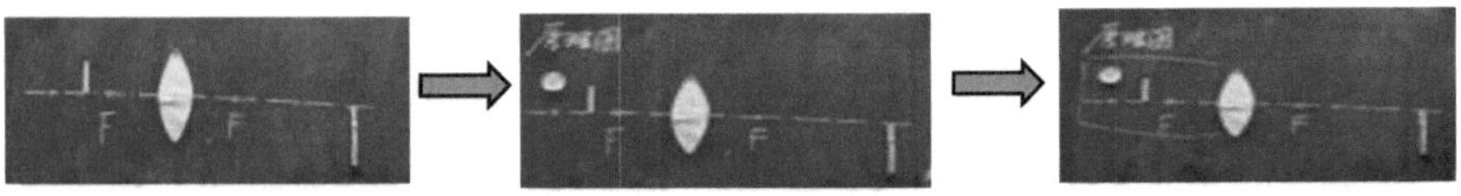

图 6-35　某小组的设计进程

明确实验方案，引导组员分配任务后开始制作，如图 6-36 所示。

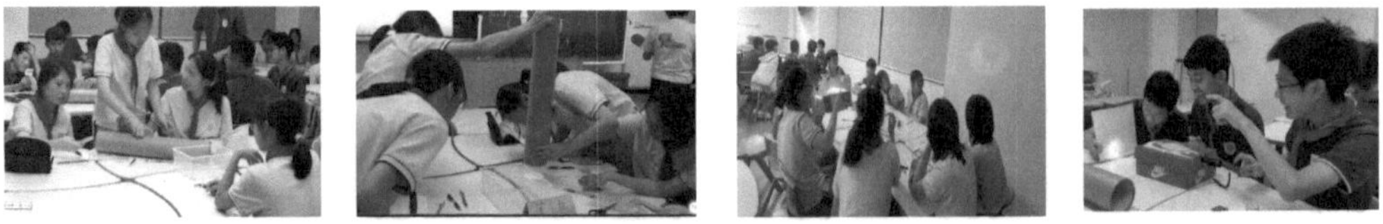

图 6-36　制作过程

设计意图：尽管简易投影仪的原理已经在前面的课程中学习过，但学生真正动手制作时还是会遇到不少问题。教师可适当指导，更多地教学生在学中思，在思中悟，在悟中做，这可以有效提升学生的团队协作能力和动手能力。

4. 展示成品交流，小组互评

产品制作完成后，放置在我的作品展示区，举行“新品发布会”，请每个小组邀请一位代表宣讲新品、一位代表展示新品，如图 6-37 所示。

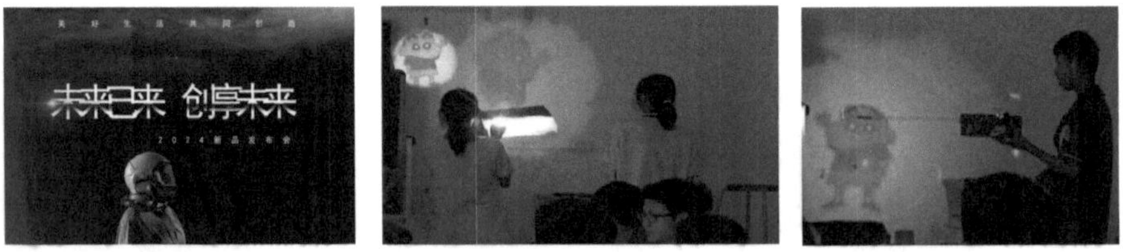

图 6-37　展示实验作品

优秀的作品将获得投资人的虚拟资金支持，批量生产，投放市场。各小组将从投影距离、放大程度、清晰度、色彩还原度四个技术参数来衡量产品，同时要考虑产品的便携性、美观度、市场前景、成本等，以提高产品吸引力，争取获得投资人的青睐。

设计意图：在完成分组设计制作后，将产品的评价权交给学生和随堂听课的老师。整堂课气氛活跃，激发了学生的思维宽度，同时吸收、接纳有效意见，为日后改进、完善作品打好基础。另外，课堂中未能解决的问题，也可以作为学生课后思考题，将本次实践课程内容从课内拓宽到课外，培养学生严谨的工作态度。

六、教学反思

本课选择学生熟悉的投影仪，既能吸引学生，激发其探究欲望，又能巩固课内知识。在设计解决方案阶段，先将实际问题转变为物理问题，逐步剖析成像原理；而后通过问题链的设置，从能成像、成清晰的像、成动态的像，一步一步提升学生的思维能力；最后结合所用器材，确定模型尺寸，实现方案设计。在规划设计方案阶段，让学生在做中思、思中学、学中悟，并学会用工程思想优化作品，提升实验素养。在展示交流评价阶段，师生互动不仅能探讨后续改进之处，还为课后拓展学习提供实践方向，同时开阔学生眼界。本课自制投影仪只是探讨项目式学习的一次尝试，学生的素养提升、能力培养有限，学习内容的设置、学习活动的安排还有很大提升的空间，完全可明确以该主题为线索，构建课程结构，引导学生进行长期的实践活动，不断升级产品。

（撰稿：西安交通大学苏州附属初级中学　王芳）

课例 5　自制赤道式日晷

一、项目介绍

本项目名为“自制赤道式日晷”，是适用于八年级学生的 STEM 学习项目。“自制赤道式日晷”的设计灵感来自苏科版《物理》八年级（上册）“第二章　光的直线传播”，这一实践活动紧密围绕教材内容展开，将理论知识应用于实际制作中。该项目依托于 STEM 教育模式，将科学、技术、工程和数学等领域知识融合在一起，作为培养学生创新实践能力及应用物理观念的有效手段。

在这一过程中，学生不仅能深入理解和验证光沿直线传播的自然法则，还将此原理巧妙运用于古代天文计时工具——赤道式日晷（以下简称“日晷”）的设计与构建之中。他们通过精确测量、计算并模拟太阳光线在地球赤道面上的直射轨迹，亲手打造一个可以实时反映太阳方位与时间的日晷模型。

该实践活动的目的在于加深学生对光的直线传播的理解，提升他们的空间想象能力、动手操作能力和解决实际问题的能力，同时也注重培养他们尊重科学、热爱探索的科学精神和实践意识，最终呈现的作品是凝聚着光学知识与创新智慧的自制日晷。

二、学习目标

S（科学）：通过动手制作日晷并观察其工作，引导学生运用所学的光的直线传播定律来揭示自然界中复杂的天文计时现象，从而深化对地球自转、太阳高度角及其与时间关系的物理概念的理解；了解日晷背后的天文基础和地理坐标系统，体会物理学在人类文明历史、日常生活及时间计量方面的深远影响；探究古今中外各种日晷设计的发展历程和技术革新，培养批判性思考和尊重科学成果的正确态度。

T（技术）：利用日常材料，指导学生亲身经历日晷的设计与实施方案的构思和调整步骤，全面增强其科学实验设计和实施的技能；动手制作一台简易但功能完备的日晷，培养学生的手工技艺、团队协作能力，让学生在项目实践中收获成就感和学习乐趣。

E（工程）：结合日晷的实际摆放位置与使用环境，指导学生优化晷针与晷面的结构的稳固性，以及考虑不同季节和地理位置对其精度的影响，初步培养学生从工程设计角度出发分析问题和提出解决方案的能力，逐步形成工程思维习惯。

M（数学）：在设计日晷的过程中，让学生练习如何将地理纬度、太阳运动轨迹等实际问题抽象转化为数学模型，比如通过计算确定晷针与晷面的倾斜角度以适应所在地的纬度；同时，通过图形描绘和解析，帮助学生理解晷面上刻度的划分方式，思考如何将三维运动简化为二维运动，并进行投影分析，进一步提高运用数学知识解决物理和天文学问题的能力。

三、流程设计

日晷的教学实践活动划分为四个核心环节，首先，通过模拟古代计时场景，创设贴近生活的文化与科学情境，以此为契机引出日晷作为项目主题，探讨其在不同时空背景下的应用价值。其次，引导学生运用地理学中的地球运动规律、天文学中的太阳路径及数学中的角度测量等数理知识，构建能体现日晷工作原理的精确模型，设计并规划晷面布局与晷针安装的具体方案。再次，结合严谨的工程设计理念，组织学生亲手制作并实地布置日晷，开展实测实验探究，验证理论模型的有效性，同时细致记录并调整实施方案，确保日晷能在不同季节和时间段准确反映时间变化。

最后，在制作完成后，举办作品展示与交流活动，邀请学生相互评价日晷的精准度、美观度与实用性，通过反馈意见优化各自的作品，并在此过程中积累经验，为未来的改进升级和课后对天文计时知识的深入探索打下坚实的基础。

这四个环节彼此紧密衔接，旨在让每一位参与学生在现实情境中敏锐地发现问题，明确日晷制作的目标主题，通过亲自参与方案设计与实物制作的过程，收获丰富而深刻的实践经验，并在公开的展示、讨论和评价阶段，不断反思总结，有效提升跨学科综合素养、创新意识和实践能力。

四、材料准备

（1）分组器材：圆盘、底座（方形）、指针、铰链、L形扳手、橡皮泥、双面胶、量角器、长直尺、三角尺、铅笔、勾线水笔、指南针。

（2）演示器材：摄像头、地球仪、两个日晷和一个晷盘。

五、教学过程

1. 创设情境，以“物理＋历史”视角讲述日晷的发展简史

日晷是很多学校、公园、广场等场所的人文景观。以故宫为例，据统计北京故宫有十处陈设有日晷。日晷的“晷”本意是指日影，通常比喻时光。在古籍《野人清啸》中记载，“难将百镒金，挽留一寸晷”，这和我们常说的“一寸光阴一寸金，寸金难买寸光阴”异曲同工。

用日影计时是古代文明的标志，我国早在公元前一千年左右的西周初期，就已经发明了最原始的计时器“土圭”。最早关于日晷的记载是《隋书·天文志》，书中提到袁充于594年发明了短影平仪（即地平式日晷），而赤道式日晷的明确记载初见于南宋曾敏行的《独醒杂志》。

2. 明确问题，用“物理＋地理”知识剖析日晷的工作原理

日晷主要由晷面、晷针、底座等部件构成，晷面与底座之间有一定的倾斜角，晷针垂直插在晷面上。

（1）提出问题。

学生观察日晷时，会提出许多问题：“晷针为什么要插在斜着的晷面上，而不是直接垂直地插在地上”“晷面与底座之间的倾斜角是多少度”“晷面和底座怎样固定”……这些问题将驱动学生在老师的引导下了解日晷的工作原理并制作出标准的日晷。

（2）初步解决问题。

教师提前布置任务：利用周末时间，将一根牙签垂直插在硬纸板上，并将硬纸

板置于阳光下，从 8:00 到 16:00 每小时记录一次牙签影子顶端的位置，画出对应时刻的影子，并用量角器量出每小时影子转过的角度（图 6-38）。

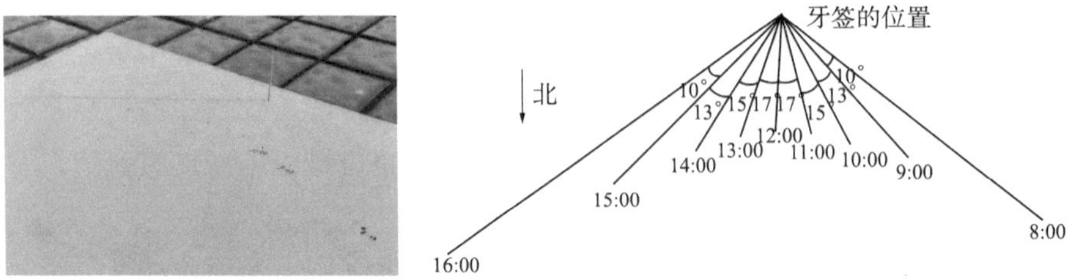

图 6-38　每小时牙签的影子及影子转过的角度

活动开始时，学生展示成果，教师提问：通过观察和分析，你有什么发现？这一发散性问题会引发学生许多巧妙的回答：“上午和下午特定时刻的影子关于正午 12:00 影子所在直线对称”“上午的影子落在西面，而下午的影子落在东面”“每小时影子转过的角度不同”……这些发现可以很容易用初中光的直线传播的知识去理解。教师继续展示初中地理图册上的二分二至日（春分、秋分、夏至、冬至）太阳视运动轨迹图，引导学生认知：不同季节的同一时刻，影子的长度、所指方向不尽相同。正因如此，用“立竿见影”的方法来显示时间有很大的局限性。教师提问：为什么晷针垂直插在倾斜的晷面上就可以解决相关问题呢？

北部天空有颗亮星，名曰北极星，它正对地轴且位置几乎不变。每天地球绕地轴匀速自转一周，若以地球为参照物（假定地球不动），太阳就绕地轴匀速转动一周。为了让学生更易理解，教师可以借助 Flash 动画和教学道具来模拟。具体操作如下：用地球仪模拟地球，用发光的球形灯来模拟太阳。先让灯固定不动，缓慢转动地球仪；再保持地球仪不动，灯绕地轴匀速转动（图 6-39）。

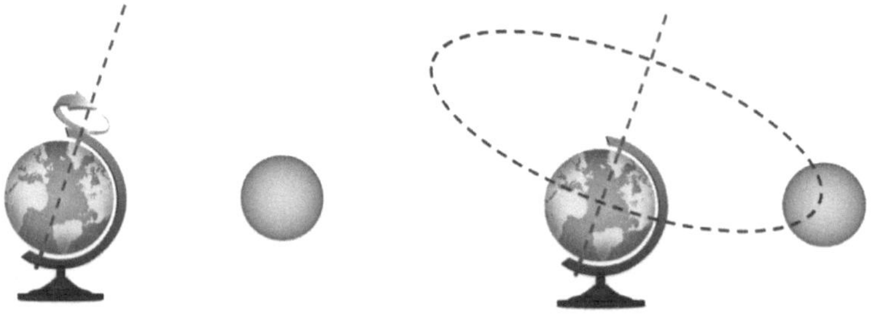

图 6-39　模拟地球与太阳的相对运动

如果将晷针对准北极星，由于北极星距地球约 400 光年，可以认为晷针与地轴平行，制成的日晷就相当于地球。借助太阳视运动轨迹图可以认知：一天中，以地球为参照物，太阳绕晷针匀速转动，晷影也在匀速转动，即每小时转过的角度相等，且影长不变（图 6-40）。

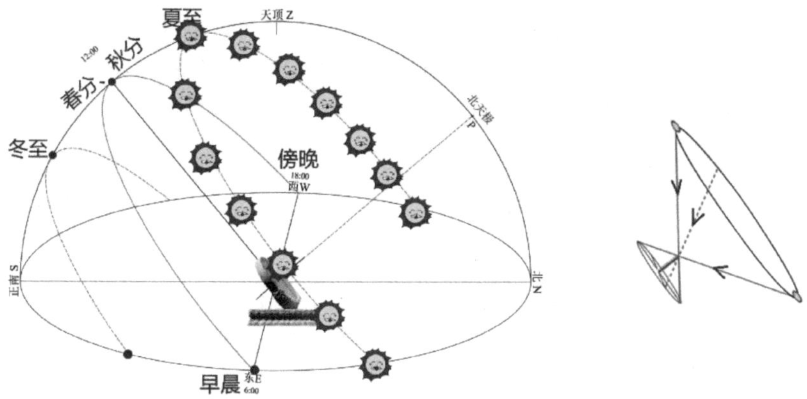

图 6-40 图解晷影的匀速转动

如此讲解，学生理解起来还是有相当大的难度，教师可以这样模拟：将呼啦圈固定在日晷上方，使其平面和晷面平行，将球形灯吊在呼啦圈上匀速地滑动，观察晷影的运动。

3. 拆解项目，用“物理＋数学”方法解决日晷的制作难题

绝大多数日晷晷面是圆的、底座是方的，因为其中融入了中国古代的哲学思想——天圆地方，这一思想是阴阳学说的体现：天与圆象征着运动，地与方象征着静止，两者的结合则是阴阳平衡、动静互补。

(1) 确定已知圆的圆心。

为了节省时间且使成品美观，教师选择的晷面材料是轻便的圆形 PVC 发泡板，但是买回的板材没有圆心，学生不知道晷针插在何处。如何确定圆心呢？

学生讨论并汇报多种方法：① 在圆上任作两条弦（不平行），分别作它们的垂直平分线，两条垂直平分线的交点即圆心；② 把直角的顶点放在圆上，两边与圆交点的连线就是直径，两条直径的交点即圆心；③ 用“悬挂法”找重心的方法来确定圆心。学生无论是采用数学方法还是采用物理方法（图 6-41），都应该得到赞扬。

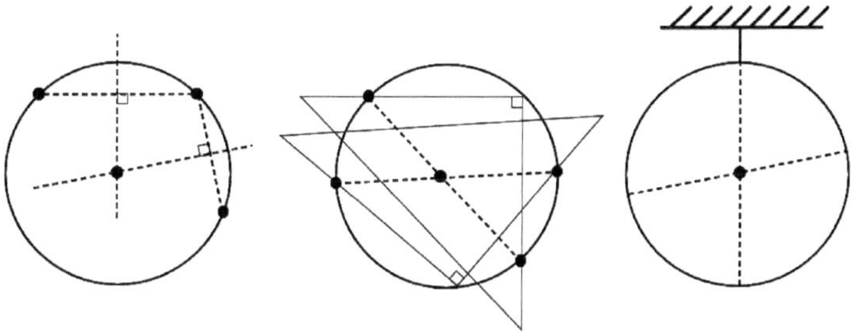

图 6-41 多种方法找圆心

(2) 画出晷面的刻度。

一天中太阳绕晷面旋转一周即 360°，耗时约 24 小时，所以晷面上每小时刻度线的夹角是 15°。教师追问：如果把一小时分成四刻钟（一刻钟是 15 min），如何把 15°分成四等份？每份 3.75°用量角器很难作出，数学能力突出的学生会给出可行方案：用尺规作图，将 15°平分再平分。

（3）标注晷面的时间。

由于一年中不同时节，晷影会落在不同的晷面，上下面标注时间的顺序也不同，这给制作带来极大的困难．教师不宜直接告诉学生，而是要用恰当的方法去引导。教师再次展示太阳视运动轨迹图并提问：若今天恰好是冬至，晷影应该落在哪一面（上面/下面）？该面的时间如何标出（顺时针/逆时针）？教师鼓励学生小组讨论之后走上讲台，用日晷和球形灯模拟并作出解释：由于冬至日太阳高度角最小，太阳视运动轨迹低于晷面，所以晷影落在下面；从背面看过去，早晨太阳东升，影子落在西面即晷面的左边，而傍晚则落在右边，所以应该逆时针标注时间。学生直观的演示和自信的表述理应得到全班的喝彩。

由上述分析得出：秋分→春分的日子里，晷影落在晷面的下表面，应该逆时针标时间；春分→秋分，落在上表面，则顺时针标时间，两面时间互为镜像（图 6-42）。

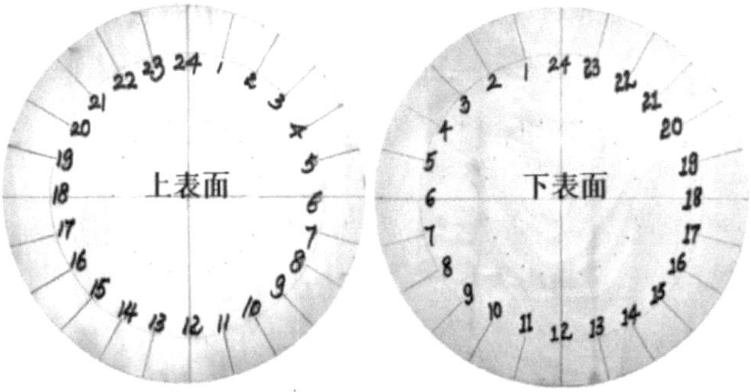

图 6-42　晷面上下表面的刻度及时间

（4）确定晷面与底座之间的倾斜角。

设定精确的倾斜角是日晷制作的关键。教师引导：由于地轴和晷针都指向北极星，而北极星又极远，所以地轴和晷针近似平行，图中倾斜角 α 与纬度 β 有何关系呢？学生思考并作出两条辅助线（图 6-43），回答：由于地轴和晷针平行，那么晷面与赤道面也平行，内错角相等，则 $\angle\alpha=\angle\gamma$；又因为 $\angle\gamma+\angle\beta=90°$，则 $\angle\alpha+\angle\beta=90°$，即倾斜角 α 与纬度 β 互余。教师追问：苏州市的纬度约为北纬 31°，倾斜角应为多少度？学生易答 59°。

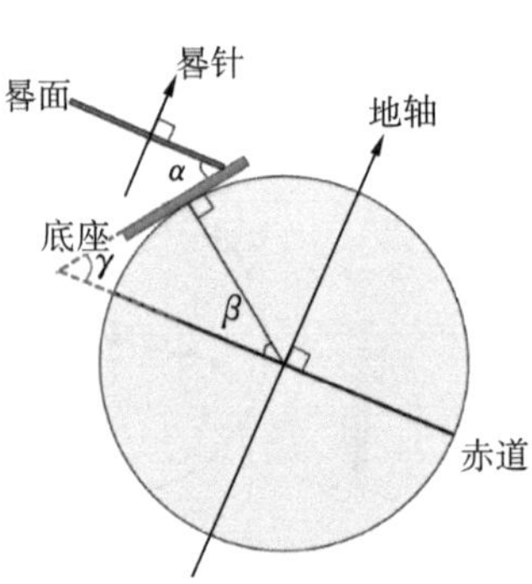

图 6-43　计算倾斜角的示意图

4. 创新方法，用“物理＋工程”手段突破关键技术节点

理论问题解决后，在制作过程中还会遇到许多工程技术难题，同样要借助物理知识来突破。

（1）将晷针垂直地插入晷面。

教师发问：晷面的刻度和时间标好后，要将晷针垂直地插入晷面，怎么检验它们是否垂直呢？学生回答：用三角板的直角靠一下。教师追问：只靠一下行吗？学生会意识到：靠一下只能保证一个视角垂直，而要保证线面严格垂直，就必须让直角边绕着晷针在多个（至少两个）位置检验，并不断修正，最后用橡皮泥固定（图6-44）。学生还会有其他方案：将晷面水平放置，用重垂线从多个角度去检验。

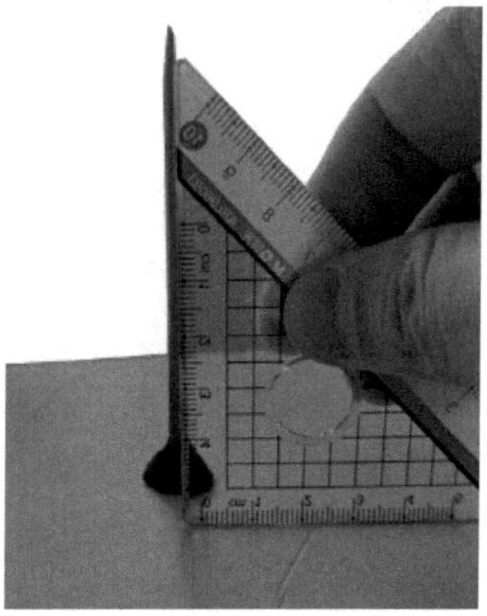

图6-44 检测晷针与晷面是否垂直

（2）固定晷面与底座。

固定晷面与底座的倾斜角为59°，这是制作过程中最棘手的工程问题。学生先用“头脑风暴法”进行讨论：有的说做一个支架，有的说用硬纸板卷一个三棱柱……教师给出参考方案：这里有一个“神奇”铰链（图6-45），它能调节0～180°中的任意角度。学生操作：先画59°角，调节铰链的两面与角的两边重合，并用扳手固定。引入该铰链，方便调节固定倾斜角，省时、省力且美观。

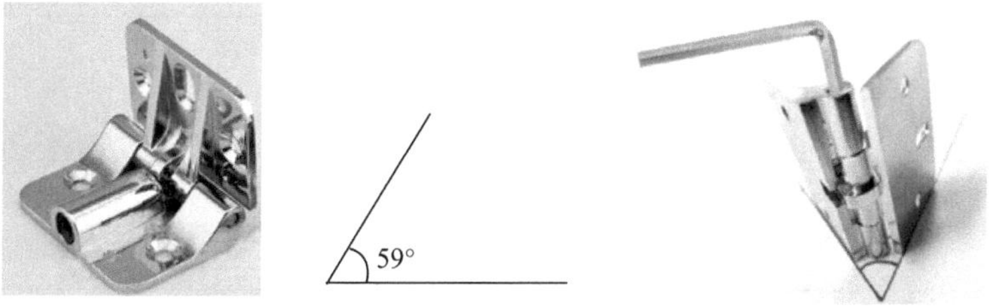

图6-45 “神奇”铰链的使用

（3）组装相关部件。

日晷的各部件制作完毕，在铰链上贴上双面胶，粘上晷面和底座即可。同时要保证“24—12”刻度线在竖直平面内，不能歪斜。

5. 项目收官，用“物理＋艺术”的策略对作品进行验收评价

日晷制作完毕后要拿到室外去检验成果，并进行评价。

（1）摆放日晷。

日晷的正确摆放是准确计时的关键（图6-46）。第一，底座一定要水平放置，可以借助水平仪；第二，晷针要指向正北方，可以借助指南针。由于磁偏角的存在

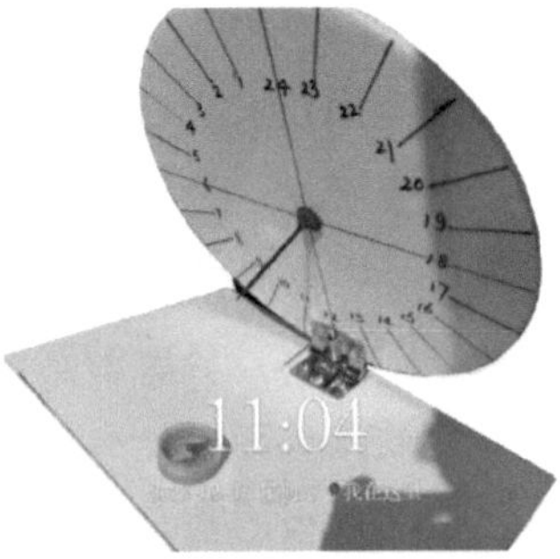

图 6-46 日晷的摆放与计时

（如苏州市的磁偏角约为 5°），指南针并没有指向正南、正北，摆放时要进行修正。一般情况下，教学楼、花坛、操场等建筑都是规整的南北走向，底座沿着其边缘放置基本能保证晷针指向正北方。

（2）验收与评价。

为让学生体会到产品标准和约束条件的作用，宜设计评价表（表 6-1），对作品进行验收和评价。评价表设置了“自评”“组评”“师评”三个评价主体：“自评”能约束学生自查自纠；“组评”是组长评价，能督促组员分工协作、各尽其职；“师评”是教师从专业层面对作品优劣进行客观评价。

表 6-1 自制“赤道式日晷”评价表（示例）

<table>
<tr><td>学校</td><td></td><td>班级</td><td></td><td>姓名</td><td></td><td>时间</td><td></td></tr>
<tr><td colspan="5">评价指标</td><td>分值</td><td>自评</td><td>组评</td><td>师评</td></tr>
<tr><td rowspan="4">制作工艺（70 分）</td><td colspan="4">1. 能正确找到圆心</td><td>10</td><td></td><td></td><td></td></tr>
<tr><td colspan="4">2. 能正确画定刻度（24 等份，每份 15°）</td><td>10</td><td></td><td></td><td></td></tr>
<tr><td colspan="4">3. 能正确标定上下面的时间</td><td>10</td><td></td><td></td><td></td></tr>
<tr><td colspan="8">……</td></tr>
<tr><td rowspan="2">使用（30 分）</td><td colspan="8">……</td></tr>
<tr><td colspan="4">10. 能准确显示此刻时间（与北京时间误差在 15 min 以内 10 分，15～30 min 以内 8 分，大于 30 min 5 分）</td><td>10</td><td></td><td></td><td></td></tr>
<tr><td rowspan="2">附加（20 分）</td><td colspan="4">11. 能正确标定十二时辰</td><td>10</td><td></td><td></td><td></td></tr>
<tr><td colspan="4">12. 作品美观且具有艺术气质</td><td>10</td><td></td><td></td><td></td></tr>
<tr><td rowspan="2">评议人</td><td>组长</td><td colspan="3"></td><td rowspan="2">合计</td><td rowspan="2"></td><td rowspan="2"></td><td rowspan="2"></td></tr>
<tr><td>评议教师</td><td colspan="3"></td></tr>
</table>

评价表中还有附加项目，引导学生在原作品的基础上加入中国传统文化元素：一是在 24 小时的基础上引入“子、丑、寅、卯……”十二时辰，两个小时为一个时辰；二是在底座和晷面绘上祥云、锦鲤、莲花纹等图案，在 STEM 中加入“Art”升级为 STEAM 项目。

六、教学反思

本次跨学科实践活动采取“物理＋”模式，将物理与地理、数学、工程、历史、艺术等学科有机地融合，通过各个学科的特点激发学生内在的学习动机，充分贯彻了新课标中跨学科实践的理念。课内日晷的原理讲解、设计制作与课外日晷的正确放置及改进美化，打破了时空限制，充分考虑活动的开放性和自由度，同时兼顾科学性和差异化。与此同时，学生的物理原理理解与应用能力、地理识图与迁移运用能力、数学建模与空间想象能力等都得到了很大的提升，核心素养也得到了长足的发展。另外，将艺术与 STEM 课程结合起来，在两者之间构建重要的纽带，也能帮助学生获得重要的软技能。

赤道式日晷的发明距今已有八百余年，通过本次实践活动学生会认知：日晷虽小却包罗万象，上有天文、下有地理、中有数理。我们不禁感慨古人在如此匮乏的条件下制成历经几百年的传世瑰宝，且将“天圆地方”的哲学思想渗透其中，颇具人文价值。在教学中，将艺术、人文和社会科学纳入学生的综合能力培养范畴，教师也在为国家塑造明日伟大的创新者和思想家。

（撰稿：苏州工业园区星海实验初级中学　李翔）

课例 6　自制简易显微镜

一、项目介绍

本项目为“自制简易显微镜”，是适用于八、九年级学生的 STEM 学习项目。本项目源于苏科版《物理》八年级（上册）“第三章　光的折射　透镜”，通过 STEM 的教学形式，让学生徜徉于“学物理、懂物理、用物理”的学习框架中，提升学生的科学思维和实践能力，最终通过制作出一个简易显微镜完成本项目的教学。

二、学习目标

S（科学）：由观察屏幕上的两条细线所引发的冲突入手，学会思考物理现象背后隐含的原理，进而培养学生独立的、科学的思维习惯；用科学的研究方法探究视角的影响因素，并以此为基础尝试用科学解释生活中视力表的设计原理和意图。

T（技术）：通过联想生活中常见的光学产品（放大镜、投影仪、凹面镜等），回忆各自的工作原理，逐步设计制作出一个简易显微镜，培养学生动手设计、实验、改装的能力，通过小组合作和积极的思维碰撞，完成项目。

E（工程）：联系日常生活，优化显微镜的成像效果，通过播放关于色差的原理视频，引导学生设计出消除色差的解决方案。从工程的角度优化产品，展示市面上成熟的显微镜产品，培养学生积极的工程思维。

M（数学）：选择合适焦距的透镜分别作为物镜和目镜，将一个物理问题利用数学手段转换为计算最佳的焦距搭配问题，养成利用数学思维解决物理问题的习惯。

三、流程设计

本项目的流程分为以下六大板块：

（1）引入视角、激发好奇：通过视角的引入，引发学生的思维冲突，让学生明白看清物体的关键在于所成像要尽可能大一些。

（2）学以致用、贴近生活：用视力表的例子作为视角的应用，验证前述的结论。

（3）挖掘旧知、环环相扣：从放大镜到投影仪，在回顾旧知的过程中激发学生的创新思维，提高知识应用能力。

（4）自主设计、作品展示：通过放大镜成放大虚像，投影仪成放大实像，以此为基础引导学生将两个应用进行结合，组合出两个透镜的光学系统，将投影仪中的放大实像通过放大镜再次放大。

（5）科学进步、精益求精：工程中的产品一定需经过一轮又一轮的打磨和优化，课题中设计的显微镜也需要学生运用智慧进行改良。例如，成像不够清晰，透光率须提高，色散问题须解决。

（6）总结提高、升华主题：提醒学生关注生活和学习中的每一个细节，升华主题，培养学生的情感态度和价值观。

四、材料准备

（1）分组器材：放大镜、刻度尺、粗细塑料管各一个、不同焦距的透镜若干（供学生自由选择）、泡沫垫片（固定透镜用）、显微镜固定支架、透明塑料片（充当载玻片）、平面镜和凹面镜各一个、跳蚤样本、草履虫标本。

（2）演示器材：光具座、凸透镜两个、光屏、手电筒、写了 F 字样的橡胶薄膜、平面镜。

五、教学过程

1. 引入视角，激发好奇

让学生观看屏幕上的两条细线时，后排学生看到的是一条细线，而前排学生看到的是两条细线。

【问题1】为什么屏幕上有两条细线，后排学生只能看到一条细线呢？这与人眼观察物体的视角有关。

设计意图：通过不同学生看到不同数目的细线，引入视角的概念（图6-47），激发学生主动学习的热情和学习物理的内驱力。

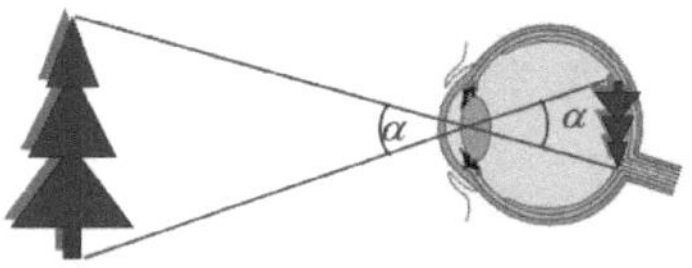

图6-47 视角

2. 学以致用，贴近生活

【问题2】通过观察视力表，结合视角的概念，要求学生解释：为什么近视的人能看得清大E，而看不清小E呢？

设计意图：通过前面视角的影响因素的探究和学习，学生从生活和理论两个角度了解了要清楚地看清物体的方法。提示学生用已学的知识解决现有的问题，大大增强了学生学习物理的自信心，也让学生感受到物理的实用性。

3. 挖掘旧知，环环相扣

（1）了解放大镜的成像原理。

【问题3】生活中有很多微小物体，小到即使贴近看也看不清，比如古董字画上的细节很微小，要想辨别他们的真假，专家要利用什么来观察？（学生会联想到此前已学的放大镜，如图6-48所示）

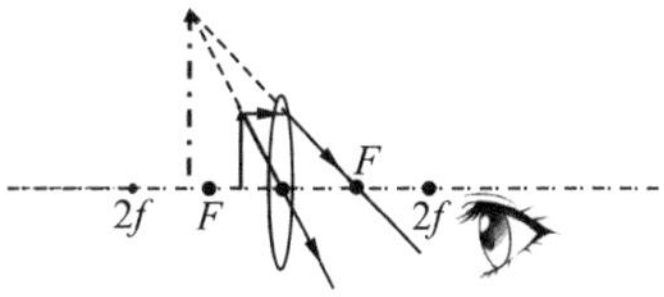

图6-48 放大镜成像原理

【活动1】利用光具座演示放大镜的成像过程，通过实时投屏看到了正立放大的F。

【问题4】如果想让所成的虚像继续变大，怎么办？（学生联想到凸透镜成像的动态规律：成虚像时，物远像远像变大，将放大镜适当远离观察的物体）

【活动2】通过光具座演示放大镜的成像规律，随着物距增大，正立放大的F慢慢变大。

（2）利用投影仪成倒立、放大的实像。

【问题5】因像和人眼在透镜的两侧，虽然像在增大，但像到人眼的距离也在变大，根据影响视角大小的因素，能否在像变大的同时，距离尽可能小？

学生很容易想到投影仪的应用：将物距调至 f 到 $2f$ 之间，物经投影仪后成倒立、放大的实像，光屏可以接收到，人眼也可以近距离观察这个像，如图6-49

所示。

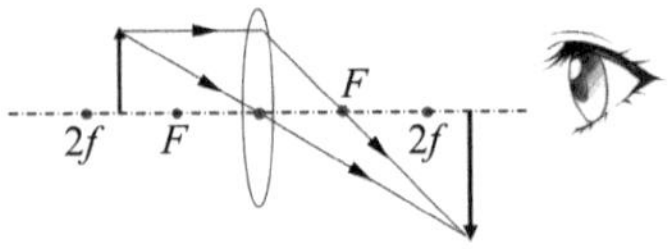

图 6-49　投影仪成像原理

【活动 3】不打开光源，此时无论如何移动光屏，光屏上都找不到像。

【问题 6】为什么光屏上找不到像？（有学生会想到光屏上的光是来自物体的光，成像不清晰，像不够亮有可能是物体不够亮导致的）

【问题 7】有没有更加节能环保的方法使像清晰？（联想到光的反射知识：当环境的光强时，使用平面镜；当环境的光弱时使用凹面镜，因为凹面镜对光有会聚作用）

【活动 4】打开手电筒照射物体，并且移动光屏找到了清晰的、倒立的、放大的实像。

（3）了解显微镜的工作原理。

【问题 8】能在这个基础上继续想办法把像放大吗？（成实像时，物近像远像变大，将物体适当靠近焦点 F，将光屏远离透镜）

【问题 9】在物体靠近焦点 F 的过程中，像有可能成在光具座外面，这就意味着，想要像越大，人就得离透镜越远，无论是从观察的角度还是从设计的角度来说都是非常不方便的。有没有什么方法，在保证像距不变的情况下，让像变大？（学生借助导学案的知识想到：改变透镜的焦距，选择焦距小的透镜。或者再加一个凸透镜，将倒立、放大的实像再次放大）

【活动 5】再加一面凸透镜，确实可以让倒立、放大的实像再次放大，一个简易的显微镜就设计出来了。

设计意图：在这一环节中，老师带领学生按部就班地回顾了已学的光学知识，如放大镜工作原理、投影仪工作原理、凸透镜变焦问题、凸透镜成像动态规律、平面镜和凹面镜对光的作用，老师通过环环相扣的设计，逐步引导学生完成显微镜的原理设计。此引导过程中囊括了大量已学的光学知识，把学生脑海中的物理知识全部收集调动起来，既是一次全面的光学知识的复习，也是一次头脑中思维风暴碰撞的过程。

4. 自主设计，作品展示

（1）自制显微镜。

【任务】每个小组提供了四个透镜，如图 6-50 所示，选择两个合适的透镜作为显微镜的物镜和目镜，安装固定在塑料管两端，组装出显微镜。

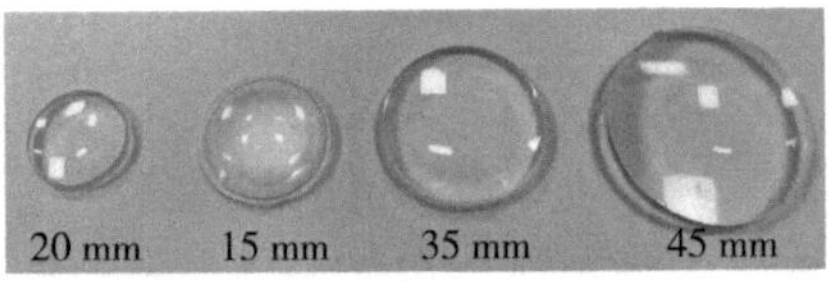

图 6-50　透镜

（2）观看跳蚤和草履虫标本。

早期的显微镜做得都很粗糙，不是放大倍数不够，就是镜面不够光滑，成像模糊，只能当成玩具，用来观看跳蚤的一举一动，所以显微镜当时也叫跳蚤镜。

学生利用自己设计的显微镜观看跳蚤标本（图 6-51）和草履虫标本（图 6-52）。老师将每组显微镜下的成像图片拍摄下来，供同学们投票。

图 6-51 跳蚤标本

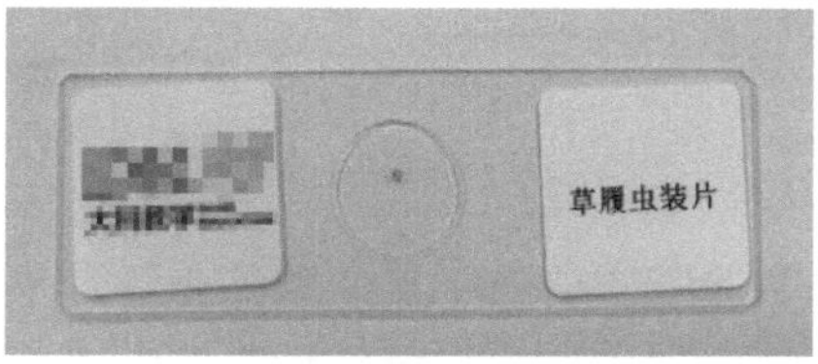

图 6-52 草履虫标本

【问题 10】之前我们学习了显示器是如何显示各种各样的颜色的，显示器的原理是什么？（学生回顾：三原色光混合的原理）

【活动 6】老师利用学生自制的显微镜来看屏幕上白色区域，可以通过显微镜发现屏幕上有红、绿、蓝三种颜色的小灯在同时发光，如图 6-53 所示，这说明显示器是利用三原色光混合的原理设计出来的。

图 6-53 屏幕上的三色光源

设计意图：学生利用新学的知识设计出自己的显微镜，并且利用该显微镜验证曾经学习过的物理知识，让学生们真真切切地感觉到物理学习的实用性。此过程给学生内心带来了极大的满足感和成就感，贴近“从生活走向物理，从物理走向社会”的理念。

5. 科学进步，精益求精

（1）改进产品。

【问题 11】我们利用自制显微镜看到了一些无法用肉眼直接观察的现象，但是自制显微镜的放大倍数有限，成像效果一般，能否改进显微镜，使它的成像效果变得更好？

观看视频：现在市面上选择使用胶合透镜，将低折射率高色散的冕牌玻璃和高折射率低色散的火石玻璃胶合在一起，就可以改善成像效果，消除色差。图 6-54（a）为普通透镜，图 6-54（b）为胶合透镜。

(a) 普通透镜　　(b) 胶合透镜

图 6-54　普通透镜和胶合透镜

（2）介绍显微镜。

实验室中的光学显微镜都是经过改进的，它最小能观察到 0.2 μm 尺度的物体，而常见的植物细胞，如洋葱表皮细胞为 1～5 μm，人体内的红细胞大小为 6～8 μm。显然我们的光学显微镜就足够研究这些细胞的生物特性。

石墨烯是一种非常薄但硬度非常大的物质，其硬度可以达到钢的一百多倍，是目前已知硬度最大的物质。若用光学显微镜观测石墨烯分子，光学显微镜的放大倍数是远远达不到要求的，这时候就需要精度更高的电子显微镜，石墨烯晶面间距只有 0.335 nm，一台电子显微镜最小可以观测到 0.2 nm 大小的微粒。

如果我们需要原子级别的分辨率，还可以使用更加高级的扫描隧道显微镜和原子力显微镜。人们对微观世界的探索从未停止，科技的发展和进步从未停止。

6. 总结提高，升华主题

利用显微镜能够观察到物体的每一个细微之处，让我们能够认清物体的本质，用心观察生活中的每一个细节。学习也是一样，因为细节决定成败。

六、教学反思

通过引导学生动手制作简易显微镜，让学生体会从起初好奇、开始尝试到最终成功的过程。这种从实践中学习的方式，不仅让学生对显微镜的原理有了更直观的理解，更激发了他们探索未知世界的浓厚兴趣。

在自制简易显微镜的过程中，学生需要运用所学知识，结合实际情况进行创新设计。这不仅锻炼了他们的动手操作能力，更培养了他们的创新思维和解决问题的能力。在制作简易显微镜的过程中，学生分工合作，共同完成任务。这种团队协作的方式，不仅提高了工作效率，更增强了学生的集体荣誉感。他们相互帮助、相互鼓励，共同面对困难、分享成功。这种团队精神的培养对于学生未来的成长和发展具有重要意义。

（撰稿：苏州工业园区星湾学校　钱二停）

第七章

STEM教育与物理跨学科课例融合的实践探索

课例1 桥项目

随着教育改革的深入推进，传统教学模式正在逐渐转型为更加注重学生主体性、实践能力和创新能力培养的新型教学模式。物理跨学科项目“桥项目”旨在通过跨学科的综合实践活动，让学生在实践中学习，在探索中成长，培养学生的创新思维和解决问题的能力。学生通过参与桥梁承重、桥梁设计等项目，能够充分发挥想象力和创造力，提出创新的解决方案，锻炼分析问题和解决问题的能力。

项目要求学生设计，亲自动手进行实验和制作，这种实践活动能够让学生将理论知识应用于实际，通过不断地试错和改进，提升实践能力和解决问题的能力。项目通常以小组合作的形式进行，学生需要在团队中发挥自己的特长，并与他人紧密合作。这种团队协作的过程能够培养学生的沟通能力和组织协调能力，同时也有助于激发学生的创新思维和灵感。教师在项目实施过程中及时给予学生反馈和指导，帮助学生发现自己的不足并改进。这种及时反馈能够帮助学生及时调整方向、优化方案，从而提升创新能力和提高学习效果。项目评价不仅关注学生的最终成果，还注重学生在项目实施过程中的表现和创新思维的发展。这种多元化评价能够全面反映学生的综合素质和创新能力。“桥项目”的实施通过激发创新思维、培养实践能力、鼓励自主探索及强化评价与反馈等方面来培养学生的创新能力。这种教学模式不仅能够提升学生的综合素质和创新能力，还能够为学生未来的学习和工作奠定坚实的基础。

一、项目缘起

在人类文明长河中，桥梁不仅是跨越自然障碍的物理结构，更是连接人心、促进交流与发展的象征。随着科技和经济的快速发展，以土木工程为专业背景的基础设施建设，如楼宇、公路、桥梁等快速建成，特别是中国桥梁建设不断取得新突破、新成就，人民生活水平也日益提升。

始建于1955年，于1957年建成通车的武汉长江大桥，地处湖北省武汉市境内，连接汉阳区与武昌区，线路全长1 670.4 m，主桥全长1 155.5 m，是中华人民共和国成立后修建的第一座公铁两用的长江大桥，被誉为“万里长江第一桥”。2018年10月，历时9年，横跨东西，飞架三地（香港、珠海和澳门）的港珠澳大桥正式通车。这是世界上最长的跨海大桥，也是中国境内一座连接香港、珠海和澳门的桥隧工程。因其超大的建筑规模、空前的施工难度及顶尖的建造技术而闻名世界，被英国《卫报》评为“新的世界七大奇迹”之一。

在“桥项目”活动中，我们将围绕桥梁结构和力学原理开展学习研究活动，通过一系列创新性的活动，搭建起多领域、多维度之间的桥梁，促进学生通过“桥项目”进行知识积累、文化交流等。通过不懈地努力与探索，定能构建起一座座坚固而美丽的桥梁，让知识、文化、经济与社会发展更加畅通无阻，共同推动人类文明迈向更加美好的未来。

二、项目实施整体活动框架

“桥项目”实施整体活动框架如图7-1所示。

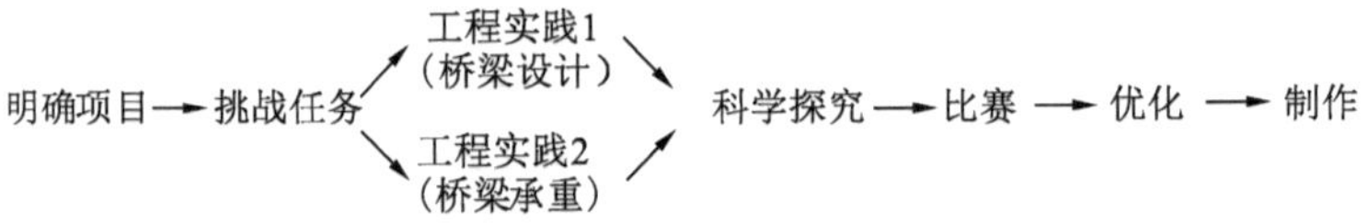

图7-1 “桥项目”实施整体活动框架

三、项目实施教学过程

（一）识桥（第一课时）

第一课时围绕“认识桥”展开，从桥梁的基本概念、分类、结构特点到设计原理，逐步深入。

通过理论讲解、案例分析、小组讨论和动手实验等多种教学方式，注重理论与实践相结合。

1. 教学目标

（1）认识桥的基本结构，包括桥的定义、作用及历史发展。

（2）识别并分类不同类型的桥梁，如梁桥、拱桥、悬索桥、斜拉桥等。

（3）掌握桥梁设计的基本原理，包括力学平衡、结构稳定性、材料力学等知识点。

2. 教学过程

（1）导入新课。

环节1：介绍茅以升——了不起的中国江苏籍院士。

说到中国桥梁，就需要提到一位了不起的江苏籍院士。这位院士就是茅以升，茅以升曾经说过，“桥梁是一种自古有之，最普通而最特殊的建筑物”。茅以升主持中国铁道科学研究院工作30余年，为铁道科学技术的进步作出了卓越贡献；他积极倡导力学学科在工程中的应用；他曾主持修建了中国自主设计并建造的第一座现代化大型桥梁——钱塘江大桥，这成为中国铁路桥梁史上的一座里程碑；中华人民共和国成立后，他又参与设计了武汉长江大桥。晚年，他编写了《中国桥梁史》《中国的古桥和新桥》等专著。1989年11月12日他病逝于北京，享年93岁。

因为茅以升院士的杰出贡献，2019年9月25日，茅以升被评选为“最美奋斗者”。

环节2：介绍中国桥——厉害了，我的国！

通过播放剪辑的《中国桥》视频展示桥梁的壮丽景象。一座座中国桥，正重塑着中国地理的新标志，勾勒着中国经济运行效率的新版图！一座座中国桥，让中国的经济血脉变得更加畅通。我从内心想说六个字：厉害了，我的国！要想造出宏伟的桥梁，我们需要了解桥梁的一些基本知识。

引导学生思考：桥梁在我们的生活中扮演什么角色？它有哪些类型？设计桥梁需要考虑哪些因素？

（2）讲授新知。

环节1：了解桥梁的基本结构。

【背景知识】桥梁包括上部结构、下部结构、支座和附属结构四部分。

上部结构：上部结构包括桥跨结构和桥面系。

下部结构：下部结构包括桥墩、桥台和基础等。

支座：设置于桥墩与桥台顶部，传递桥跨结构的荷载至桥墩或桥台，并适应桥跨结构的变形。

附属结构：附属结构包括桥头锥形护坡、护岸及导流结构物等。它的作用是抵御水流的冲刷，防止路堤土坍塌。

环节 2：欣赏桥梁形状结构之美。

介绍桥梁的分类及其结构特点，重点讲解梁桥、拱桥、悬索桥、桁架桥、斜拉桥等。

【背景知识】按照受力特点，桥梁可以分为梁桥、拱桥、悬索桥、斜拉桥、刚架桥、桁架桥、组合体系桥。

（3）分析案例。

选取一两个具有代表性的桥梁案例（如赵州桥、钱塘江大桥等），分析其设计特点、技术难点及解决方案。

引导学生思考：这些桥梁的设计是如何体现物理学原理的？阐述桥梁设计的基本原理，包括力学平衡、结构稳定性、材料力学等知识点。

讲解桥梁的基本概念、作用及历史发展。

（4）完成实验。

设计简易桥梁模型制作实验，让学生亲身体验桥梁设计的过程。完成三种最常见的桥梁搭建——梁桥、拱桥、斜拉桥。在桥梁中最重要的有两种力——张力和压力。可拿弹簧来打比方，张力是可以使物体拉伸、伸展的力；压力是可以使物体挤压、收缩的力。

在梁桥、拱桥、斜拉桥这三种桥梁中，哪一种桥梁承重能力最大？如何设计实验？

【学生实验 1】比较纸质梁桥、拱桥、斜拉桥的承重能力，完成表 7-1。

表 7-1　纸制梁桥、拱桥、斜拉桥承重能力实验

桥梁种类	承受的硬币（枚）
梁桥	
拱桥	
斜拉桥	

【实验结论】探究发现：在比较纸制梁桥、拱桥、斜拉桥承重能力的实验中，探究发现，斜拉桥承重能力最大，梁桥承重能力最小。

【学生实验 2】学生分组进行桥梁模型制作实验，要求学生利用纸张、木棍等材料设计制作一座能够承重的桥梁模型。指导学生记录实验过程和数据，观察不同结构对桥梁承重能力的影响。

（5）交流与展示。

各小组展示其桥梁模型，分享设计思路和制作过程中的经验教训。

组织全班讨论：哪些因素影响了桥梁的承重能力？如何改进设计以提高桥梁的

稳定性？

（6）总结与反思。

本节课通过案例分析，引导学生从实际生活中发现桥梁的科学原理，通过小组讨论，培养学生的合作学习和批判性思维能力，通过动手实验，增强学生的实践能力和科学探究精神。组织学生总结本课所学内容，反思学习过程中的收获与不足。

（7）课后作业。

总结本课所学内容，强调桥梁设计中涉及的物理学原理及其重要性。布置课后作业，要求学生撰写一篇关于桥梁设计的短文，介绍一种新型桥梁的设计思路或改进方案。

（二）研桥（第二课时）

第二课时围绕“研究桥”展开，拟结合江苏十大现代桥梁完成桥梁教学设计，从课程设计的多个方面出发，包括教学目标、教学内容、教学方法、实践环节及教学评价等，以确保教学设计的全面性和针对性。从桥梁的基本概念、分类、结构特点到设计原理，逐步深入。注重理论与实践相结合，结合直观展示和动手操作，进一步帮助学生全面认识桥梁，理解桥梁设计中的物理学原理。

1. 教学目标

（1）深入了解江苏省内典型桥梁（如南京长江大桥、泰州长江大桥、苏通大桥等）的设计特点、结构形式及技术创新。

（2）掌握桥梁工程的基本理论，培养学生进行桥梁结构分析、设计和施工的能力。

（3）提升学生的创新思维和应用能力。

2. 教学过程

中国是桥梁大国，江苏是一个水资源丰富的省份，现建有十大现代桥梁。

（1）导入新课。

上网查找江苏十大现代桥梁图片，了解江苏省的十大现代桥梁。

（2）汇报分享。

学生汇报江苏十大现代桥梁，并进行建模分类。

【背景知识】江苏十大现代桥梁：南京长江大桥、泰州长江大桥、崇启大桥、润扬长江公路大桥、苏通大桥、南京栖霞山长江大桥、南京八卦洲长江大桥、南京大胜关长江大桥、沪通铁路长江大桥、江阴长江大桥。

尝试给这些桥梁进行分类。

梁桥：崇启大桥。

拱桥：南京大胜关长江大桥。

斜拉桥：苏通大桥、沪通铁路长江大桥。

悬索桥：泰州长江大桥、南京栖霞山长江大桥、江阴长江大桥。

桁架桥：南京长江大桥。

组合体系桥：润扬长江公路大桥、南京八卦洲长江大桥。

(3) 完成实验。

环节1:《清明上河图》中，有一座木桥，分析它利用了什么结构?

环节2:教师演示实验，现场搭建一座最简单的木制虹桥。

环节3:同学分组尝试搭桥。

(4) 交流与展示。

各小组展示搭建的桥梁，分享搭建过程中遇到的困难和经验教训。哪些因素影响了桥梁的承重能力?如何改进设计以提高桥梁的稳定性?

(5) 总结与反思。

结合江苏十大现代桥梁进行桥梁教学设计，能够使学生深入了解桥梁工程的前沿技术和实际应用，引导学生从实际工程中学习知识和技能。

(三) 赛桥（第三、四课时）

第三课时围绕桥梁结构和力学原理开展学习研究活动；了解桥梁设计中如何发挥结构的作用；通过工程设计建立桥梁模型，形成工程设计方案；体会科学技术对社会的作用，感受桥梁的美。

在识桥、研桥两个课时了解了桥梁类别，知道常见桥梁形状结构，通过实验理解常见桥梁承重特点。通过工程设计建立桥梁模型，形成工程设计方案，感受桥梁的美。为了激发学生对工程结构设计与材料科学的兴趣，培养学生的创新思维、动手能力和团队合作精神，我校决定举办一场别开生面的“ABS棒桥梁承重比赛”。本次比赛旨在通过搭建桥梁模型并测试其承重能力的实践活动，让学生深入理解力学原理、结构稳定性及材料特性，同时体验工程设计的乐趣与挑战。

(1) 师生讨论并制定比赛规则。

① 材料限制。比赛使用的主要材料为ABS（丙烯腈-丁二烯-苯乙烯）塑料棒，其他辅助材料（如胶水、绳索等）须事先向组委会申请批准，且总质量不得超过规定限值。

② 设计要求。桥梁设计需考虑美观性、创新性和实用性，同时需符合基本的力学原理，包括但不限于梁桥、拱桥、悬索桥等类型。设计图需提交电子版及手绘版各一份，并附设计理念说明。

③ 制作与测试。所有桥梁须在规定时间内（如两周内）完成制作，并提交至组委会进行审核。审核通过后，进行承重测试。测试时，桥梁须平稳放置于测试平台

上，通过逐步增加重物的方式检验其最大承重能力，直至桥梁发生不可恢复的形变或断裂。

④ 评分标准。评分时将综合考虑桥梁的承重能力、设计创意与美观、团队协作与现场表现、材料利用效率与成本控制等因素。

（2）时间安排。

① 报名阶段：发布通知后一周内完成报名。

② 设计准备：报名结束后一周内提交初步设计方案。

③ 制作阶段：从设计方案确认后开始，为期两周。

④ 提交与审核：制作完成后一周内提交作品至组委会，并进行初步审核。

⑤ 比赛日期：包括作品展示、承重测试及颁奖典礼，具体日期另行通知。

（3）注意事项。

① 参赛队伍须严格遵守比赛规则，不得使用违规材料或有作弊行为。

② 制作过程中注意安全，避免受伤。

③ 鼓励使用环保材料，倡导绿色设计。

④ 比赛结果最终解释权归主办方所有。

（4）结语。

“ABS棒桥梁承重比赛”不仅是一场知识的较量，更是一次思维与创意的碰撞。我们期待每一位参与者都能在此次比赛中展现出自己的才华与潜力，共同探索工程科学的奥秘，享受科学探索的乐趣。让我们携手共创，搭建起通往未来的坚固桥梁！

第四课时解读《STEM桥梁结构设计大赛》（设计类、承重类）比赛的规则说明，欢迎有兴趣的同学们积极参加。届时我们将展示班级、年级作品，推出同学们优秀的作品，感兴趣的同学们可以先设计准备起来。

四、项目学习成果展示

以小组为单位，进行自制桥梁比赛，分为以下两项：

（1）进行桥梁承重比赛。

（2）进行桥梁结构设计比赛。

附件1：STEM桥梁结构设计桥梁大赛说明（设计类）

一、比赛说明

以ABS材料为桥梁主体材料制作各种桥梁。

二、制作材料

ABS材料、AB胶、铝发丝线、园艺剪、美工刀、钢尺、砂纸等。

三、活动要求

1. 递交制作桥梁的 STEM 桥梁结构设计大赛设计图及说明（提前准备）。

2. 用所标明的材料制作出本小组设计的桥梁模型，具体要求如下：

（1）只能用 ABS 材料进行制作，不可以添加其他物质作为桥梁主体材料，否则视为犯规。

（2）桥梁的类型不限，但必须保持主梁为连续梁，不符合要求的模型将直接被取消比赛资格。

3. 桥梁制作完毕后，按抽签序号从小到大依次开始称重，由学生本人亲自操作。试验时，先用电子台秤记录桥梁质量（单位：kg，精确到小数点后第三位），同时记录最大构件尺寸（单位：mm）。使用在跨度居中位置悬吊模拟集中荷载的方法来试验各个桥梁的最大承受力，直到桥梁模型坍塌，记录坍塌前一次桥梁模型的承重数据（单位：块，取整数）。

四、成绩评比

根据上交作品情况按照桥梁难度、工程结构、制作工艺、美观程度、项目说明书五个方面进行打分，合计总分为 100 分。

附件 2：STEM 桥梁结构设计桥梁大赛说明（承重类）

一、比赛说明

用 ABS 材料做成各种桥梁来试验其承受力。最大承受力与最小承受力相比，可以相差几十倍甚至上百倍。那是因为结构不同，其承受力也不同。我们要设计并制作一个 ABS 桥梁，并尽可能用最少的材料使其能够承受最大的集中荷载。提供基本力学弯矩概念，充分发挥学生的想象力。

二、桥梁设计及数据要求

1. 制作桥梁的 ABS 材料边长为 3 mm，整桥总质量小于等于 40 g。

2. 整桥主要部件包括桥跨结构、桥面等主要功能性部件。

3. 预留桥面设计可通行宽度满足 50 mm（正负 5 mm），且纵坡度不超过 3%（引桥纵坡度不超过 8%）。

4. 架起桥梁的两个支座之间跨度距离不小于 300 mm，两端固定支座设引桥各 200 mm，支座台面在比赛现场由主办方提供。

5. 桥跨结构正中央设计悬挂加力区域，以便穿绳加力集中荷载。

6. 桥跨结构形式可以是梁式、桁架式、悬索式、拱式。

三、制作及测试材料

现场用重物（砝码）在跨度居中位置悬吊模拟集中荷载（图 7-2）。

图 7-2 模拟集中荷载

四、制作材料

1. ABS实心方棒：边长3 mm。
2. 手工专用胶：用于模型结构构件之间的连接。
3. 铅发丝线：模拟悬索桥的主缆和斜拉桥的拉索。
4. 制作工具：园艺剪、美工刀、钢尺、砂纸等。

五、竞技规则

采用桥面跨中心集中加荷载方式，荷载承重规格为100 g、150 g、200 g、250 g、300 g、350 g、500 g、1 kg、2 kg，每次增加多少克由组员自行报数，每次加载后停留5 s，模型不失效即加载成功，每组可加载4次，加载至桥梁失效前的一次重量为最终成绩。如第四次加载桥梁仍没失效，按第四次为最终成绩。

模型失效表现为：桥梁滑落、桥梁断裂、桥梁散架等，导致桥体全部或者部分掉落桥面。

六、活动要求

1. 递交制作桥梁的STEM桥梁结构设计大赛设计图及说明（提前准备）。

2. 用所标明的材料制作出本小组设计的桥梁模型，具体要求如下：

（1）主要制作材料仅限于ABS材料、AB胶、铅发丝线，不可以添加其他物质作为桥梁主体材料，否则视为犯规。

（2）桥梁的类型不限，但必须保持主梁和桥面为连续梁，不符合要求的模型将直接被取消比赛资格。

3. 桥梁制作完毕后进行承重试验，试验顺序按抽签序号按从小到大的顺序依次开始，承重试验由学生本人亲自操作。试验时，先用电子台秤记录桥梁质量（单位：kg，精确到小数点后第三位），同时记录最大构件尺寸（单位：mm）。在跨度居中位置悬吊模拟集中荷载来试验各个桥梁的最大承受力，直到桥梁模型倒塌，记录倒塌前一次桥梁模型的承重数据（单位：块，取整数）。

七、成绩评比

结构评分按总分100分计算，以主要承重构件的尺寸大小、桥梁总质量是否轻便及加载表现作为主要评分依据。

附件3：STEM桥梁结构设计桥梁大赛说明书

参赛类别（设计类/承重类）：__________

桥梁名称：__________

参加成员：__________

指导老师：__________

一、方案的设计思路

（1）桥名命名。

（2）桥名由来。

（3）桥梁构思。

二、结构选型

（1）材料性能分析。

（2）制造工艺介绍。

（3）各桥梁部分主要尺寸，桥梁结构形式，连接方式等。

三、制作桥梁模型照片

材料包、搭建过程图、承重测试图、全貌图、正视图、俯视图、侧视图等。

四、其他特色说明

五、参赛感言

成员1的体会：

成员2的体会：

成员3的体会：

每个成员的体会限定1页，各成员体会单独分页。

（撰稿：苏州工业园区星洋学校　肖晨）

课例2 水项目

学校以俱乐部活动、社会实践等形式，开展以“水”为主题的跨学科项目式研究。将水资源与苏州本土特色结合，融合生态环保、科学工程等领域的知识。认识水循环，了解珍贵的淡水资源分布——指出节约用水的必要；近距离观察水生植物、动物——提出保护水资源的价值与意义；了解现有的生活用水或自然界中直接获取的水，思考如何循环利用——尝试设计、制作净水装置。介绍古人对水能的开发利用，从能量转化的角度认识到水动力小车是基于现实生活的工程问题。整个项目涉及语文、物理、化学、生物、地理、美术、劳技等学科，以下为“水项目”的课程介绍。

一、项目缘起

燃油汽车的动力来源为石油和天然气，排放的尾气中含有多种污染物，对生态环境造成了破坏。石油是制造汽油和柴油的原料，属于不可再生能源。全球的石油储量有限。随着人类的不断开采，石油资源枯竭的问题迫在眉睫。为了解决环境污染和不可再生能源枯竭的问题，我们应使用清洁无污染的可再生能源，而最早期的汽车则是利用水作为能源来驱动的。

水动力小车以水的重力势能为动力来源。教师通过小车的整体布局与外观设计、模型制作、优化方案、评价与交流等科学探究和技术活动，引导学生在工程项目中运用科学思维来提出假设、探究实验、得出结论，并在实践中加以应用，运用工程思维进行系统分析、整体规划、比较权衡、综合决策，运用设计思维发现并明确课题、制定设计方案、制作模型、测试和优化方案，从而提升创新设计能力、图样表达能力和物化能力，以解决真实世界中的复杂问题。

二、项目实施整体活动框架

“水项目”实施整体活动框架如图7-3所示。

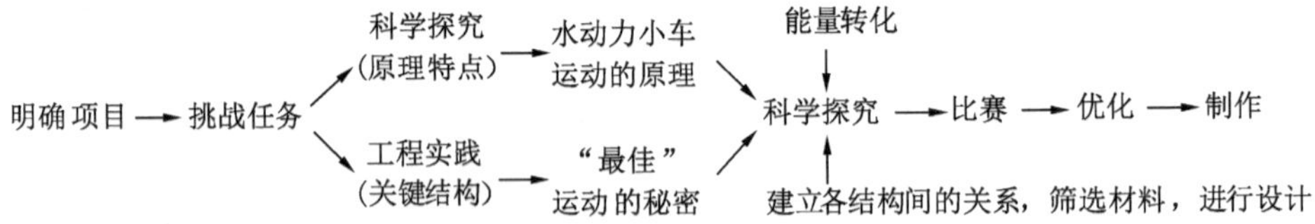

图 7-3 “水项目”实施整体活动框架

三、项目实施教学过程

（一）物体如何动起来——能量及其影响因素（第一课时）

八年级学生还未学习过能量的概念，可让学生观看视频，初步感受、了解能量，然后教师提出项目任务要求。通过科学探究，初步了解能量的形式，并知道不同形式能量间是可以相互转化的。基于对能量的了解，展开水动力小车运动的原理探究，并思考如何增大水动力小车的运动距离。在工程实践中，小组合作完成制作水动力小车，最终参加学校举办的大赛。

1. 教学目标

（1）通过观察、体验，了解能量及其具体形式和种类。

（2）通过科学探究，了解能量是可以相互转化的。

（3）经历实验过程，探究影响重力势能、动能和弹性势能的因素。

2. 教学过程

环节 1：介绍任务。

教师演示 PPT，布置任务：设计制作一辆水动力小车。

具体要求：以小组为单位，各组员参与系列探究实践活动，设计并制作一辆水动力小车，看小车利用一杯水能运动多远的距离。

环节 2：头脑风暴。

观看视频并提问：你有什么感受？

引导学生关注运动的物体、被举高的物体都具有能量。

环节 3：了解能量种类。

结合生活实例，思考并回答：

① 还有哪些物体具有能量？你能说出它们的异同点吗？

② 还有哪些形式的能量？能说说具体情况吗？

动能：物体由于运动而具有的能量。

重力势能：物体由于被举高而具有的能量。

弹性势能：物体由于发生弹性形变而具有的能量。

内能：物体内所有分子动能和分子势能的总和。

电能：物体利用电以各种形式做功的能力。

化学能：物体发生化学反应时所释放的能量。

重力势能和弹性势能统称为势能，动能和势能的总和统称为机械能。

环节4：科学探究——影响能量的影响因素。

提出问题：重力势能的影响因素有哪些？

提示：能量看不见摸不着，但是具有能量的物体容易对其他物体产生作用，因而物体能量的大小可以由它对其他物体的作用效果来反映。你有什么办法反映物体重力势能的大小？

回答：将举高的物体由静止释放，砸中沙盆中的小桌，观察小桌下陷情况即可判断物体重力势能的大小。

挑战任务：请运用桌面上的材料，探究重力势能、动能、弹性势能的影响因素，尝试利用不同器材进行实验，并进行记录与展示。

材料：重物、小桌、沙盆、斜面、小车、木块、弹簧等。

记录实验探究的过程。教师可以在实验过程中提出引导性问题，并指导小组成员间分工合作。

环节5：如何让无动力系统的物体动起来。

小组讨论、分享方法。

演示实验：发电水轮、热动力船、水动力小车。

（二）水动力小车的结构设计——能量及其转化效率（第二课时）

在学习了能量及其相关影响因素后，进一步了解能量之间的相互转化，基于无动力系统的水动力小车如何动起来这一问题，运用能量的转化解决实际问题，进而讨论、设计水动力小车的关键结构，实现利用一杯水让小车运动得尽可能远。

1. 教学目标

（1）通过实例，初步感知能量之间的互相转化存在效率问题。

（2）通过探寻增加水动力小车运动距离的方式，深入了解提高效率的方法。

（3）通过对关键部件的设计、制作，提升创新思维、迁移应用、动手实践的能力。

2. 教学过程

环节1：回顾与拓展。

提出问题：

① 上一节课小车动起来伴随着能量如何变化？

② 不同物体能量的变化情况有何异同点？

引导学生认识到不同形式的能量之间是可以相互转化的。

环节 2：挑战任务。

提出问题：还有什么其他方法可以让无动力系统的小车运动起来？

小组讨论、分享方法。（弹性势能转化为动能、重力势能转化为动能等）

引导学生关注不可再生资源与水资源的对比，结合能量的影响因素，思考问题：如何利用一杯水让水动力小车运动得尽可能远？

环节 3：深度思维，应用知识。

小组讨论：增大水的重力势能、提高能量转换效率、减少动能损失。

引导学生基于以上方法，讨论水动力小车的结构设计上有什么需要注意的。

小组讨论：轮子光滑摩擦小、车轴灵活不卡死、支架牢固不散架、盛水容器位置高、传动装置更易转、止水阀开关便捷……

环节 4：设计水动力小车的结构。

车轮可选三轮或四轮，可用材料：药瓶、光盘。

车轮轮轴可用材料：铁丝、ABS 塑料棒。

整体支架可用材料：ABS 塑料棒、乐高部件。

水轮传动装置可用材料：雪糕棍、塑料瓶盖。

止水阀可用材料：阀门、乐高部件、止水夹。

固定材料：螺丝、热熔胶。

利用上述材料设计水动力小车的结构。

环节 5：交流分享，优化改进。

小组交流并优化设计。

（三）水动力小车的实践制作（第三课时）

本次实践活动主要根据上一课时的设计方案，制作水动力小车。在此过程中，学生运用相关工具进行实践，提升运用技术解决实际问题的能力。

1. 教学目标

（1）掌握基本实验工具的使用方法，动手制作水动力小车。

（2）基于水动力小车的结构分析、理论设计，培养合作意识，提高解决实际工程问题的能力。

2. 教学过程

环节 1：提出问题，思考并实际操作。

提出问题：如何使用热熔胶固定组件？哪些位置适合用螺丝固定，哪些位置适合用热熔胶固定？

教师操作示范热熔胶枪的使用方法，并提出问题：组装小车的先后顺序是怎样的才最为简便？

提示：工具操作过程中要注意安全。

环节2：使用提供的材料，动手制作作品。

材料：光盘、螺丝、热熔胶、药瓶、ABS塑料棒、螺丝、铁丝、雪糕棍、塑料瓶盖、乐高部件、阀门、止水夹、矿泉水瓶等。

环节3：教师全程进行巡视，并适时提供指导。

环节4：展示并交流各小组的水动力小车外观及其关键部件，并进行评价。

(四)水动力小车的展示优化(第四课时)

本课时主要对水动力小车作品进行改进优化。现场展示各小组水动力小车的运动性能，交流与评价本组和其他小组的作品，思考改进策略。

1. 教学目标

(1) 通过师生互动、组内讨论，培养学生的沟通交流能力。

(2) 开展组间展示评价，优化本小组水动力小车，培养学生勇于改进、互相帮助的学习风气。

2. 教学过程

环节1：明确挑战任务。

在现场对作品进行初步改进。教师进行巡视，并适时提供指导。

环节2：展示、交流、评价、优化活动。

① 利用一杯水尝试让本小组的小车运动得尽可能远。

② 小组内部结合各组员意见进行汇报、自评。

③ 小组推荐本组最佳讲解员，展示作品，每组3分钟(可利用科学展板、音频、视频、图片、PPT、现场小车运动等多种方式进行作品展示)。

④ 说出作品的优点与不足(设计灵感、考虑因素、设计不足、运动距离)。

⑤ 说出作品的特点(亮点)。

⑥ 分享作为团队中的一员，有什么收获与感悟。

⑦ 后期进一步优化改进，完成后参加学校STEM水动力小车大赛。

四、项目学习成果展示

以小组为单位进行水动力小车比赛，分为以下三项：

(1) 哪辆水动力小车跑得远?

(2) 哪辆水动力小车最亮眼?

(3) 哪辆水动力小车的设计最富有创意?

附件1：STEM水动力小车设计大赛说明书

一、方案的设计思路

1. 水动力小车命名。

2. 车名由来。

3. 水动力小车构思。

二、水动力小车结构选型说明

1. 能量转换分析。

2. 材料性能分析。

3. 水动力小车结构样图。

4. 其他需要说明的内容。

三、制作水动力小车模型的过程展示

展板按照长70 cm、宽50 cm尺寸制作。

展板展示内容包括搭建过程图、运动性能测试图（最好体现改进过程）、正视图、侧视图等。

四、其他特色说明

五、参赛感言

成员1的体会：

成员2的体会：

成员3的体会：

每个成员的体会限定1页，各成员体会单独分页。

附件2：STEM水动力小车设计大赛说明（运动类）

一、比赛说明

1. 场地提供：学校广场。

2. 目标要求：小车在同一起跑线，往储水容器倒入等量的水，小车运动停止后，测量终点到起点的距离。每辆小车有两次机会，取其所能运动的最远距离为评价指标。

二、水动力小车设计要求

1. 不能提供除了水动力以外的其他动力（比如通过电机、电池、太阳能电池板等提供动力）。

2. 水动力小车的储水装置容积要大于500 mL。

三、制作材料

根据自我设计需求，自主选取材料。

四、竞技规则

在规定起跑线上准备，首先关闭水阀，倒入等量的水后，小组成员打开水阀，开始记录小车的行驶距离。比赛过程中，不能再碰触小车。每组有两次实验机会，取两次中成绩好者为最终成绩。

五、活动要求

1. 递交制作水动力小车的说明书和展板（提前准备带到现场）。

2. 水动力小车制作完毕后带来现场参加比赛，先检查是否有违规装置。

比赛顺序按抽签序号从小到大依次进行，水动力小车运动试验由学生本人亲自操作。按照竞技规则，取运动最远距离记录成绩。（单位：m）

六、评分

按总分100分计算，其中包括：

1. 最终成绩90%。

2. 现场演讲介绍10%。

附件3：STEM水动力小车设计大赛说明（外观设计类）

一、比赛说明

在满足水动力构造组件完整的前提下（构造不局限于小车，也可以是水船等），以外观的美观程度为评价标准。

二、制作材料及设计要求

1. 自主选择材料，对于尺寸没有要求。

2. 不能提供除了水动力以外的其他动力（比如通过电机、电池、太阳能电池板等提供动力）。

三、竞技规则

对作品按照小车结构、制作工艺、造型特色、说明书四个方面打分。合计总分为100分。

四、活动要求

1. 递交制作水动力小车的说明书和展板（提前准备带到现场）。

2. 水动力小车类型不限，但必须有水动力小车构造完整的组件，不符合要求的模型将直接被取消参赛资格。

附件4：STEM水动力小车设计大赛说明（设计理念创新类）

一、比赛说明

比赛作品为水动力小车设计图，在满足水动力小车构造组件完整的前提下，着重体现创新性及可行性。

二、设计图要求

1. 水动力小车的每一个部件清晰可见，可分为外观图及内部构造图。

2. 展示出每个部件的用途。

3. 水流的运行过程能体现出来。

4. 不能提供除了水动力以外的其他动力（比如通过电机、电池、太阳能电池板等提供动力）。

三、竞技规则

对作品按照小车结构、设计创新理念特色、可行性、说明书四个方面打分。合计总分为100分。

四、活动要求

1. 递交制作水动力小车的说明书和展板（提前准备带到现场）。

2. 水动力小车类型不限，但必须有水动力小车的整个运行流程图。

（撰稿：苏州工业园区金鸡湖学校　李康）

课例3　家项目

学校以多学科俱乐部的形式，开展以“家”为主题的跨学科项目式学习。物理、数学教师带领学生对声音及乐器进行研究，制作家用简易乐器，如吉他、八音盒等，将家用台灯改装为调光灯；化学、生物教师引导学生关注厨房中的物品，揭示生活中的小妙招；语文、美术、道德与法治教师帮助学生感受家的温暖、城市温度、法律法规，设计贴心小标语，回馈社会；劳技、信息技术教师引导学生设计并制作智能家居用品，实现家用设备的数字化遥控。整个“家项目”涉及数学、物理、化学、生物、语文、道德与法治、美术、劳技、信息技术等学科。

一、项目缘起

本项目名为“设计制作调光灯”，是适用于九年级学生的STEM学习项目。“设计制作调光灯”的设计源于苏科版《物理》九年级（下册）“第十五章　电功和电热”。“设计制作调光灯”以电功率知识的应用为载体，以工程制作为手段，以物化成果为目标，全方位培育学生的STEM素养。

二、项目实施整体活动框架

本项目的流程分为六大板块（图7-4）。首先通过创设问题情境，确定项目主题；然后了解常见模型并设计电路；接着利用实验器材模拟方案；接着交流评价方案并提出改进方案；接着利用器材实施方案；最后展示方案并交流评价，进一步完善物化成果。各板块衔接自然，学生在真实的情境中发现问题、解决问题，在方案设计、实施中获得充分体验，在展示交流、评价优化中提升STEM素养。

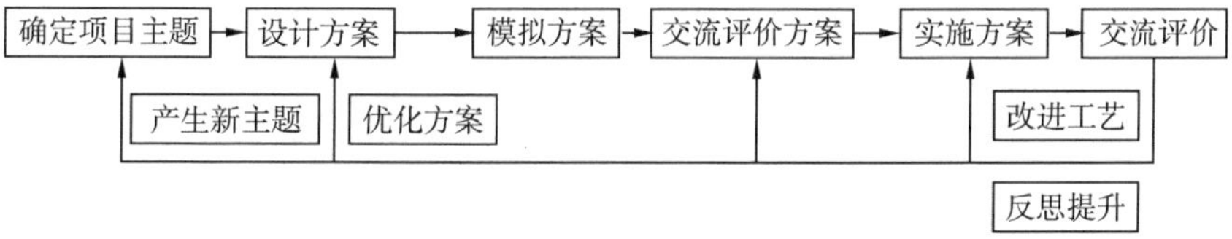

图7-4　“家项目”实施整体活动框架

三、项目实施教学过程

（一）项目引入　设计电路（第一课时）

以九年级学生挑灯夜战冲刺中考为项目切入点，引出项目任务“设计制作调光灯”。在此过程中，学生基于对实际台灯的观察、体验，理论联系实际，对调光灯电路进行设计，再以小组汇报的形式，分享、交流各组设计的电路，突出亮点、优点，再改进电路，为后续的教学做铺垫。

1. 教学目标

（1）认识生活中常见的调光灯模型，并能设计调光灯的电路图。

（2）基于真实问题情境，通过问题驱动，合作设计电路，将所学物理知识与实际情境联系起来，培养学生用物理观念解释自然现象和解决实际问题的意识，深刻体会物理学科在生产、生活中的重要性。

2. 教学过程

环节 1：基于生活，确定项目主题。

九年级学生学习时间长，眼睛过度疲劳，近视率提高，晚自习的时候一盏造型好看、角度可调、光的色彩柔和、光的亮度可调的台灯对学生尤为重要，从而确定“设计制作调光灯”的主题。

环节 2：问题驱动，设计方案。

本节课设计并制作一盏可调节亮度的台灯。生活中有哪些类型的调光灯呢？

演示实验：展示生活中三种常见的台灯。

请利用所学的电学知识并结合常见调光灯的类型进行设计。每组选出最优方案，且各组设计的方案尽量不重复。留给学生空间，通过小组合作、讨论，激发学生的创造潜能。学生设计的调光灯电路如图 7-5 所示。

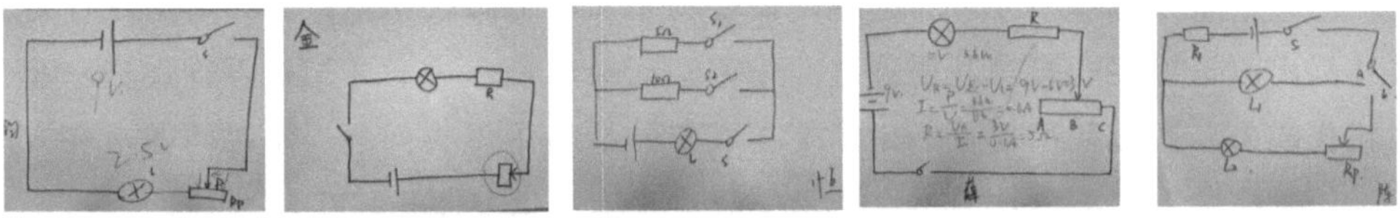

图 7-5　学生设计的调光灯电路

环节 3：汇报展示，优化改进。

各小组汇报自己小组所设计的调光灯电路工作原理，锻炼了学生的表达能力。

方案一：通过调节滑动变阻器来改变灯泡两端的电压及通过灯泡的电流，从而改变灯泡的亮度，该电路为无级调光灯。

方案二：在方案一的基础上再串联一个定值电阻，调节变阻器阻值时可以改变灯泡亮度，该电路为无级调光灯。

方案三：设计分段式调光灯，灯 L 分别与 R_1、R_2 串联时，具有两种不同的亮度。

方案四：和方案二相同。

方案五：利用单刀双掷开关选择不同的灯，既实现了分段调节，又实现了无级调节。

其他同学发现方案二的变阻器符号画错。方案三中当把三个开关均闭合时，会出现第三种亮度。方案五中用到两个灯泡，跟实际情况不太相符，但是也可以调节灯泡的亮度。

（二）调光灯的实践制作Ⅰ（第二课时）

本次实践活动主要根据上一课时的设计方案，制作调光灯。在此过程中，学生主动运用相关知识、工具进行实践，提升运用技术解决实际问题的能力。

1. 教学目标

(1) 通过介绍生活中常见的调光灯，加强物理与社会发展、科技进步的联系。学生尝试根据设计的电路图连接电路，强化实验操作技能。

(2) 会用刻度尺选择长度合适的木棒、尺寸符合要求的木板，会用电钻打孔，会用螺丝刀拧螺丝，会连接导线，等等，了解工程设计、工程制作的全过程，培养工程思维，在制作过程中能与他人共同实施方案，培养相互合作的团队意识，形成积极认真的学习态度，以及乐于实践、敢于创新的精神。

(3) 完善电路，设计出能自由调节亮度的台灯。引导学生运用数学知识，建立完整、准确的调光灯模型，帮助学生更好地理解安全电路和电功率知识。

2. 教学过程

环节 1：模拟方案，动手实践。

学生活动：利用如图 7-6 所示器材连接电路，并动手实践，分享在操作过程中发现的问题。

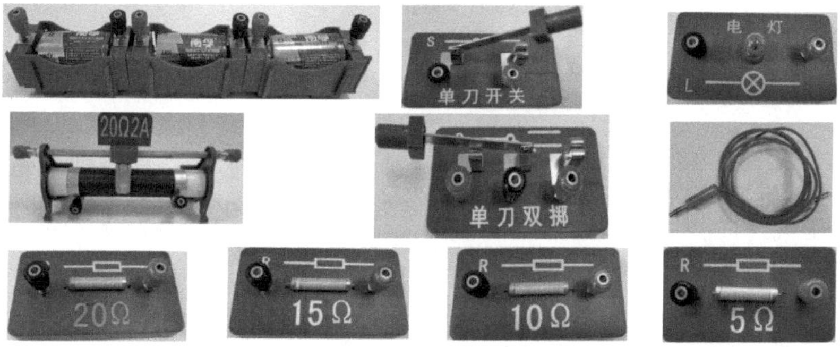

图 7-6 项目器材

反馈 1：连接好电路后，在调光的过程中，灯泡不亮，经过检查发现是滑动变阻器接触不良烧坏了灯泡。

反馈 2：闭合开关后，灯泡不亮，换用一盏新灯泡后，灯泡亮了，经检查发现是灯泡的灯丝断了。

反馈 3：调节滑动变阻器的阻值，使之越来越小，灯泡也越来越亮，突然灯泡熄灭，灯泡被烧坏了。

环节 2：实际操作，制作台灯。

请大家利用老师提供的器材（图 7-7）制作一盏真正意义上的调光灯。请大家认真观察这些器材，结合刚才遇到的问题思考实验中有哪些需要注意的地方。

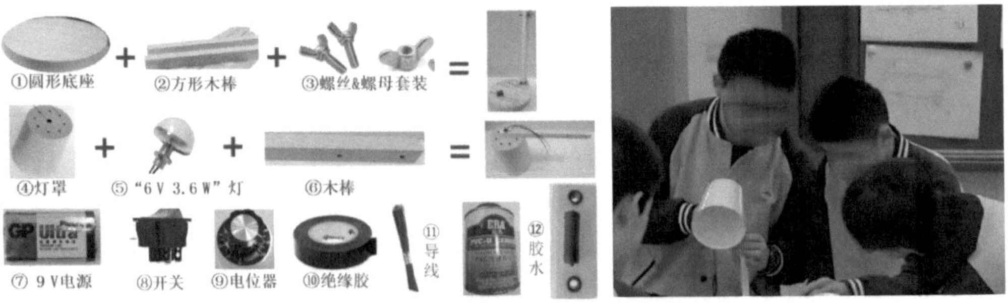

图 7-7　制作调光灯所需的器材

环节 3：教师引导，计算优化。

【问题 1】电源电压为 9 V，灯泡的规格为“6 V　3.6 W”，为了实现灯泡的自由调节，要串联一只定值电阻，这只定值电阻的阻值为多大？

学生展示：结合所给器材的规格参数，运用欧姆定律的相关知识，经数学运算，得到需要串入电路中的电阻阻值的大小。

环节 4：小组合作，完成作品。

（三）调光灯的实践制作Ⅱ（第三课时）

本次实践活动主要根据上一课时完成的作品，进一步改进优化调光灯。在此过程中，学生结合生活中使用调光灯的不便之处，主动运用物理知识解决实际问题。

1. 教学目标

基于调光灯的改进优化，加强理论设计、动手实践能力，培养团队合作的意识，提高理论联系实际、解决实际工程问题的能力。

2. 教学过程

环节 1：让调光灯更稳定。

【问题 2】展示的台灯好像不太稳，容易倾斜，有什么改进的方案呢？

通过实践发现问题，分析倾斜原因，建立杠杆模型（图 7-8）。根据杠杆模型找到台灯的五要素，并能利用提供的数据进行计算，说明台灯容易倾斜的原因（图 7-9），同时小组讨论提高台灯稳定性的方案（图 7-10、图 7-11）。

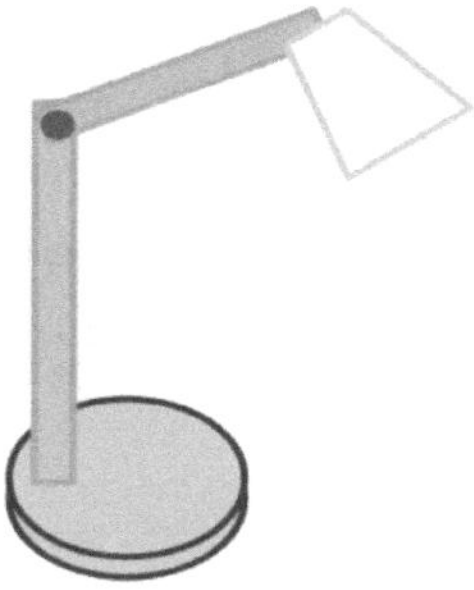

图 7-8 杠杆模型

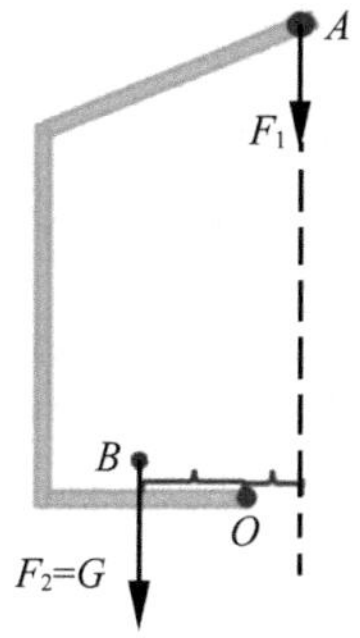

图 7-9 受力分析

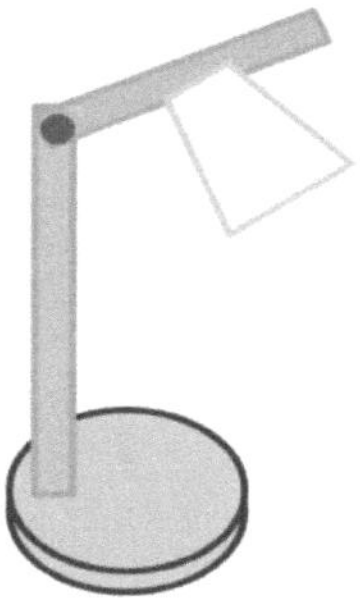

图 7-10 提高稳定性方案 1

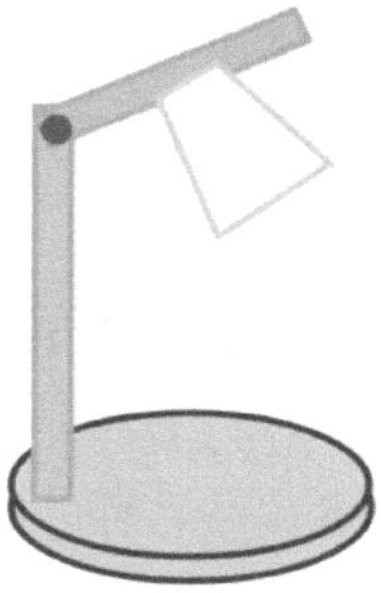

图 7-11 提高稳定性方案 2

环节 2：讨论其他改进优化之处。

① 当亮度相同时，LED 灯的功率小得多，所以 LED 灯更节能。

同等亮度下的 LED 灯与白炽灯比较：1 W LED 相当于 15 W 白炽灯，3 W LED 相当于 25 W 白炽灯，4 W LED 相当于 40 W 白炽灯，8 W LED 相当于 75 W 白炽灯，12 W LED 相当于 100 W 白炽灯。

讨论：同等亮度下，用 4 W 的 LED 灯替代 40 W 的白炽灯，可节约多少电能？

② LED 灯的寿命要比白炽灯长很多，白炽灯的灯丝容易被烧断。

LED 灯的理论寿命是十万小时，实际寿命一般为 3～5 年。白炽灯的寿命普遍较低，平均寿命大约为 1 000 小时。白炽灯灯丝工作时，温度可以达到 3 000 ℃，很容易因为高温导致灯丝烧断。

环节 3：小组合作，优化作品。

（四）调光灯作品展（第四课时）

学生展示本小组作品，交流与评价本小组和其他小组的作品，思考改进策略。

1. 教学目标

（1）通过师生互动、组内讨论，培养学生的沟通交流能力。

（2）通过组间互评，优化本小组调光灯的不足，培养学生精益求精的精神。

2. 教学过程

环节 1：明确挑战任务。

挑战任务：请推销最畅销的家具创意用品——调光灯。

利用科学展板、音频、视频、图片、PPT 等多种媒介推销作品。

小组内部记录调光灯的优点与不足，现场进行改进、优化。

教师进行巡视，并提供个性化指导。

环节 2：展示、交流、评价。

每小组推荐本小组最佳讲解员，并阐述作品的优点与不足（设计灵感、考虑因素、设计不足）及作品的特点（亮点），每组 3 分钟（可利用科学展板、音频、视频、图片、PPT、现场调光等多种方式进行作品展示）。

介绍在本次活动中作为设计师的收获与感悟。

四、项目学习成果展示

各小组汇报展示作品，可以从以下几点进行汇报：

（1）作品的优点与不足。

（2）作品的特色、亮点。

（3）参与本次跨学科实践活动的收获与感悟。

（撰稿：苏州工业园区星湾学校　宋冰峰）

第八章

基于STEM理念的初中物理教学应用成果

成果1 探究、整合、实践：基于STEM教育的初中物理概念教学探索①

肖 晨

（苏州工业园区金鸡湖学校，江苏 苏州 215021）

摘 要：以苏科版八年级《物理》“力 弹力”教学片段为例，阐述STEM理念下“探究、整合、实践”的初中物理概念教学设计，提出了基于STEM教育的初中物理概念教学的思考：一是关注概念建构的探究过程；二是关注用以致学的内容整合；三是关注跨学科实践的作品制作。

关键词：STEM教育；初中物理；概念教学

本文以苏科版八年级《物理》“力 弹力”教学片段为例，阐述STEM理念下“探究、整合、实践”的初中物理概念教学设计，以期为初中物理概念教学的实践探索有所启示，供一线教师参考与借鉴。

① 基金项目：本文系江苏省教育科学“十三五”规划重点课题“基于学生经验的物理深度学习研究与实践”（编号：E-a/2016/03）、江苏省教育科学“十三五”规划2020年度课题“STEM理念下初中物理教学的实践研究”（编号：E-c/2020/21）、江苏省教育学会“十三五”教育科研规划重点课题“STEM理念下初高中理科课程衔接的行动研究”（课题批准号：18B5R2SZ52）之阶段性研究成果。

一、同质性情境创设，进阶建构物理概念

列举学生熟悉的生活现象，如运动员举杠铃和狗拉雪橇，引导学生根据现象分析得出运动员通过举的动作对杠铃产生力，狗通过拉的动作对雪橇产生力。为避免学生对力的认识存在局限性，教师提出问题：有人认为，力是由于肌肉紧张引起的，只有人和动物才能产生力的作用，对吗？你能否举例说明……

图 8-1 至图 8-4 均取材于教材内容，基于学生的已有经验及对教材内容的分析，笔者将其分成两组，进一步分析图 8-3 中铲车通过举的动作对重物产生力，图 8-4 中火车头通过拉的动作对车厢产生力。学生逐步领悟不仅人和动物能产生如拉、举等力的作用，铲车、火车头等物体也能对其他物体产生如拉、举等作用。创设同质性的问题情境，破除已有的迷思概念，初步建立“力”的概念。

图 8-1　运动员举杠铃

图 8-2　狗拉雪橇

图 8-3　铲车举重物

图 8-4　火车头拉车厢

问题 1：“一个巴掌拍不响”“孤掌难鸣”说明产生力的作用时，一定有几个物体同时存在？

问题 2：对于手拍桌子而言，谁是施力物体？谁是受力物体？

问题 3：之前列举的力，两个物体都是直接接触的。不直接接触的物体之间能否产生力？请举例说明。

为了深化学生对“力”的概念的理解，以问题链驱动学生归纳总结“力”的本质特征，区分受力物体与施力物体，学生以讨论的形式辨识不直接接触的物体是否产生力，明确其概念的外延，进阶建构“力”的概念。

二、精细化活动体验，深度探究物理规律

精细化的活动设计能够让学生重视科学探究过程中的细节，解读环节设计的依据，探寻物理规律的特征。笔者设计四个体验活动引领学生观察物理现象、感悟概念特点、探究物理规律、迁移规律应用等，采用定性观察与定量分析相结合的方式，由浅至深、由表及里深度探究物理规律，为弹簧测力计的制作做好知识储备。

活动1：借助生活中随手可得的实验器材，要求学生用手对弹簧、握力圈、直尺、气球、橡皮泥施加力，如图8-5所示。观察这些物体受到力时，发生了怎样的变化。

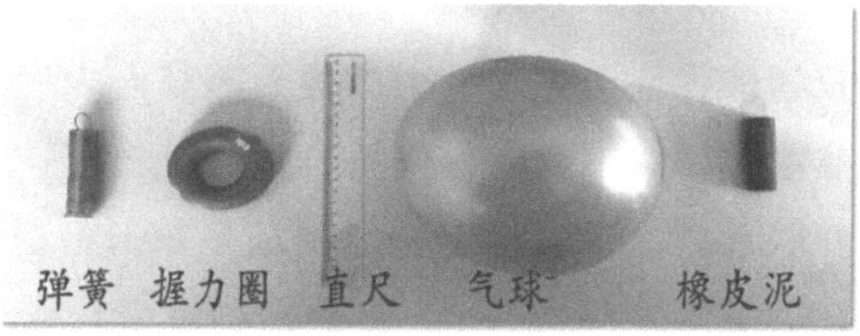

图8-5 实验器材

活动2：再次压握力圈，增大对握力圈施加的外力。

活动3：探究弹簧伸长的长度与外力的关系。

活动4：用图8-6实验装置测量物体（两只鸡蛋、苹果等）对弹簧的拉力。

图8-6 实验装置

活动1让学生感受物体受到力的作用时，物体的形状发生了变化，领会到力的作用效果是使物体发生形变。教师追问学生撤去外力后，物体发生的变化一样吗？能否继续对这些发生形变的物体进行分类？以直观的现象和切身的感受帮助学生了解弹性形变与塑性形变。教师提问学生：在压气球、拉弹簧、压握力圈、压直尺时，增大对物体施加的外力，物体弹性形变的大小有什么变化？基于活动体验定性认识物体形变程度与所受外力的关系，为探寻弹簧伸长的长度与外力的关系做好铺垫。

活动2中要求学生分享用力压握力圈时手有什么感觉。同时归纳一下弹力的定义。学生小组活动后讨论用力压握力圈时会产生两个弹力，手对握力圈的弹力是由手发生弹性形变产生的，而握力圈对手的弹力是由握力圈发生弹性形变产生的，均是施力物体发生弹性形变后，力图恢复其原来的形状，而对另一个物体产生的力。

该活动的设计精准指出学生认识上存在的疑惑，帮助学生把握弹力的概念。

活动 3 引导学生使用实验器材，包括铁架台、弹簧、米尺、钩码（50 g），探究弹簧伸长的长度与外力的关系，如图 8-6 所示。由于钩码重力一定，为了使实验现象更加明显，选取劲度系数为 25 N/m 的弹簧。学生判断弹簧长度与伸长量的不同之处，经历猜想与假设、制定实验方案、收集实验数据等科学探究过程，定量分析弹簧伸长量与所受外力的大小关系，得出实验结论。

活动 4 要求学生分别测量鸡蛋、苹果对弹簧的拉力，这既是对实验结论的迁移应用，也为下一节物体重力的测量做好学习准备，为学生的认知过程搭建台阶。

三、跨学科知识整合，实践应用作品制作

通过对力、弹力及物体弹性形变与外力的关系等核心内容的整合，学生综合应用跨学科知识开展作品制作，并不断完善作品的质量，培养了精益求精的科学品质。教学中突出知识的内在联系，鼓励学生综合运用相关知识，训练方法与技能，创造性地完成任务。可将任务分解，包括引出问题、建构模型、制作模型、改进模型等，如图 8-7 所示。要创设情境，并能应用相关学科知识开展模型制作。以小组为单位，对模型进行研究，并收集数据，运用技术，建构初步模型，尝试制作模型毛坯，最终制作出模型。学生利用新建构的概念解决新问题，各小组交流改进，形成成品。

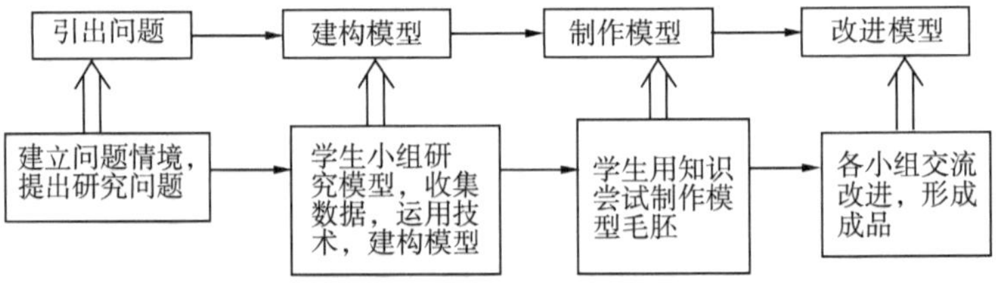

图 8-7　作品制作任务分解

教师要求学生讨论、分析用图 8-6 所示装置测量力的大小时存在的不足。教师演示将装置中钩子下移，外面套上透明塑料管，并把弹簧上端固定，如果标上刻度，装置就可随意移动，更加方便携带使用，如图 8-8 所示。

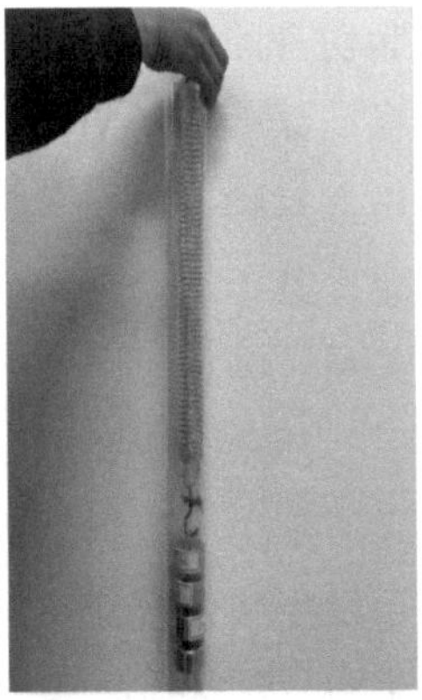

图 8-8　改进后的实验装置

教师补充器材：透明塑料管、黑色签字笔等。要求各小组成员合作自制弹簧测力计，并编写使用说明书。学生在制作、改进过程中选取合适的弹性材料，一要满足其伸长量与所受外力呈正比，二要考虑其弹性限度范围等。选取透明塑料管时需要考虑透明度、密度等因素，标注刻度时要关注相

关数学知识，在作品制作过程中要求学生以物理学科知识为主，适当整合数学、材料学、化学等学科内容。在汇报作品设计与功能时，分享交流制作过程中的心得体会，感悟知识间的相互贯穿，敢于提出衍生问题，如怎样提升弹簧测力计的精确度等问题，培养学生的批判性思维。

四、基于STEM教育的初中物理概念教学的思考

一是关注概念建构的探究过程。精细化的科学探究过程能够引导学生深入理解物理概念建构的过程，能够显化科学方法的正确应用，并使学生对物理知识体系有高阶认识，教会学生提炼知识与技能的精华。教师需要重视教材资源的二次开发，洞悉教材内容的编排意图，以多样化的情境设计，采用问题链的形式，精心设计问题，驱动学生完成探究任务，真正意义上理解基本概念、原理、规律等构成的物理理论知识体系。

二是关注用以致学的内容整合。以素养为导向的教学过程要求学生在运用知识的过程中实现知识与素养的互动、转化与共生，使得知识内容的整合具有明确的目标导向，体现物理知识的实用性。在问题的解决过程中整合知识内容，赋予知识以情境化、实践性的特征，消除学生获取知识的“惰性”不足，将物理知识根植于学生的实践过程中，真正发展学生的核心素养。

三是关注跨学科实践的作品制作。结合学生的认知特点，依托跨学科实践进行作品制作，完成形式多样的活动任务，利用表现性评价全方位评估学生的参与过程，提升学生的高阶能力。跨学科实践的作品制作是生产生活中解决实际问题的真实缩影，学生要学会灵活迁移知识与方法并将之应用于相关物理问题的解决中，进而实现作品的制作与优化。

（发表于《物理教师》杂志2021年第12期，有删改）

成果 2　指向工程思维培养的跨学科实践活动的设计①

肖　晨
（苏州工业园区星洋学校，江苏 苏州　215021）

摘　要：基于 STEM 教育的视角构建跨学科实践活动，具体阐述跨学科实践活动的过程设计与教学实施，形成指向工程思维培养的跨学科实践活动的实践策略：一是工程设计，运用专家思维解决问题；二是工程优化，凸显用以致学的实践范式；三是工程评价，强调为学习的评价导向。

关键词：工程思维；跨学科实践；实践策略

《义务教育物理课程标准（2022 年版）》新增“跨学科实践”一级主题，倡导在发挥各学科独特育人功能的基础上，充分发挥跨学科综合育人功能，开展跨学科主题教育，将相关学科的教育内容有机整合，提高学生综合分析问题、解决问题的能力。工程思维是指人们在工程活动及工程研究过程中形成的独特的思维方式。它是以人工造物为着眼点，着力于构建应然而未然的理想化人工系统的一种思维方式，涵盖或兼容了科学思维与技术思维的内容，是面向并解决更为复杂的工程问题的一种高阶思维[1]。

本文以“自制水动力小车”为例，具体阐述指向工程思维培养的跨学科实践活动的过程设计与教学实施，提升学生动手实践的操作能力，培养学生的问题解决能力和实践创新能力。

一、指向工程思维的跨学科实践活动的设计思路

STEM 是科学（Science）、技术（Technology）、工程（Engineering）和数学（Mathematics）四门学科的简称，强调多学科的交叉融合。STEM 教育并不是科学、技术、工程和数学教育的简单叠加，而是要将四门学科内容组合形成有机整体，以更好地培养学生的创新精神与实践能力，为基于跨学科的项目化学习的设计、实施和评价等方面提供参考。

①　基金项目：本文系江苏省教育科学“十三五”规划 2020 年度课题“STEM 理念下初中物理教学的实践研究”（课题编号：E-c/2020/21）和江苏省中小学教学研究立项课题“基于微项目学习的初中物理实验教学行动研究”（课题编号：2021JY14-L37）之阶段性成果。

物理是一门以实验为基础的学科，在项目任务驱动下的学习既符合初中学生的年龄特征，又符合物理的学科特点。在每一次任务的完成过程中，学生体验到成功的欢乐，使初学物理的兴趣也能持久地保持及发展[2]。指向工程思维培养的初中物理跨学科实践活动往往指向学生学习的本质，成为发展学生跨学科素养最为重要的一种学习模式，如图8-9所示。

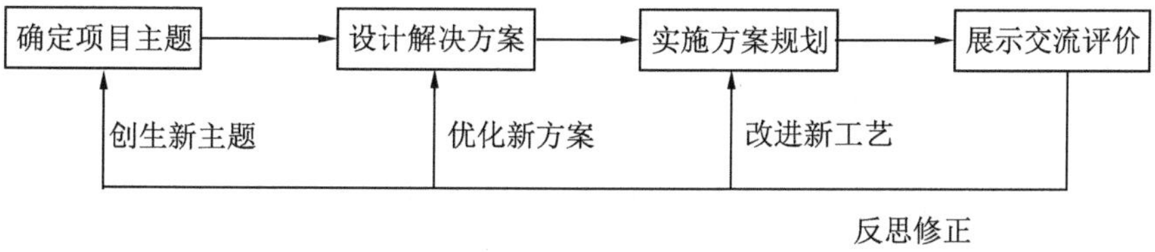

图8-9　STEM教育学习模式

二、指向工程思维培养的跨学科实践活动的过程设计

（一）主题确定，制定水动力小车的学习目标

水动力小车的学习目标可描述为：学生通过参观考察、文献查阅等方式了解我国古代“龙骨水车”，了解运动状态下的水具有能量，进而将水的机械能转化为让小车运动的能量，从而制作水动力小车；通过科学探究，学习水动力小车涉及的基本原理；通过设计水动力小车的结构、制作小型水动力小车，体会工程设计与制作的过程；能够运用数学思维解决真实情境中的计算问题，见表8-1。

表8-1　水动力小车学习目标

目标分类	知　识	能　力
科学（Science）	水动力小车涉及的基本原理——能量转化、力和运动的关系	收集资料、整合信息的能力，进行实验探究的能力，物理建模能力
技术（Technology）	水动力小车制作材料的选择、工具的使用、零件的加工组装	选择材料和工具的能力，团队协作的能力，动手实践的能力
工程（Engineering）	水动力小车制作方案构思、模型设计、图样绘制、测试评估、优化	制图能力，问题转化能力，审美能力
数学（Mathematics）	水动力小车速度的计算	收集实验数据并记录，用数学语言表达结果的能力

（二）工程设计，明确水动力小车的工作原理

教师提出水动力小车的工作要求，学生自主绘制水动力小车的模型。学生展示

设计思路，设计水动力小车的工程图纸，明确各个组成部分的功能，标注各个环节要注意的地方。并对水动力小车图纸中的各个结构进行分解，讨论每一个部件的作用，整体把握水动力小车各要素的特征。在该过程中，学生交流水动力小车的工作原理，并预设制作过程中可能存在的问题和注意事项。同时认识水动力小车的能量转化过程，进而为将水具有的能量转化为小车的机械能提供解决思路，进一步思考使小车行驶得更远的方法，为制作水动力小车奠定基础。

（三）实践规划，合作制作水动力小车的模型

学生根据设计的水动力小车的图纸，规划小组中各成员的任务。各小组成员分工合作，寻找适宜的实验器材，如车轮、光碟。在黏合固定小车的各个部分时，需要各小组成员测试黏合剂的性能，并选择合适的黏合剂，使得支架黏合牢固。此外，教师使用“腾讯会议”“希沃云课堂”等网络学习云平台建立线上、线下混合式学习小组，学生通过小组讨论、个性化交流等实现小组合作、资源共享，构建云端一体化物理课堂，突破时空限制，引领学生进行目标导向的个性化学习。学生通过线上、线下融浸式学习方式分享制作过程中遇到的问题，以图片、文字、视频等多媒体资源形式动态立体呈现问题，形成生生互动、师生共研，共同探索、解决问题的课堂新态势，如图 8-10 所示。

图 8-10　课堂新态势

（四）成品优化，迭代、完善、改进水动力小车

教师引导学生制定水动力小车的评价标准，积极地探讨，不断迭代出新的产品。

诸如怎样正确使用热熔胶枪？如何保持水动力小车重心稳定？怎样提高水的高度？如何让水动力小车跑得更远、更快？怎样去带动它的一个转动的轴，让它轴线更长，又不影响使用？等等。依据评价标准，学生不断探索优化水动力小车的设计，使其逐步完善，在优化测试过程中培养学生的创新能力和实践素养。

（五）成品展示，交流、反思、总结实践成果

在成品展示环节，各小组展示自制的水动力小车，分享制作过程中存在的问题和解决方法，对小车的优点进行说明，如图 8-11 至图 8-13 所示。教师组织各小组对水动力小车进行测试评比，因学生已经学过速度、匀速直线运动等相关内容，要求学生往小车的容器中加入 100 g 的水，在同样的路面行驶，比较小车行驶的距离。距离越大，表明小车越符合测试要求。学生分析如何最大程度地将水具有的能量转化成小车的动能。教师提问是否还有其他的方式比较水动力小车的性能呢？经思考发现还可比较水动力小车的行驶速度，通过水动力小车行驶的距离和行驶的时间来计算平均行驶速度，利用数字软件直观呈现各个小组的路程-时间图像，进一步转换为速度-时间图像，突出物理知识在解决实际问题过程中的重要作用。学生在分享展示过程中提高了语言表达能力，培养了批判性思维能力。

图 8-11　自制的水动力小车 1

图 8-12　自制的水动力小车 2

图 8-13　自制的水动力小车 3

三、基于跨学科的项目化学习的实践策略

（一）工程设计，运用专家思维解决问题

传统课堂教学容易存在脱离特定情境的现象，割断了核心素养与事物表征的联

系，未能激发和保持学生解决问题的动机，没有让学生经历完整的问题解决过程。学生学到的只是理论知识，无法将其迁移到未来真实问题的解决中。学生在制作水动力小车时，教师引导学生从专家思维解决问题。

（二）工程优化，凸显用以致学的实践范式

在优化水动力小车环节，凸显用以致学的实践范式，通过水动力小车作品的评估、展示及比较，分析提升小车行驶距离的方法；通过水轮的结构变化、止水阀的应用、水轮的大小来改变水动力小车的速度。在解决问题的过程中取得了经验，提升了实践操作能力。

（三）工程评价，强调为学习的评价导向

对水动力小车的评价有效体现了从对学习的评价到为学习的评价观念的转变，考量学生能否在一个真实情境中解决问题。学生经历评价标准的制定（比较水动力小车的速度，比较水动力小车行驶的路程）、评价过程的实施、评价结果的呈现等，能整合应用所学知识，借助信息化手段分析水动力小车的运动过程，培养了综合素养。

参考文献：

[1] 叶鹏松．以概念图为支架的云端一体化物理课堂的建构与思考 [J]. 物理教师，2020（9）：64-68.

[2] 朱阿娜．科学教学中学生工程思维教学模式的构建 [J]. 教学与管理，2019（1）：42-44.

（发表于《物理教师》杂志2023年第7期，有删改）

成果3 人类对虹霓现象认识的探究①

顾建元

（苏州工业园区教师发展中心，江苏 苏州 215021）

摘 要： 虹霓现象是一种常见的自然现象。开展对自然现象的探究，是提高学生科学素养的途径之一。简要介绍了人类对虹霓现象的认识历史，通过数形结合的方法解释“雨后复斜阳”“彩虹舞当空”的成因，简述虹霓现象的形成机理，并能根据彩虹的特点判断天气变化。

关键词： 虹霓现象；光的反射和折射；光的色散

雨后彩虹是人们在自然界中常见的一种光现象，时有报道。例如，《物理教学》2012第2期刊登了“关于虹与霓的几个问题的分析”[1]，2006年第4期以“美丽的彩虹”作为封面。《物理教师》2006年第5期刊登文章“从邮票上谈物理教学中STS教育的渗透”[2]，提到了美国邮票“良好祝愿”和泰国邮票“飞鸟”都是以彩虹为图案，但美国邮票错误地把颜色的顺序颠倒了。可见，人们对虹霓现象的关注度比较高。

谈到彩虹，我们常常列举雨后彩虹来说明光的色散现象，当阳光穿过天空的小水珠时，由于小水珠受到重力作用而形成了上小下大的结构，小水珠将白光分解成赤橙黄绿青蓝紫的彩色光谱并反射回来，人们背对太阳就可以看到彩虹。

一、历史上对虹霓现象的认识

彩虹在神话及宗教的传说中都带有一定的传奇色彩。在中国神话中，女娲炼五色石补天，终止了一场从天的缺口降下来的大洪水，因石是五色的，形成了天上的彩虹、彩霞。在《圣经·创世记》里，上帝在大洪水过后，以彩虹跟诺亚及其子孙立约，再也不降如此大的洪水来毁灭世界了。在希腊神话中，彩虹是由信使所铺设连接天地的道路。在爱尔兰神话中，彩虹升起的地方是藏有黄金等宝藏的地方。我国古代也有彩虹是寂寞的嫦娥在云端歌舞挥起的彩绸之说，或说成是天上仙女为窥

① 基金项目：本文系江苏省教育科学“十三五”规划2020年度课题“STEM理念下初中物理教学的实践研究”（编号E-c/2020/21）之研究成果之一。

视人间在云中搭起的彩桥。

古今中外的人们很早就对虹霓现象进行探究，认识日趋完善。我国很早就有对彩虹观察的记载，安阳出土的殷代甲骨文中就有关于虹的记载。认为虹是一种虫，名叫螮蝀（dì dōng）或霓蝀，以致给“虹”字带上了“虫”字旁，并一直沿用到今天。《诗经》有云：“蝃蝀在东，莫之敢指。”意思是说，在东方的天空若出现彩虹，不要用手指它，否则会有不吉利的事情发生。也有说法“虹是天空中雨后出现的蛟龙，彩虹被视作不吉利的预兆”。自唐代开始，人们对彩虹做出了较为科学的解释。唐初的孔颖达（574—648）在《礼记注疏·月令》中，提出了“若云薄漏日，日照雨滴则虹生”的观点，这说明他已经认识到虹是日照雨滴所形成的，并非什么天上的蛟龙，这是第一次用朴素的自然原理给了虹一个比较中肯的定义。离现在正确的说法只差一步之遥，而就是这一步之遥，竟然又耗去了 1 400 多年的漫长岁月。唐代的张志和对彩虹做了进一步研究，并进行了人工造虹试验。他在《玄真子》中说：“背日喷乎水，成虹霓之状。”这就明确地告诉人们，要想看到虹，就必须“背日”，而面对太阳就看不到彩虹。沈括在《梦溪笔谈》中也提到：“虹，日中雨影也。日照雨，则有之。”……在欧洲，英国科学家罗吉尔·培根（1210—1292）最早指出虹霓是由太阳光照射空中的雨滴，发生反射和折射现象而形成的。第一位给虹做出满意解释的人是法国的笛卡儿（1596—1650），在 1637 年发现水滴的大小不会影响光线的折射。他曾利用一个装满水的球形玻璃烧瓶做实验，观察光线射过大水滴的情况，得出水对光的折射指数，用数学证明彩虹的主虹是水滴内的反射造成的，而副虹则是两次反射所形成的，因此它比主虹暗淡和模糊。他准确计算出了彩虹的角度，但未能解释彩虹的七彩颜色。后来牛顿（1643—1727）以玻璃棱镜把太阳光散射成彩色之后，发现了彩虹形成的光学原理，从而他推断：虹是阳光射入球状水滴而形成的，并指出：主虹是太阳光射入球状水滴经过一次反射后所形成的，副虹出现在主虹的外侧，是光线射入球形水滴后经过两次反射形成的。自 17 世纪始，笛卡儿、牛顿、惠更斯、托马斯·杨、菲涅耳、爱里等科学家对虹现象作出过定性或半定量的物理学分析，且不断地完善。近代散射理论对虹现象解释的初步成功，使虹现象的概念得到泛化。20 世纪 70 年代又观察到了原子虹现象，甚至预见了核的虹现象，虹现象的解释进而又涉足量子力学与混沌力学领域，使得虹的一些细微部分也可得到完善的解释。

二、虹霓成因机理分析

要说明虹和霓的成因，首先要证明单色光射入球形水滴后，出射光线与入射光线的偏向角 δ 的大小。

单色光射入球形水滴后经一次反射、两次折射后出射光路如图8-14所示，在$\triangle ABD$中，$(i-\gamma)+(\pi-\gamma)+(\pi-\delta)/2=\pi$，所以$\delta=\pi+2i-4\gamma$，同理，若单色光射入球形水滴后经二次反射、两次折射后出射，光线的偏射角$\delta=2\pi+2i-6\gamma$，若反射n次，有$\delta=n\pi+2i-2(n+1)\gamma$。

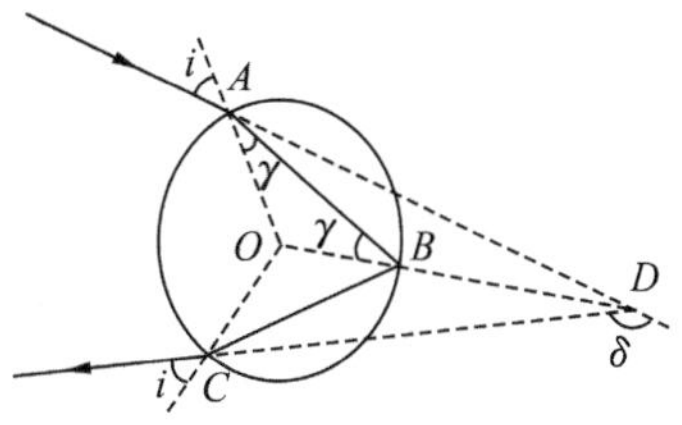

图8-14　单色光射入球形水滴光路图

（一）虹的成因分析

形成机理：折射→反射→折射。

因为水对不同色光的折射率不同，从红光到紫光的折射率依次增大，以相同入射角i进入水珠，红光折射角最大，紫光折射角最小。其光路如图8-15所示。若红光光路为$A\to B_1\to C_1$，紫光光路为$A\to B_2\to C_2$，因为$\angle AB_1C_1=2\gamma_1$，$\angle AB_2C_2=2\gamma_2$，又因为$2\gamma_1>2\gamma_2$，所以弧AC_1大于弧AC_2，C_2在C_1左上，又由式$\delta=\pi+2i-4\gamma$，可知红光的偏射角δ_1小于紫光的偏射角δ_2，所以红光与地平线的夹角α（约为42°）略大于紫光与地平线的夹角β（约为40°），于是我们看到了一条外红内紫的彩虹。

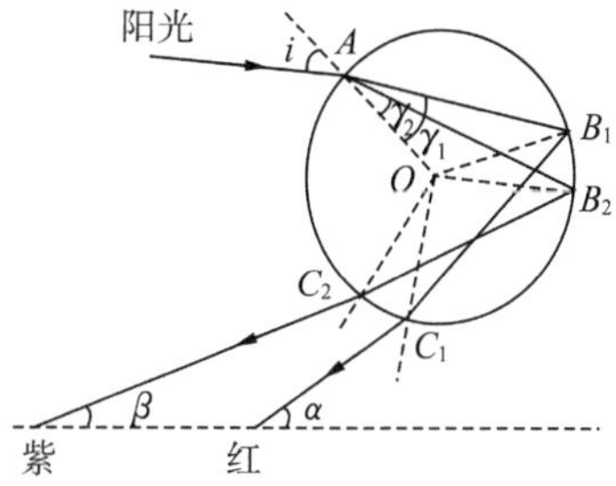

图8-15　红光、紫光射入水珠光路图

（二）霓的成因分析

形成机理：折射→反射→反射→折射。

其光路如图8-16所示。红光光路为$A\to B_1\to C_1\to D_1$，紫光光路为$A\to B_2\to C_2\to D_2$。因为红光进入水滴的折射角γ_1大于紫光进入水滴的折射角γ_2，所以红光的两法线所夹圆心角比紫光的两法线所夹圆心角小，故紫光的出射点D_2在红光的出射点D_1下方。又由式$\delta=2\pi+2i-6\gamma$可知，红光的偏折角大于紫光的偏折角，所以红光与地平线的夹角α'（约为50°）略小于紫光与地平线的夹角β'（约为52°）。于是我们看到了一条外紫内红的霓。又因为$\alpha<\alpha'$，$\beta<\beta'$，所以霓在虹的外侧，而且形成霓的阳光在水珠里多了一次反射，能量损失较多，所以霓要比虹暗一些。

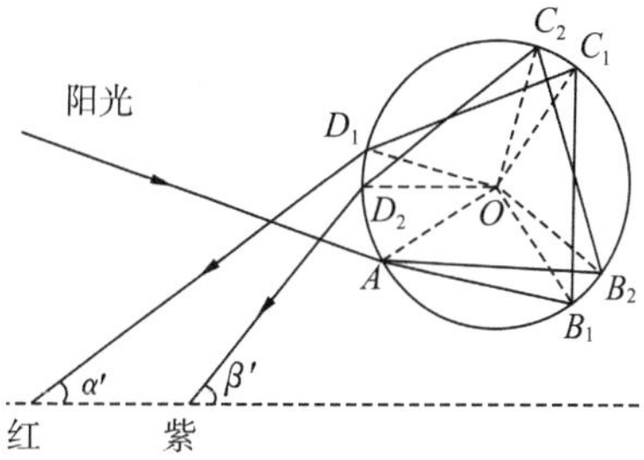

图8-16　霓的成因

（三）人眼观察到的虹霓

天空中有大量的小水珠，当平行射来的光线进入不同的小水珠发生色散后，不同色光的传播方向不同，但同一种色光仍为平行光，如图 8-17 所示。如果天空中 A 处的水珠射出的红光与 C 处水珠射出的紫光恰好同时射入我们的眼睛，那么 A 处以下、C 处以上的水珠射出的其他色光也应同时射入我们的眼睛。看上去虹的红色在上、紫色在下，排列成彩色的光带。又由于能够同时射入人眼中的同一种颜色的光是由一条弧线上的水珠发出的，所以虹是一条红色在外侧、紫色在内侧，分布在观察者为中心的 42°的圆环上的弧形彩带，如图 8-18 所示。同理，霓是一条紫色在外侧、红色在内侧，分布在以观察者为中心的 52°的圆环上，且在虹的上方（其实在虹霓之间还有一暗区叫亚历山大暗带）。综上所述，虹霓成因可用图 8-19 表示。

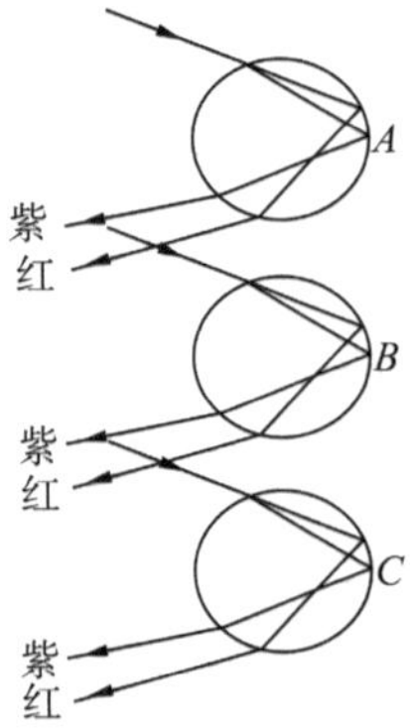

图 8-17　光的色散

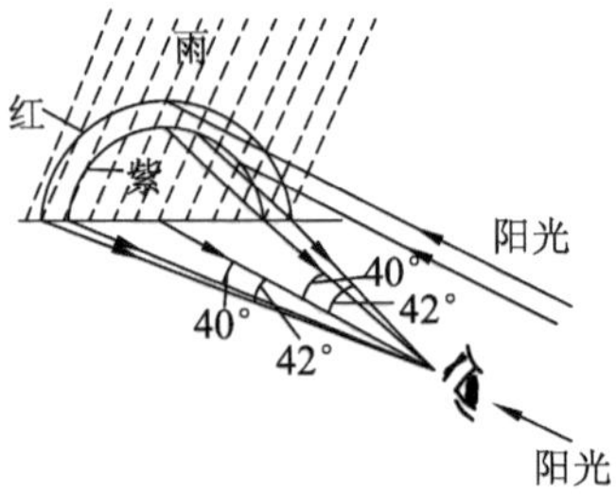

图 8-18　虹的弧形彩带

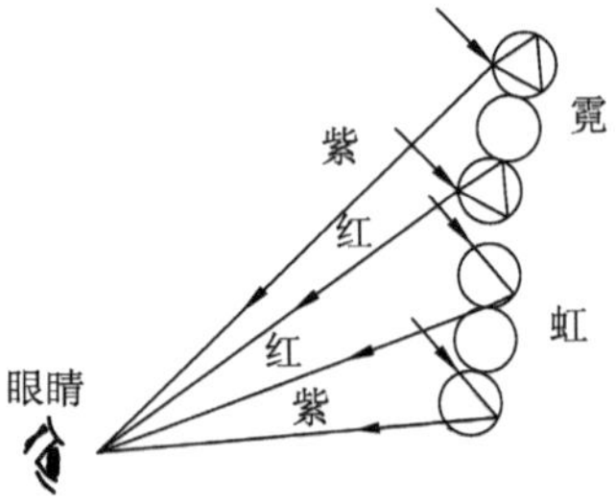

图 8-19　虹霓成因

副虹其实跟随主虹存在，只是因为它的光线强度较低，所以有时不被肉眼察觉而已。虹其实并非出现在半空中的特定位置。它是观察者看见的一种光学现象，彩虹看起来的所在位置，会随着观察者而改变。彩虹的拱以内的中央，其实是被水滴反射放大了的太阳影像。所以彩虹以内的天空比彩虹以外的要亮。彩虹拱形的正中心位置刚好是观察者头部影子的方向，虹的本身则在观察者头部的影子与眼睛一线以上 40°至 42°的位置。因此，当太阳在空中高于 42°时，彩虹的位置将在地平线以下而不可见。这亦是为什么彩虹很少在中午出现的原因。彩虹由一端至另一端，横跨 84°。一般的 35 mm 照相机，需要焦距为 19 mm 以下的广角镜头才可以用单格把整条彩虹拍下。倘若在飞机上，会看见彩虹会是完整的圆形而不是拱形，而圆形彩虹的正中心则是飞机飞行的方向。

另外，虹和霓的色彩亮度、纯度和鲜明程度与雨点的大小和数量有关。雨滴越大，色彩越鲜明。在降雨过程中，雨点的大小不会是始终如一的，所以站在同一地点看到的虹霓色彩也随时间而不同。雨在不断地下，假如新的雨点和前一瞬间的雨点大小有所不同，虽然虹霓的色彩和亮度有所变化，但由于眼睛的滞留效应，我们还是可以看到持续一段时间的彩虹。

三、虹与天气

虹的出现与天气变化密切相关。由于彩虹是太阳光线在大气水滴里折射和反射而形成的，所以彩虹的出现对天气具有一定的指导作用。很多农谚都概括出了彩虹与天气的关系。例如，虹高日头低，明朝着蓑衣；虹低日头高，明日晒得背皮焦；东虹日头西虹雨，南虹北虹卖儿女；东虹萝卜西虹菜，起了南虹遭水灾；早虹雨滴滴，晚虹晒破脸；朝虹满江头，夜虹草头枯……这些农谚虽然是劳动人民从生产劳动中总结的一些经验，但事实上这些说法都是有科学依据的。我国大部分地区处于中纬度，系统性降雨天气大多由西向东移动，虹的方位与太阳方位相反，如果早上在西方出现虹，表明西方雨区正在东移，天气将变坏；如果在傍晚看到东方出现虹，表明西方已转晴，雨区已移过当地，天气将变好。所以有“东虹日头西虹雨”的农谚。而太阳从东方升起，西方落下，所以暮虹就是东虹，朝虹就是西虹。

南虹、北虹只有在正午才有可能看到。在赤道附近，南北回归线（北纬23.5°～南纬23.5°）之间太阳几乎全年在天顶，故绝无南虹、北虹出现的可能，但是到了北纬40°以上，在冬天，太阳偏南最低之时，北虹就易看见了。因为在北纬40°的地方，冬至的太阳高出地平线只有26.5°，已低于42°，所以这时北方如有阵雨，地平线上就可看到虹头。就我国而言，冬天应是干燥少雨的季节，如有北虹出现，这个冬天必定有湿热多变的反常天气，对人类生活和农作物都是不利的。在我国除汕头以南的地方外，太阳绝不会到天顶以北去，所以不可能有南虹出现。

四、对虹成因的两种不科学解释

（1）一些刊物和教辅资料中有“空中小水珠由于受到重力作用形成上小下大似三棱镜”的说法，值得推敲。因为对于球径不过十分之几毫米的雨滴，它在空气中降落，表面张力足以使它保持球形，而不是上小下大的棱镜状。

（2）有的老师在讲到虹霓形成的原因时，认为光线在小水珠内发生了全反射。实际上这种看法也不正确，应该是发生了反射而不是发生了全反射。只要用折射定律求出光线在水珠内的入射角，再与临界角进行比较就清楚了。如前面图8-14所示，光线由大气进入水滴的折射角等于光线由水滴进入大气的入射角，因为$\frac{\sin i}{\sin\gamma}=n$，而$i<90°$，所以$\sin\gamma<\frac{1}{n}$，又因为$\sin C=\frac{1}{n}$，所以$\gamma<C$。即各种色光从水进入

空气不可能发生全反射，只是在界面处同时发生了反射和折射现象。

对虹霓现象认识的探究，是我们在江苏省“十三五”教育科学规划课题“STEM理念下初中物理教学的实践研究”引领下，以创新拔尖人才培养为导向开展的研究性学习案例。诚然，对虹霓现象认识的探究，高于现行教材和课程标准的要求，但对于开阔学生的科学视野，拓展光的反射和折射知识的学习与应用，明晰虹霓现象产生的科学机理，对进一步普及科学、破除迷信都具有积极意义。

参考文献：

[1] 刘树田．关于虹与霓的几个问题的分析 [J]. 物理教学，2012（2）：16-17，15.

[2] 应发宝，吴巧玲．从邮票上谈物理教学中STS教育的渗透 [J]. 物理教师，2006（5）：4-7，20.

（发表于《物理教师》杂志2021年第7期，有删改）

成果4 跨学科项目化学习的设计与教学实施[①]

——以“自制油量表”为例

李 刚

（苏州市教育科学研究院，江苏 苏州 251000）

摘 要：聚焦跨学科项目化学习的过程设计，以“自制油量表”为例，剖析了跨学科项目化学习的内涵、特征与学习模型。具体阐述了跨学科项目化学习的教学实施：创设真实情境，培养模型建构意识；循证优化制作，提升分析论证能力；公开展示成果，发展高阶思维能力；评价反思拓展，具身体验工匠精神。

关键词：跨学科；项目化学习；实践活动；油量表

《义务教育课程方案（2022年版）》在“课程实施”中要求“积极开展主题化、项目式学习等综合性教学活动，促进学生举一反三、融会贯通，加强知识间的内在联系，促进知识结构化”。《义务教育物理课程标准（2022年版）》在“课程内容”中新增一级主题“跨学科实践”，力图通过学科间的相互作用而生成综合育人合力，加强学生的实践性体验，培养其发现问题、解决问题、建构知识、运用知识的能力。开展跨学科项目化学习，实现问题的解决与知识的重构、活动的探索与理解的建构以及作品的创造和创意的成就，培育学生的认知能力、合作能力、创新能力和实践能力，以及物理学科核心素养。

本文以“自制油量表”为任务，开展跨学科项目化学习，引导学生运用浮力、杠杆、变阻器、欧姆定律、一次函数等知识构建模型，以项目主题及多个真实性问题链，激发学生的持续性实践活动和创造性思维，阶段性地呈现驱动型问题的认知路径和结构解析，锻炼学生面对复杂问题时的洞察力，提升学生自主学习的能力。

一、跨学科项目化学习的过程设计

（一）跨学科项目化学习的内涵及特征

跨学科项目化学习是指：“为了解决一个真实而复杂的问题，学生学习并创造性

---

① 基金项目：本文系江苏省教育科学“十三五”规划2020年度课题“STEM理念下初中物理教学的实践研究”（编号E-c/2020/21）研究成果之一。

地整合不同学科的核心知识和能力，以形成整合性的项目成果和新理解。”[1]首先，跨学科项目化学习是学生围绕真实的问题，应用相关学科的核心内容开展探究活动，创造性理解相关问题并解决问题，像专家一样实现对已有知识体系的解构与重构，构建反映专家思维的概念地图。

其次，跨学科项目化学习注重学科间的知识与方法的整合应用，而不仅仅是将多个学科的知识简单叠加与组合。例如，在计算火车过隧道的相关物理量时，虽然会用到语文知识提取有用信息、数学知识加以推导计算，甚至还会用到美术知识画出运动示意图，但该过程只是用到了学生已有的语文、数学和美术等相关技能，并没有对这些学科进行深入的学习和研究，最终产生的成果主要也是体现物理学科，所以不属于跨学科项目化学习。

再次，跨学科项目化学习注重学生的持续探究。一方面，学生全程参与学习过程，经历项目的设计、实施、评估、反思和修订等过程，在不同模块的体验中提升批判性思维、工程思维和实践素养等；另一方面，探究的历程由课内延伸至课外，通过在课堂的深度参与，建立发现问题、分析问题、解决问题和拓展应用等学习机制，进而掌握解决问题的一般化方法，并学会迁移应用于实际问题中，提升核心素养。

最后，跨学科项目化学习注重物化成果的公开展示，其学习主题大体分为三种类型[2]：以主题引领的探究活动，如从防治噪声污染出发，研究材料的隔声性能等，最终可形成不同材料的隔声性能的研究报告；以实际应用的设计类活动，如密度计的制作、简单电路的设计、机械模型的设计和制作等，制成相关的模型或作品等；以社会考察为主的体验性活动，如从节能的观点出发，完成“家庭用电的调查研究”等，针对考察内容提出相关建议和解决方法，形成小论文或调查报告；等等。跨学科项目化学习的物化成果体现目标导向或问题导向的学习设计，以成果要求引领学生进行学习活动，不断优化、升级物化成果的品质。

（二）跨学科项目化学习的实践模式构建

根据苏州市教育科学研究院初中物理育人模式构建项目组倡导的“四轮驱动·评价导航”活动育人专车模型，跨学科项目化学习是基于真实情境和问题的跨学科学习方式，是培养学生综合素养的重要途径。也是有效组织开展跨学科实践活动的重要抓手。“自制油量表”跨学科项目化学习模型如图 8-20 所示。

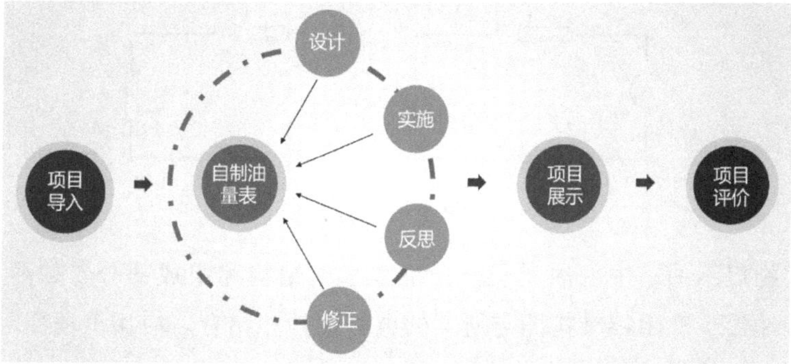

图 8-20 “自制油量表”跨学科项目化学习模型

学生经历项目导入，项目设计、实施、反思、修正，项目展示，项目评价的全过程，让学习真正发生。创设真实的问题情境，激发学生兴趣；注重突出问题导向，学生在项目实施过程中，会在项目设计、实施、反思、修正四个环节中循环反复，思维逐步引向深刻，促进深度学习；通过逻辑分析论证，学会知识的融合与迁移，感悟科学本质，提高综合运用所学的多学科知识来解决实际问题的能力。

二、跨学科项目化学习的教学实施

（一）创设真实情境，培养模型建构意识

教师呈现真实的问题情境：小明家新买了一辆燃油三轮摩托车，细心的小明观察了仪表盘，发现它和家里汽车的仪表盘不一样，只有速度表和转速表，缺少油量表，如图 8-21 所示。小明通过上网查阅资料得知，摩托车在行驶过程中，油箱内的油量得不到实时监测，可能遇到突然没油的情况，此时如果不及时加油，油泵会“裸露”于燃油表面，无法及时散热导致油泵损坏。

图 8-21 仪表盘

通过这一真实情境引出驱动任务：自制一只能实时监测油箱内油量的油量表。首先提出问题：油量的变化如何转化为仪表示数的变化？利用所学的欧姆定律相关知识，学生以电阻的大小变化为突破口，选用电压表或电流表的示数直观反映油量的变化，初步具备建构油量表的模型意识。学生设计了电路图，经过讨论发现增加一个定值电阻可以保护电路，提升电路的安全性，如图 8-22 所示。

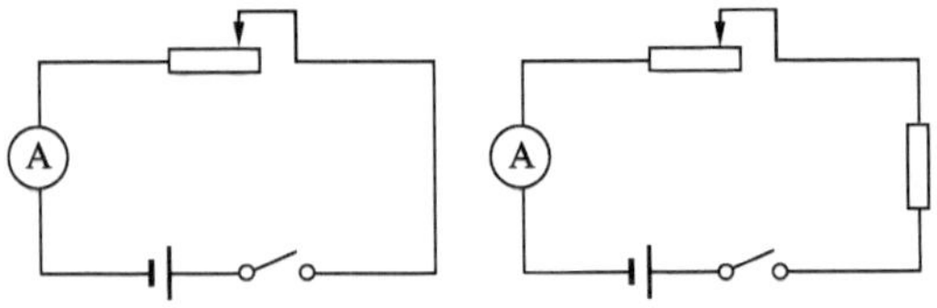

图 8-22　学生设计的电路（一）

教师实物展示油箱中的油浮子，介绍其基本结构和组成部分，如图 8-23 所示。引导学生将油浮子变阻器结构图与所学的电路设计相结合，应用滑动变阻器、杠杆、浮力和欧姆定律等相关知识，进一步完善油量表的电路设计，如图 8-24 所示。

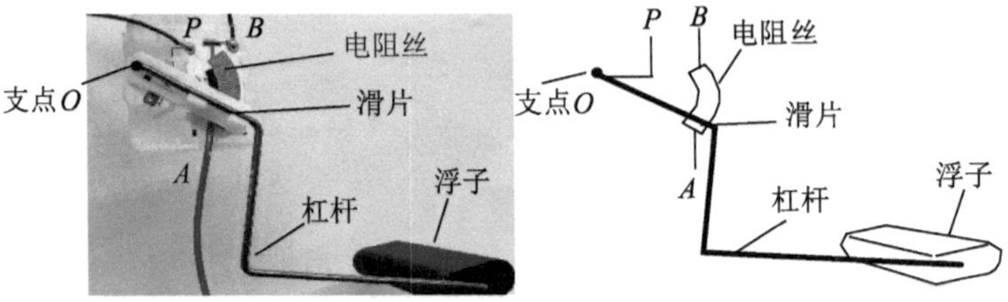

图 8-23　油浮子

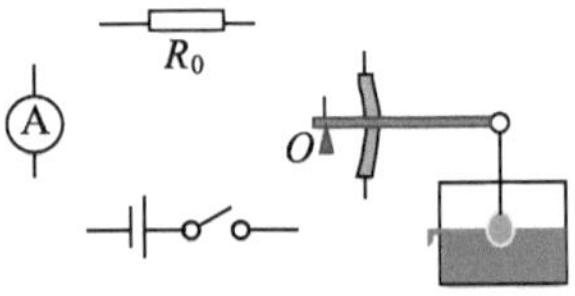

图 8-24　完善油量表的电路设计

再次展示学生设计的电路，如图 8-25、图 8-26 所示。经过比较，反思方案设计的合理性，图 8-25 所示电路中当油量增大时，电流表的示数变大，符合生活中产品使用的一般思维逻辑。在分析遴选过程中，培养学生的批判性思维。在具体的实践活动中加深学生对知识的理解，发展其合作能力、实践能力和创新能力。

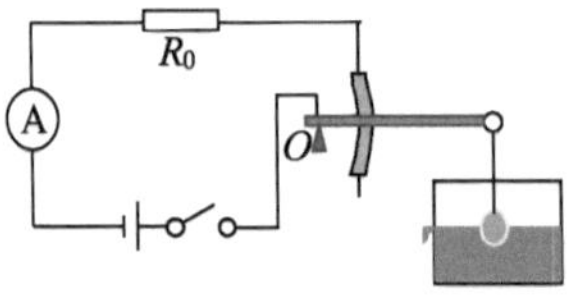

图 8-25　学生设计的电路（二）

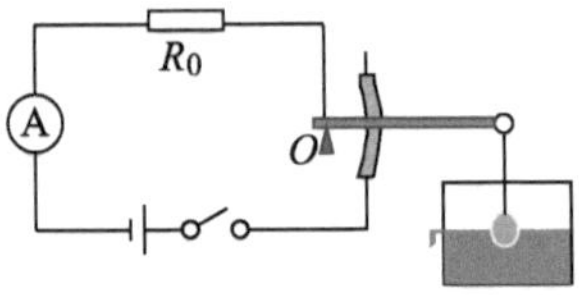

图 8-26　学生设计的电路（三）

（二）循证优化制作，提升分析论证能力

基于优化的方案，学生使用提供的器材完成油量表电路连接，包括干电池 2 节、5 Ω 和 10 Ω 定值电阻各 1 个、开关、油浮子变阻器、导线等。明确活动的任务要求，将油浮子安装在油泵模型上，并在电流表上标出 3 条刻度线，分别为油量为零、油量一半和油量满。考虑任务设置具有一定的挑战性，以微视频指导学生安装油浮子，再组织学生小组讨论如何确定油量表的零刻度线。在交流过程中，学生达成共识。图 8-25 所示电路中当油浮子在最低端时，电流表指针对应的刻度线为零刻度

线；当油浮子在最高点时，电流表指针对应的刻度线为油量满刻度线。

跨学科项目化学习要求学生亲身经历活动过程，关注证据意识的培养，经由分析和论证，提升作品的科学性，体现了跨学科项目化学习在化知识为素养方面的重要价值。教师指导各小组完成器材组装，展示三种典型的安装方式，每种方式中注意油浮子的位置。图 8-27 中当油量表显示为 0 时，油箱内还有油；图 8-28 中当油量表显示为 0 时，油箱内刚好没有油；图 8-29 中当油箱内没有油时，但油量表会显示还有油。经过分析学生一致认同图 8-28 的安装方式。

教师根据实际油量表的设计特点，提出开放性问题。生活中当油量表显示为 0 时，你希望油箱内刚好没有油，车马上停下来；还是油箱内还有部分油，可以让车行驶到附近的加油站。学生通过查阅资料，发现真实的油量表当示数为 0 时，油箱内浮子距离油箱底约 1 cm 高度，这部分燃油余量可供车行驶 20 km 左右。学生感悟到产品的人性化设计，对所设计的方案再次修正（图 8-27）。

教师提供适量水代替油，再用一个装有龙头的容器模拟油箱，如图 8-30 所示。以此来检测学生自制的油量表的性能。针对测试的现象，学生分析原因，加以修改完善，小组继续合作完成自制任务。学生循证优化作品的制作，以跨学科项目化学习激发强大的学习内驱力，体验学习过程的趣味性和成就感。

图 8-27　安装方式（一）

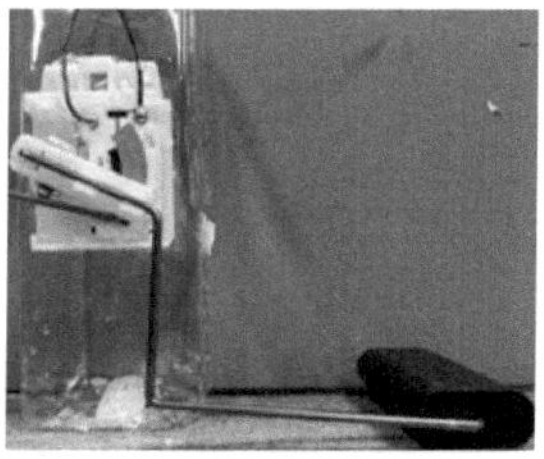

图 8-28　安装方式（二）

图 8-29　安装方式（三）

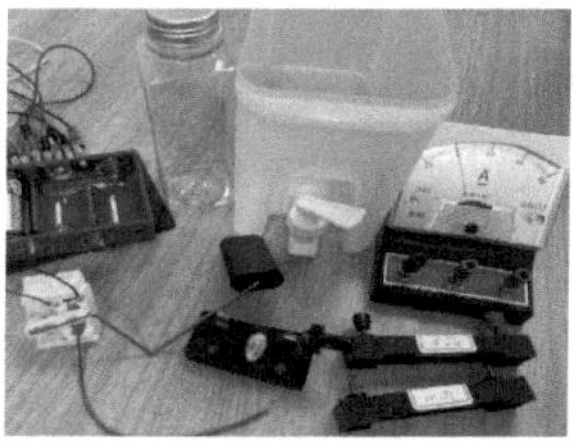

图 8-30　安装方式（四）

（三）公开展示成果，发展高阶思维能力

以小组为单位公开展示自制油量表的项目成果，提升学生的语言表达能力。对照表现性评价表（表 8-2），小组成员介绍油量表的功能，分享制作过程中出现的问题及其解决策略，提出还可进一步改进的地方，其他小组对油量表成品进行评议，

为课后升级油量表提供强有力的支撑。

表 8-2　自制油量表表现性评价

	指标	行为描述	自评（优、良、中、差）	他评（优、良、中、差）
过程评价	分析	能围绕探讨的问题收集相关信息，能寻找问题背后的原因		
	决策	能根据任务设计方案，能选择合适的器材		
	协作	能积极参与讨论，有良好的沟通能力，组内有明确的分工，能共同促进计划的实施		
	制作	尝试理解任务并形成可能的解决方案，能动手完成制作任务，遇到困难和问题能想办法解决		
	迁移	获得解决陌生问题的经验，获得隐性知识，形成正确的思维模式		
成果评价	外观	结构牢固，电表改装工艺精美		
	性能	刻度均匀，显示的油量准确		

学生观察到部分小组零刻度线和满刻度线间的跨度大，油量表精确度高。此外，还发现所有小组的油量表的刻度分布都是不均匀的。围绕上述问题，学生展开互动交流，探寻现象背后的原因。学生提出猜想：可能是滑动变阻器的最大阻值很大导致的，也可能是定值电阻的阻值大小不同引起的。当油浮子在最低端时，油量表显示为0，此时不管接入电路的定值电阻是多少，对应的电流表示数都很小。当油量满时，滑动变阻器的阻值为0。由欧姆定律可以估算，设电源电压为3 V，当定值电阻 $R_0=5\ \Omega$ 时，$I=0.6$ A；当 $R_0=10\ \Omega$ 时，$I=0.3$ A。所以选择5 Ω的定值电阻刻度线跨度更大，油量表精确度更高。针对油量表刻度不均匀问题，结合数学中函数的相关知识，得到表达式 $I=\frac{U}{R_0+R_P}$，I 与 R_P 是反比函数关系，进而证明了油量表的刻度不均匀。学生在展示过程中不断认识、发展、完善自我，整合科学思维方法、多学科知识，从定性和定量两个方面进行科学推理、论证，发现问题背后的原因，形成有效的问题解决策略。

(四)评价、反思、拓展,具身体验工匠精神

教师提出新的问题,用电流表改装油量表,无法实现刻度均匀,能否改进电路设计方案,使油量表的刻度均匀呢?学生表示可以用电压表来自制油量表,根据串联电路中电压的特点,电阻越大,其两端的电压越大,可将电压表并联在滑动变阻器两端。教师提示学生根据改进的电路设计可知,$U=IR_P$,仅当U与R_P是正比关系时刻度才是均匀的。要使滑动变阻器滑片移动时,电路中的电流仍然保持不变,应该如何设计电路呢?学生再次分小组合作,尝试重新绘制电路,来满足设计要求。如图8-31所示,在该电路中,移动滑片时电路中电流大小不变,电压表示数大小与其并联的电阻大小成正比关系。学生利用器材重新连接电路,标注油量表的刻度,但发现刻度依然不均匀,引起学生的思维冲突,促进学生深度思考。

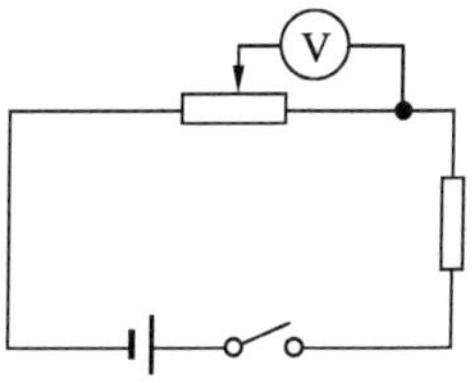

图8-31 学生重新绘制的电路

经过实验发现,油浮子变阻器阻值大小与油面高度的关系图如图8-32所示。学生找到问题的根源,发现油浮子变阻器阻值大小与油面高度并不是成一次函数关系。

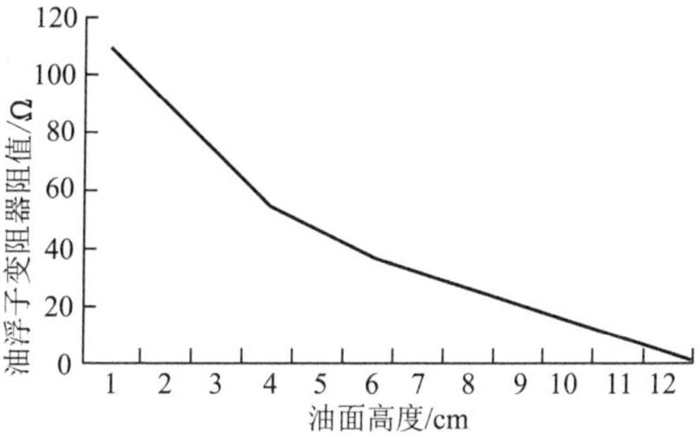

图8-32 油浮子变阻器阻值大小与油面高度的关系

教师实物展示生活中汽车油箱的截面图,其上下横截面积的大小不同,如图8-33所示。为了减小其他零件的影响,许多油箱上下都是不规则的,油量的多少与油面高度之间也不是线性关系。学生意识到一个产品的设计、制作、完善、升级和投入使用需要经历复杂的过程,引导学生大胆质疑,培养学生的批判性思维,提升学生的创新能力。

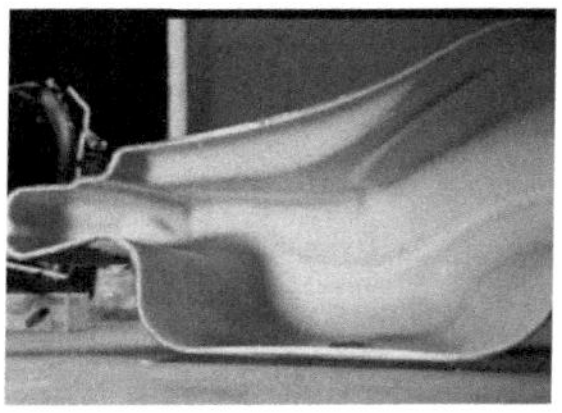

图8-33 汽车油箱截面图

三、跨学科项目化学习的教学思考

（一）培养学生的发散性思维

在教师提出没有油量表，如何才能知道燃油摩托车油箱中究竟剩余多少油，何时需要加油时，学生充分发挥发散性思维，如有学生提出可以随车带一个干净的小竹棍，经常把小竹棍插入油箱中看看油的深度来判断油的多少，随后被其他学生否决。有学生说可以凭经验，每次骑车之前摇一摇车，听一下汽油的响声，感觉少了就要加油。还有学生提出，每次加油后将计程表归零，记下跑了多少公里。学生的创新想法值得鼓励。

（二）促进学生的深度学习

在有限的课堂教学时间内，学生基本完成了自制油量表的设计、制作、检测和优化等。通过科学推理，学生认为用电压表改装油量表可以实现刻度均匀，但实际结果与理论分析存在明显差异，引发新的探究性问题。活动的重点不是让学生制作出多么精美的油量表，而是引导学生在真实情境中发现问题，创造性地解决问题，又在解决问题中发现新的问题，这种对问题持续地探索就是学习的本质，最终提升学生终身学习的能力。

（三）加强理论和实践相结合

经过项目化学习的过程，让学生了解到课堂上学不到的知识。很多三轮摩托车都没有油量表，但是可以通过油箱开关来掌握剩余油量。当油箱加满油或油多时，把油箱开关扳到主油箱位置，等油少主油箱不出油时，再把油箱开关扳到副油箱位置，这时油箱里还有 2 L 左右的汽油，三轮摩托车还能跑几十千米，及时加油就行了。加油后再把油箱开关扳到主油箱位置。设计者用这种简易的方法可省掉油量表。此外，油箱的形状是根据机械零件的结构及空间布局安排综合考虑的结果，与我们想象中的式样大不相同，这种工程思维给学生带来很多启示。

（四）达成作品的升级迭代

学生利用油浮子装置自制油量表，经历了项目研究的全程，最终制作完成油量表成品，有效地提升了工程思维，培养了理论与实验相结合的问题解决策略。跨学科项目化学习将实践活动由课内延伸至课外，利用表现性评价驱动学生课后继续合作，学生通过查阅资料等方式，不断攻破技术难点，完善油量表的设计方案，让作品不断迭代升级。

参考文献：

［1］夏雪梅．跨学科项目化学习：内涵、设计逻辑与实践原型［J］．课程·教材·教法，2022（10）：78-84.

［2］李刚．在综合实践活动中培养学生创新能力：以“制作简易的密度计”的教学为例［J］．物理教师，2021（3）：22-24.

（发表于《物理教师》杂志2023年第9期，有删改）

成果5 基于项目学习的初中物理综合实践活动的案例分析

——以“自制简易望远镜”为例①

陈 刚

（西安交通大学苏州附属初级中学，江苏 苏州 215021）

摘 要：基于项目学习的初中物理综合实践活动是以物理学科为核心，综合运用多学科知识和技能进行的一种综合性、实践性学习模式。以“自制简易望远镜”一课为例，从确定项目主题、设计解决方案、实施方案规划、展示交流评价四方面展开教学设计。基于项目学习的初中物理综合实践课有利于培养学生的核心素养，促进教师的专业成长，实现课程资源的有效整合。

关键词：项目学习；综合实践活动；STEM；望远镜

2004年苏科版初中物理教材中开始编入综合实践活动，它是在一章后或数章后为学生提供的一种项目学习活动。这种学习活动以物理知识和科学方法为基础，与生活、技术、工程、数学相联系，实现物理学科内的综合，甚至是跨学科间的综合。[1]

一、项目学习的内涵

项目学习译自英语“Project-Based Learning”（缩写为PBL），由美国进步主义教育家克伯屈最早提出。项目学习旨在为学生提供真实的情境和特定的教学目标，让学生制订计划，综合运用所学的多学科知识和技能，有效利用各种资源，解决一系列相互关联的现实问题，最终以产品或研究报告的形式结束。[2]它关注学生在活动中，在联系社会生活和自身已有知识经验的基础上，去主动构建知识，进而形成技能，增长经验。学生为完成项目任务，能充分发挥自身的主体作用，并在互助合作中独立地、创造性地解决实际问题。物理是实验性学科，在项目任务驱动下的学习既符合初中学生的年龄特征，又适合物理的学科特点。在活动中的每一次任务的完成中，学生能体验成功的欢乐，继而使初学物理的兴趣能持久地保持及发展。[3]高质

① 基金项目：本文系江苏省教育科学“十三五”规划2020年度课题“STEM理念下初中物理教学的实践研究”（编号：E-c/2020/21）和江苏省教育科学“十三五”规划重点课题“基于学生经验的物理深度学习研究与实践”（编号：E-a/2016/03）之阶段性研究成果。

量的项目学习往往指向学生学习的本质，成为发展学生跨学科素养最为重要的一种学习模式。[4] 基于项目学习的初中物理综合实践活动模式如图 8-34 所示。

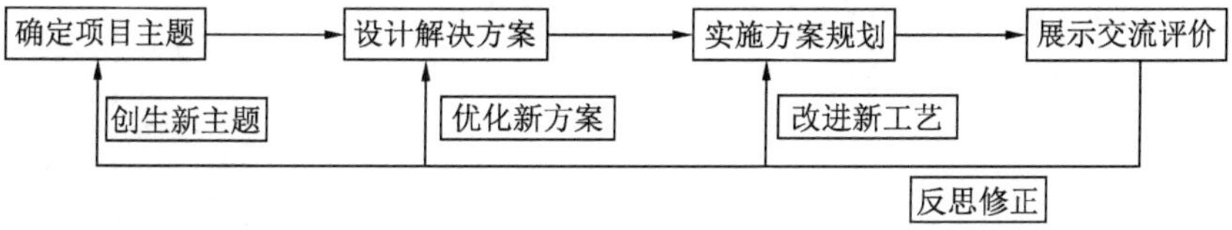

图 8-34 基于项目学习的初中物理综合实践活动模式

二、"自制简易望远镜"的项目学习案例

（一）基于生活，确定项目主题

制作简易望远镜是一个基于生活的工程类问题，它融合了多学科知识。目镜和物镜涉及了物理学中透镜成像的知识，有利于学生深化物理知识；月食、流星雨等与天文学有关，需要学生了解有关天文学知识；透镜、套筒等材料的选择、组装和固定等需要学生具备一定的工程基础知识。

笔者于 2021 年 4 月 16 日开设"自制简易望远镜"的教学，5 月 26 日 19:00 左右，学校所在地区可以观察到月食。以观察月食为目标向学生提出：大家想拥有一个装置能够更清晰地观看月食吗？主题明确，又有诱惑力，从而激发学生的兴趣。

（二）问题驱动，设计解决方案

由于初中物理弱化了凸透镜成像的作图要求，初中生还不具备望远镜成像原理的认知基础，如果简单告知两个透镜的距离，让学生根据提供的器材直接组装，就失去了综合实践课程的意义。我们从学生现有的认知（照相机和放大镜）出发，通过问题驱动，让学生在实验探究中认识望远镜的工作原理，了解其核心部件，进而提出解决方案。

1. 唤醒学生认知，再现照相机

师：同学们能利用工具盒（图 8-35）里的器材，给远处的教学楼照个像吗？原理是什么？

（学生仅用凸透镜操作）

生：凸透镜成像。

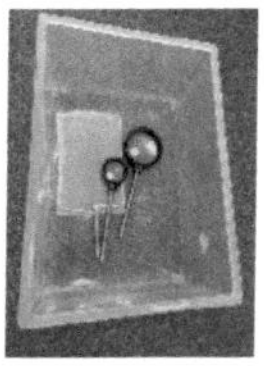

图 8-35 工具盒

师：照相机拍下来的照片可以随时欣赏它，凸透镜成的像可以随时看到吗？

生：不能。

师：看一下我们桌上的操作台，思考一下，这个操作台有什么作用呢？

生：把相应的器材插在萝卜上，便于固定器材。

（学生用凸透镜、光屏在操作台上操作，如图 8-36 所示）

图 8-36　学生操作

师：你们对底片上的美景满意吗？为什么？

生 1：像是倒着的。

生 2：太模糊了（不清晰）。

生 3：太小了……

师：像比较暗，看不清，你们有优化方案吗？

生 1：用手电筒照亮物体。

生 2：房间太亮了，可关灯。

（关灯观察，像明显清晰了）

师：如果现在我在室外，白天想要照相呢？

生：把光遮一下。

（出示内置光屏的套筒，学生改进实验装置，如图 8-37 所示）

图 8-37　改进装置

师：现在这个像清晰了，你们还有不满意的地方吗？

生：像很小且倒立。

师：为什么我们看到的是倒立、很小的像？

生：凸透镜相当于一个照相机，且物体离凸透镜太远，物距远大于两倍焦距。

师：同学们回答得都很棒，哪位同学愿意上来和我一起来模拟一下成像的原理呢？

（师生互动演示成像规律，并在黑板上贴上照相机成像原理板画，如图 8-38 所示）

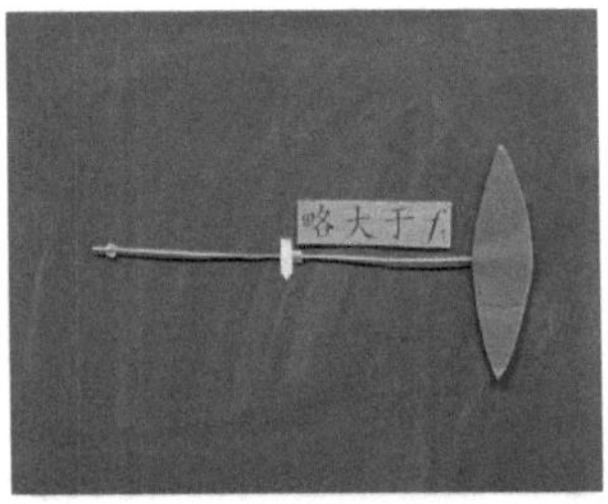

图 8-38　照相机成像原理板画

案例分析：放弃光具座，用萝卜作为固定器材的支架，与苏科版教材的实验思想一致——选择身边的器材进行实验。虽然随着经济的发展，大部分初中物理实验不再需要“拼拼凑凑做实验”，但是“坛坛罐罐当仪器”有利于学生发现身边的实验器材，使物理实验不再局限于学校、实验室，使物理实验走进家庭、走向社区和社会。利用学生已有认知，当 $u>2f$ 时凸透镜成倒立、缩小的实像，使远处物体的像成在近处的光屏上。通过问题驱动，要能在任何情况下看清像，需创造一个较暗的环境，使套筒自然出现，初步为望远镜的雏形做好铺垫。适时在黑板上贴上此时成像时像的大致位置，变抽象为直观，也为了解望远镜的成像原理做好初步准备。

2. 利用组合思维，再置放大镜

师：由于物体距凸透镜较远，像就非常小。我们能不能把这个像放大一点呢？你有什么好办法？

生1：让物体靠近透镜。

生2：换焦距大一点的透镜。

生3：加个凸透镜。

师：（追问生3）原理是什么？这个凸透镜如何放置呢？

生：利用放大镜的原理。将凸透镜放置在光屏的后方。

（学生实验如图8-39、图8-40所示）

图8-39 **学生实验**

图8-40 **学生实验**

师：请一位同学仿照之前的方法，在图8-38上再放置放大镜。

（学生贴板画，如图8-41所示）

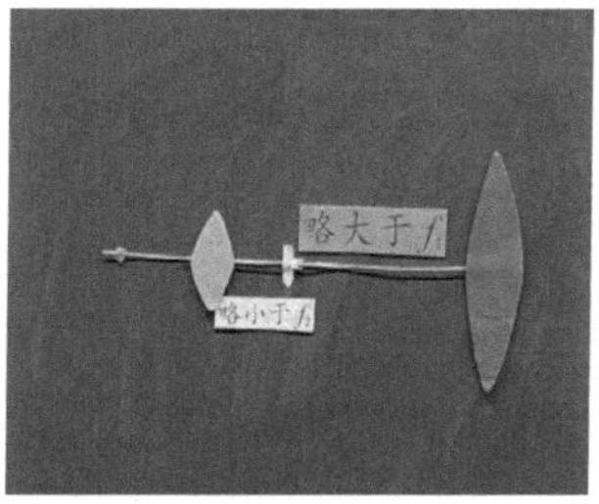

图8-41 **改进装置板画**

案例分析：继续借助学生已有认知，当 $u<f$ 时，凸透镜成正立、放大的虚像，将两个凸透镜组合使用，可以使远处物体较小的像适当放大，这就是望远镜的成像原理，但教师此时并不说破，为后续认识望远镜做足铺垫。

3. 巧用自制教具，初识望远镜

师：现在我们将套筒的后半截取下，透过透镜还能看到对面的教学楼吗？

生：哇！看到更清晰的像！

图8-37中的自制套筒由两截套筒组成，具体结构如图8-42所示（①为前半截，比较长；②为后半截，比较短，约2 cm；③为半透明硫酸纸，平整密封在后半截的一端，与前半截组装后置于筒内，相当于光屏；④为支架，可以插在萝卜上，便于固定；⑤为开口，规格为2 cm×1 cm，可以卡入凸透镜的支架，也可以根据需要前后调

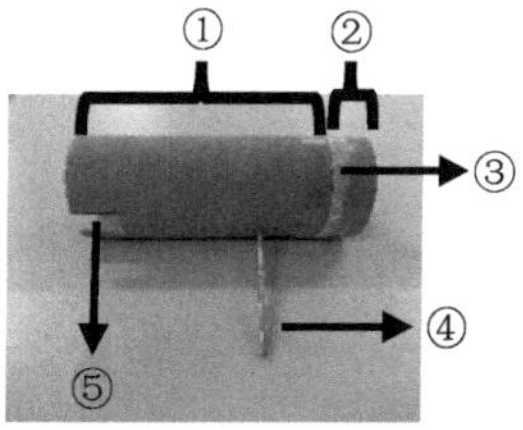

图8-42 **自制套筒结构**

节)。用单面胶将前后两截套筒组合后，将作为光屏的硫酸纸置于套筒内，这样既可以保证光屏置于较暗的环境中，也可以在该环节一起随着后半截套筒取下，当学生随后直接透过两个透镜再次观察到更清晰的像时，立刻顿悟——这不就是一台望远镜吗？图 8-41 的板画也就是望远镜成像的原理图，使无形变有形，抽象变直观，学生的认知进一步升华，成功到达最近发展区。此刻，学生不仅仅制作了望远镜，还了解了望远镜的主要部件，认识了望远镜的成像原理，为后续的选材、组装做好知识上的储备。

(三) 团队合作，实施方案规划

师：大家想拥有一架属于你自己的独一无二的望远镜吗？我们需要哪些主要器材呢？

生 1：两个透镜。

生 2：两个套筒，长度一长一短，直径一大一小。

师：现给大家准备了不同透镜组（图 8-43)。

（在组内讨论的基础上，组长选取透镜组）

师：针对本组选择的凸透镜的焦距，请组内讨论大小套筒的长度大约是多少？

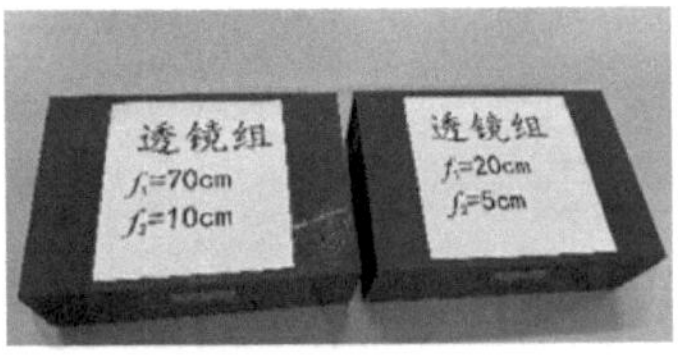

图 8-43　不同透镜组

生 1：我们组拿到的透镜组的规格是 $f_1=70$ cm 和 $f_2=10$ cm，根据黑板上的原理图，我们组应该选择长度为 65 cm 左右的大筒和长度为 15 cm 左右的小筒。

生 2：我们组拿到的透镜组的规格是 $f_1=20$ cm 和 $f_2=5$ cm，根据黑板上的原理图，我们组应该选择长度为 15 cm 左右的大筒和长度为 5 cm 左右的小筒。

师：在教室的中间我们摆放了很多套筒和辅助材料（图 8-44)，请同学们思考，选择合适的套筒和辅助材料。

（学生选择套筒和辅助材料）

师：我们如何组装器材呢？

生 1：可以用双面胶固定透镜，也可以用医用胶带固定透镜。

生 2：用泡沫塑料固定大、小筒。

师：大家先认真阅读大屏幕上的“提醒和建议”（图 8-45)，然后开始制作。

（学生动手组装望远镜）

图 8-44　套筒和辅助材料

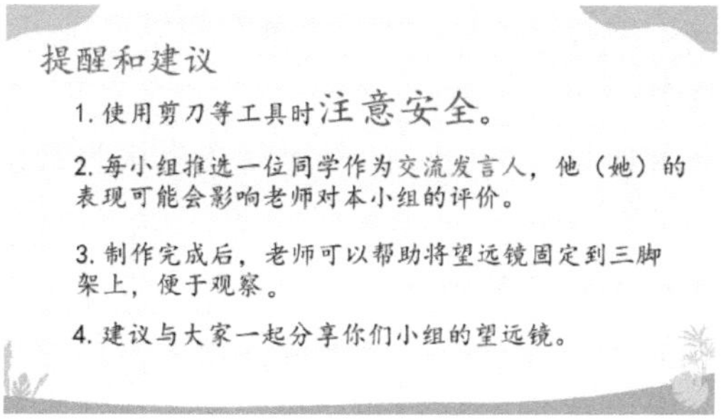

图 8-45　提醒和建议

案例分析：教师提供不同的透镜组，不仅能够给学生思考和选择的空间，还能让学生利用不同透镜组制作成不同放大倍数的望远镜，从而能够比较不同望远镜的性能。通过组内合作、组间互助，选择合适的组装器材，小组协作完成简易望远镜的制作。虽然知识准备充分，但是学生在组装过程中依然会遇到较大的困难，如两个凸透镜如何固定在大、小套筒内，大、小套筒如何连接才能既不松动，又能保证小筒能够适当前后移动。学生的操作能力和工程组装能力还有待训练和培养，因此该环节需要老师全程参与、组织和管理，及时跟踪项目进展、指导学生活动，不断激励学生，适时、适度地提供帮助和引导。

（四）展示交流，多元互动评价

师：已经完成望远镜制作的小组可利用自制望远镜观察远处的物体。

（学生利用望远镜观察，如图 8-46、图 8-47 所示）

图 8-46　学生活动

图 8-47　学生活动

师：每个小组表现得都很棒，请大家谈一谈制作过程中的感受。

第 6 组：制作过程很复杂，实验材料要精挑细选。

第 4 组：只要知道了制作原理，完成望远镜的制作就很简单。

第 2 组：我们在选材的时候选择的透镜小了，导致制作时不方便，但我还是觉得我们小组很棒。

第 5 组：我们在制作过程中，在安装物镜、目镜和套筒时出现分歧，后来我们静下心来认真分析了其中的原理，结合老师讲解的知识，成功完成了望远镜的制作，这个作品和老师的教导分不开。

师：请各小组组长和听课老师将你的奖牌贴在你认为最优秀的小组下方（图 8-48）。

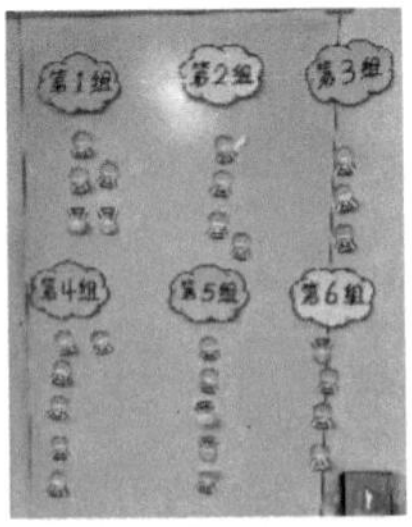

图 8-48 投票

通过组内自评、组间互评、教师他评，结合各小组成员整节课的过程动态、参与程度、项目作品的整体结构和使用效果作出多元评价。通过多元化的评价过程和结果，学生反思在学习过程中出现的问题，提高元认知水平。在展示、交流和评价过程中让学生形成经验性知识，这促进了知识的迁移和应用，学生的思维得以层层迭代，从而可以进一步让学生优化项目方案、改进制作工艺，甚至产生新的项目主题，最终达成深度学习，体会项目学习的乐趣。

三、项目学习的意义

（一）有利于培养学生的核心素养

项目学习是一种以学生为中心的学习方式，它更加注重学生的学习自主性，在学习过程中它通过创设具体的问题情景，以激发学生的兴趣，让学生成为主动的学习者。由于在一个项目任务中可能涉及多个学科知识，项目学习更加注重联系生活，注重学生的亲身体验，让学生在学习中学会综合运用知识与技术来解决生活中的实际问题；项目学习更注重对学生创造思维与能力的培养，问题的解决不拘泥于一种方法，学生可以结合自身特长与优势展开学习。[5]学生在项目的引领下学习，获取能灵活运用的综合性知识，从多角度思考解决问题的方法，提高思维能力。在实践活动中，培养学生独立思考和自主学习的习惯；在小组合作中，培养学生的合作意识和团队精神。

（二）有利于促进教师的专业成长

项目学习是跨学科、跨知识领域的综合学习，这就要求教师能整合物理学科的课程资源及其他学科的课程资源，甚至是社会生产生活中的资源，因此有时还需要其他学科的教师协同教研，梳理学习素材，根据学生的兴趣、能力和生活背景，确定项目主题，设计项目方案。这对教师的课程执行力、领导力和开发力提出了十分高的要求。在项目研究中，教师必须认真研读课标和教材，把握学生的已有认知，研究教学方式和评价标准，在实践中不断反思、总结，积累教学经验，形成课堂特色，促进自身的专业成长。

（三）有利于整合校本化课程资源

我国科学教育界倾向于将STEM作为一种以真实问题解决为目标，项目学习为途径的教学策略。可见，项目式学习理论与STEM理念不谋而合，且十分符合STEM教育培养综合性人才的宗旨。2019年颁布的《教育部关于加强和改进中小学实验教学的意见》（教基〔2019〕16号）指出：在实验教学中要遵循学科特点，积极推动学生开展研究型、任务型、项目化、问题式、合作式学习。鼓励学校向学生开放实验室，方便学生利用课余时间，以独立或小组合作方式开展实验探究。广泛利用校外资源积极开展科学实验活动。因此，项目学习的活动空间不限于教室，学习的内容不限于教材上罗列的素材。这就需要教师对教学资源重新梳理和整合，把学生的生活作为课程建设的源泉，从学生兴趣入手，结合自己的特长，整合地域教育资源，汲取现成教材中的积极因素，设计基于项目的综合实践活动，逐步生成和发展鲜明的课程特色，丰富初中物理课程内涵，有效整合课程资源，促进校本课程的建设[5]，也有利于“双减”政策的落地生根。

参考文献：

［1］刘炳昇．在物理课程中设置“综合实践活动”的意义和教学建议：以“苏科版”物理教材中的综合实践活动为例［J］．物理之友，2015（1）：1-5.

［2］杨彦军，饶菲菲．跨学科整合型STEM课程开发案例研究及启示：以美国火星教育项目STEM课程为例［J］．电化教育研究，2019（2）：113-122.

［3］杨勇诚．项目学习：初中物理教学的一种有效方式［J］．物理教师，2007（5）：24-25.

［4］韩叙虹．基于物理核心素养培养的STEM教学的实践和探索：以“重现富兰克林的风筝实验”项目式学习为例［J］．中学物理，2018（5）：2-6.

［5］杨勇诚．基于项目学习的“杠杆平衡条件”的教学设计［J］．中学物理，2014（8）：14-16.

（发表于《物理教师》杂志2022年第5期，有删改）

成果6　基于工程的跨学科实践

——来自 STEM 的启示①

顾　健，李　刚

（1. 西安交通大学苏州附属初级中学，江苏 苏州　215021；

2. 苏州市教育科学研究院，江苏 苏州　251000）

摘　要： 借鉴 STEM 教育的跨学科融合方式，以“走进非遗：自制杆秤”为例，阐述基于工程的初中物理跨学科实践活动的实施：工程设计——绘制草图，解构物理模型；模型应用——设计方案，紧扣学生认知；数学解释——解决问题，发展高阶思维；测试优化——实践应用，弘扬工匠精神；文化引领——解读内涵，传承优秀文化。对开展跨学科实践活动的教学提出三点思考：跨学科实践活动主题的选定取决于学生的认知水平，跨学科知识的整合应用根植于真实的问题情境，跨学科实践活动的实施融合于学科的专业特色。

关键词： 工程；跨学科；STEM；实践活动

《义务教育物理课程标准（2022 年版）》在课程内容中新增“跨学科实践”一级主题，其下包含“物理学与日常生活”“物理学与工程实践”“物理学与社会发展”三个二级主题，并指出“这部分内容的设计旨在发展学生跨学科运用知识的能力、分析和解决问题的综合能力、动手操作的实践能力，培养学生积极认真的学习态度和乐于实践、敢于创新的精神”。20 世纪 50 年代，美国科学教育者提出 STEM 教育，并得到其他国家科学教育者的普遍认同，认为提高国民的科学素养是提升国家综合实力的关键。STEM 是科学（Science）、技术（Technology）、工程（Engineering）和数学（Mathematics）四门学科的简称，强调多学科的交叉融合，能够为初中物理跨学科实践活动的设计、实施和评价等方面提供参考，具有良好的借鉴意义。

本文借鉴 STEM 教育的跨学科融合方式，以“走进非遗：自制杆秤”为例，具体阐述了基于工程的初中物理跨学科实践活动的实施，旨在提升学生动手实践的操作能力，培养学生的问题解决能力和实践创新能力。

---

①　基金项目：本文系江苏省教育科学“十三五”规划 2020 年度课题“STEM 理念下初中物理教学的实践研究”（编号：E-c/2020/21）、江苏省教育学会“十三五”教育科研规划重点课题“STEM 理念下初高中理科课程衔接的行动研究”（编号：190800）和江苏省中小学教学研究第十四期课题“基于课标的初中物理教师命题能力提升研究”（课题编号：2021JY14-L384）之阶段性研究成果。

一、基于工程的STEM教育

（一）设计思路

工程思维是一种系统思维，表现出运筹性、决策性、权衡性、集成性、复杂性和跨学科性的特点。[1]工程实践作为初中物理跨学科实践活动的一个重要组成部分，有助于培养学生的工程思维。

研究表明，科—数整合教育无须“引进”，科—技整合教育有将把培养科技人才降格为培养“能工巧匠”的误导风险，科—工整合才是最符合我国基础科学教育发展需要的STEM整合类型。[2]工程实践在中小学STEM教育的本土实践过程中体现了重要价值，其具体设计思路主要有三种：应用延伸型整合设计思路、工程框架型整合设计思路与设计探究型整合设计思路。结合三种整合思路的优势和目前我国初中物理教学的实际，笔者认为基于工程的初中物理跨学科实践活动可采用应用延伸型整合设计思路，强调在设计任务情境中运用已学知识，通过制定解决方案、检验设计合理性、权衡方案、讨论修正等过程发展工程设计能力。

（二）实践过程

美国STEM教育研究者Anne Jolly针对4～8年级的学生，将工程设计过程描述为8个步骤，包括定义问题、背景研究、想象、计划、创造、测试与评估、重新设计、交流，如图8-49所示。[3]陕西师范大学胡卫平教授团队对实施中小学STEAM课堂教学提出了基本教学程序，包括：创设情境、提出问题、自主探究、合作交流、总结反思、应用迁移。[4]

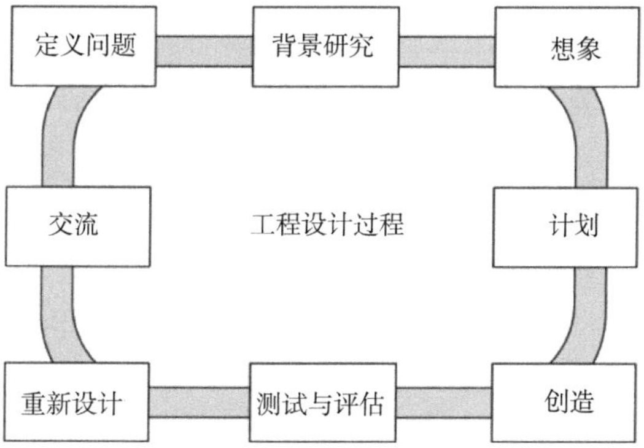

图8-49 工程设计问题发现与解决的一般过程

目前，基于工程实践的初中物理跨学科实践活动主要是学生在学习某主题的内容后，整合章节知识应用于生产生活中的工程设计。根据跨学科实践特点和初中物理教学的样态，笔者设计了活动的一般过程，如图 8-50 所示。它主要采用作品制作的形式，根据学生的学科知识基础、认知水平等，确定工程实践的问题，以物理学科知识整合为主导，其他相关学科知识应用为辅。方案设计过程包括功能定位、材料选取、草图设计等。功能测试与优化改进是一个循环迭代的过程，它对产品不断进行完善和修正，以最终达到要求。学生在展示作品与交流反思环节，对知识应用有了新的认识。通过师生的互动评价，学生产生较强的内驱力，提升了综合素质。

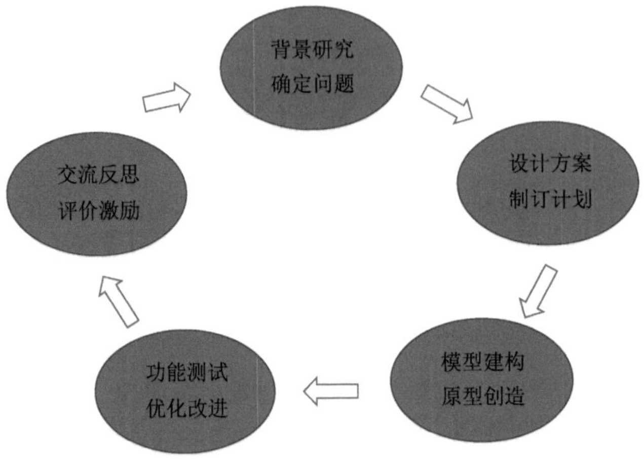

图 8-50　基于工程的跨学科实践活动的一般过程

二、基于工程的跨学科实践的教学实施

（一）工程设计——绘制草图，解构物理模型

通过非物质文化遗产杆秤的介绍，学生对杆秤概貌有了初步的了解。教师引导学生绘制杆秤的草图。利用磁吸式挂图板画呈现杆秤，拆解杆秤的各个组成部分。学生回顾简单机械的相关知识，使用杠杆模型解构杆秤是省力杠杆，标出杠杆的五要素。学生完善草图的设计，讨论并选取各个部件的器材。教师展示相关的实验器材［筷子（长约 45 cm）、秤盘、棉线、秤砣、铅笔、刻度尺、钩码等］，如图 8-51 所示。学生进一步制定制作步骤，如固定提纽、安装秤盘、标注刻度等，为杆秤的组装奠定基础。

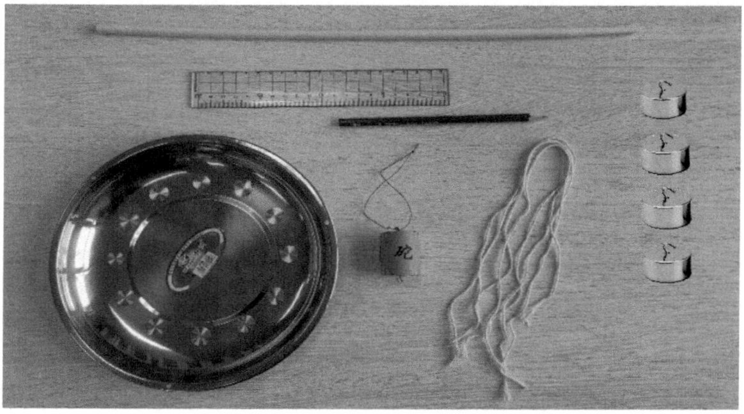

图 8-51 实验器材

（二）模型应用——设计方案，紧扣学生认知

在组装杆秤的过程中，存在两种设计方案。一种是先安装秤盘后固定提纽。在筷子粗的一端附近安装秤盘，再利用棉线制成提纽，左右移动棉线在杠杆上某个位置固定，该位置作为支点，可以使杠杆在水平位置平衡，如图 8-52 所示。该方案中 O 点为支点，秤盘和杠杆作为整体已平衡，O 点即为杆秤的零刻度线。在后面标记刻度环节，学生利用杠杆原理 $F_1L_1=F_2L_2$，即可推导得出杆秤的刻度分布是均匀的。另一种是先固定提纽后安装秤盘。用棉线制成提纽，在杠杆粗的一端附近加以固定，后用棉线安装秤盘，挂上秤砣，左右移动提纽，使杠杆在水平位置平衡，此时秤砣所挂的位置即为零刻度线。图 8-53 中 B 处为该杆秤的零刻度线。

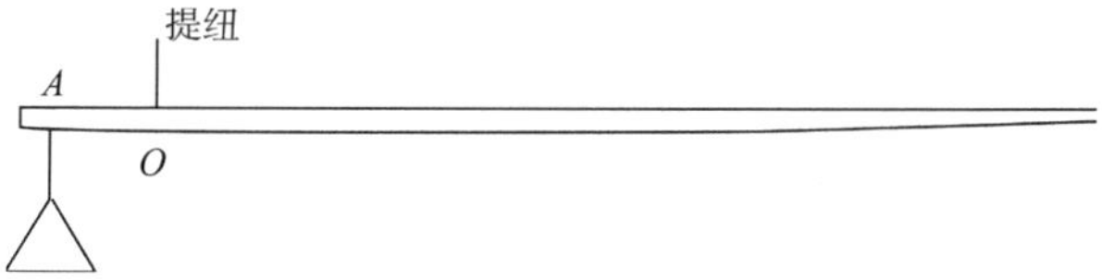

图 8-52 固定提纽

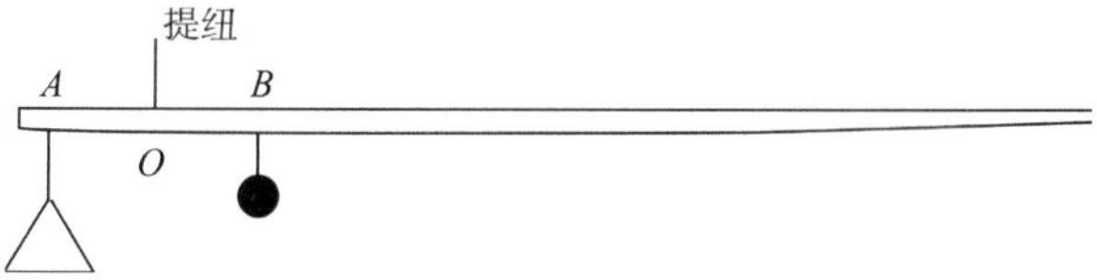

图 8-53 确定零刻度线

两种方案均考虑杆秤的测量作用，这是对杠杆模型的灵活应用。前一种方案对学生的认知水平要求较低，但与杆秤的实际制作流程存在差异；后一种方案要求学生具备一定的应用数学知识解决物理问题的能力，符合常见杆秤制作的一般化流程。

教师可根据授课学生的特点，自主选择方案进行设计，笔者在实践过程中针对方案二开展教学尝试。此外，杆秤的组装步骤较为复杂，可以采用小组合作与教师指导相结合的方法，如固定提纽和秤盘时要求同学会打结，秤盘被挂起时应处于水平等，促进小组同学积极思考，探索解决方案，发挥小组合作的重要性。

（三）数学解释——解决问题，发展高阶思维

学生确定零刻度线后，讨论标记刻度的方法。在秤盘内加 50 g 钩码，移动秤砣时秤杆在水平位置平衡，用铅笔在秤杆上秤砣悬挂的位置标为 50 g。笔者提供了 4 个钩码，学生利用同样的方法可标出 100 g、150 g、200 g 的刻度线，制作完成杆秤的毛坯。要求学生使用自制的杆秤测量一个苹果的质量（约 300 g），发现苹果的质量超出杆秤的量程，需要继续标记刻度。学生思考解决的方法，一些小组表示可以与其他小组合作，增加秤盘内钩码的数量；还有小组提出前面所标记的刻度是均匀的，可以继续等间隔标记。教师提出问题：杆秤的刻度是不是均匀分布的，如何加以证明？由图 8-54 可知，当在秤盘内加入质量为 m 的重物时，需要将秤砣从零刻度线 B 处向右移动至 C 处，秤杆在水平位置平衡。作出此时杠杆的五要素，由杠杆的平衡条件可知，$m_{重物}g\times OA=m_{秤砣}g\times BC$，从而得到 $m_{重物}=\frac{m_{秤砣}}{OA}BC$。对于该杆秤，$m_{秤砣}$ 和 OA 为定值，所以 $m_{重物}$ 与 BC 成正比，即杆秤的刻度线分布是均匀的。推导证明过程中，保持左侧阻力臂和右侧动力不变，学生对阻力增加量 $m_{重物}g$ 对应的动力臂增加量为 BC，而非 OC 存在疑惑，要求学生深入理解杠杆的平衡条件，并用数学知识解决问题。

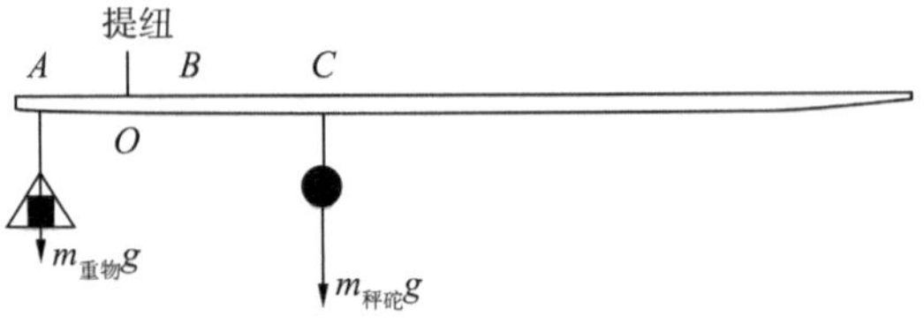

图 8-54　**称量物体**

（四）测试优化——实践应用，弘扬工匠精神

学生使用制作的杆秤称量苹果的质量，测试杆秤的称量效果，再用电子秤测出苹果的实际质量，两者比较后发现，存在一定的测量误差。要求学生提高杆秤的精确度，由于杆秤的刻度均分分布，现在杆秤的分度值为 50 g，可将相邻刻度继续等分 10 份，分度值变为 5 g；若再等分成 10 份，分度值变为 0.5 g。但相邻刻度的间隔特别小，标记刻度比较困难。教师提出问题：如何增大相邻刻度间的距离？可以

通过换小的秤砣来实现。播放非物质文化遗产中的杆秤制作工艺的视频，它由十余道工序构成，做法讲究，工艺精细，测量精确。图片展示教材中动物园的工作人员利用一根杆子称出了一头大象的质量，要求学生也思考如何用手上的杆秤称量大象的质量。通过巨大的反差对比，学生讨论增大杆秤量程的方法。教师补充古代劳动人民就利用这些方法，包括增大秤砣的质量、减小提纽与秤盘的距离、增大杆秤的长度等，制作出各种不同规格的杆秤，以满足不同领域的需求。实物展示量程分别为 5 斤、60 斤、100 斤的杆秤，通过改变支点的位置来改变量程，比较秤砣的大小及秤杆的长短。让学生深刻感受杆秤制作技艺传承人是如何完美地诠释工匠精神的，他们对杆秤的质量有着精益求精的品质追求。

（五）文化引领——解读内涵，传承优秀文化

杆秤已有两千多年的历史，它的发明与改进汇集了劳动人民的智慧结晶。在生产、生活中，杆秤也被人们赋予了文化内涵。播放微视频介绍杆秤的发展简史，杆秤起源于楚国，相传是范蠡发明的，他受桔槔在井中取水的启发，根据桔槔上的石块上下移动打水，制成了杆秤。结合教材中杆秤的图片，介绍杆秤的文化内涵。秤的杆叫作衡，砣最早是环状的，叫作权，所以才有权衡之说。早期一斤是 16 两，有种说法叫半斤八两，表示差不多，彼此一样，不相上下。1959 年后为了与国际接轨，才把一斤改成 10 两。杆秤还有许多美好的寓意在里面，比如结婚时用秤挑红盖头，寓意称心如意。将中华传统优秀文化融入跨学科实践活动，激发学生探索钻研的精神，产生强烈的民族认同感与国家自豪感。

三、开展跨学科实践活动的教学思考

（一）跨学科实践活动主题的选定取决于学生的认知水平

学生的认知水平直接影响跨学科实践活动的效果，主题的选定既要关注学生已有的知识储备，又要关注本学科外的内容掌握情况，还要熟悉学生的技能水平，包括处理数据的方法、推理演绎的应用及动手操作的能力。跨学科实践活动主题的选定可以根据教材中的实践活动设置，如制作一个医用冷藏盒、制作简易密度计等。教师也可借助生活中的器材，自主开发主题活动，如制作一个水动力小车、制作一个电磁玩具等。实践活动的主题要能够体现工程实践的综合性及问题解决过程的开放性，以提升学生的实践素养。

（二）跨学科知识的整合应用根植于真实的问题情境

跨学科实践活动将多个学科知识进行有机整合，并将其应用于工程设计、作品

制作、优化改进等各个环节，以提升作品的科学性、实用性、精确度和美观度等。学生在各种真实的问题情境中，灵活运用多学科知识解决问题。对于部分问题，可在学生小组内自主合作解决；还有部分问题，可由班级同学共同讨论解决方法；对于挑战性的问题，需要教师引导帮助。对跨学科知识进行整合，不是将多个学科知识进行简单的组合，而是根植于真实的问题情境，从而提升学生的分析与综合能力，培养发散性思维能力。

（三）跨学科实践活动的实施融合于学科的专业特色

跨学科实践活动立足于具体的学科教学，以本学科知识应用为主体，渗透相关学科知识，彰显本学科的专业特色。物理是一门以实验为基础的学科，跨学科实践活动以实验引领学生完成学习任务，以思维进阶驱动学生解决问题，能够有效发挥实践活动的教育价值。学生在跨学科实践活动中，既可迁移应用本学科知识、方法，促进对本学科概念、规律的掌握，还能促进相关学科内容的统整。

参考文献：

［1］何善亮．中小学工程教育的价值、内容与路径［J］．教育科学研究，2020（10）：68-74，80.

［2］唐小为，王唯真．整合STEM发展我国基础科学教育的有效路径分析［J］．教育研究，2014（9）：61-68.

［3］孙妍妍，何沣燊．以“工程”为中心的STEM课程驱动问题设计研究［J］．华东师范大学学报（教育科学版），2021（8）：33-44.

［4］胡卫平，首新，陈勇刚．中小学STEAM教育体系的建构与实践［J］．华东师范大学学报（教育科学版），2017（4）：31-39，134.

（发表于《物理教师》杂志2022年第10期，有删改）

成果7 在综合实践活动中培养学生创新能力

——以“制作简易的密度计”的教学为例①

李 刚

（苏州市教育科学研究院，江苏 苏州 251000）

摘 要：物理综合实践课是以初中物理学科知识为知识背景，由教师有目的、有计划、有组织地综合运用所学物理知识，开展以多样化的活动方式，且以学生为活动主体的实践性、自主性、创造性、趣味性及多样性的单元主题活动课。它为学生物理核心素养的培养，特别是实践创新能力的培养提供了空间。

关键词：综合实践；创造性实验反思策略；创新能力

苏科版初中物理教材相对以往的教材有一个显著的变化，就是设置有“综合实践活动”，它是在一章或数章后为学生提供的一种特别的项目学习活动。它从培养创新型人才和发展学生个性特长的要求出发，以期优化物理课程的探究性学习结构。

这种学习活动具有以下特点：① 以物理知识和科学方法为基础；② 实现物理学科内的综合和跨学科的综合，它与生活、技术、社会相联系；③ 需要有相对全面的实践过程（如有较为完整的课题探究或技术设计过程）；④ 必修与选修结合（所有学生都必须参与综合实践活动学习，但课题的数量和内容由各组学生自己选择）；⑤ 课内与课外结合，主要任务在课外通过小组合作完成。

如何实施综合实践活动？如何培养学生创新能力呢？笔者以综合实践课“制作简易的密度计”为例，谈谈怎样以创造技法为依托，以实验反思为策略，使综合实践课从课内向课外延伸，从而促进学生实践创新能力的培养。

一、教学内容特点分析

综合实践活动是一种基于物理知识和科学方法的项目学习活动，让学生围绕项目任务经历全过程的探究和设计，有利于提升其科学探究和技术设计的能力。

本节课主要包含学生动手实践、尝试体验、反思评价、收获成果四部分，具有

① 基金项目：本文系江苏省教育科学“十三五”规划2018年度基础教育立项课题“物理实验反思下学生创新能力培养的实践研究”（编号：E-c/2018/12）和江苏省教育科学“十三五”规划2020年度课题“STEM理念下初中物理教学的实践研究”（编号：E-c/2020/21）之阶段性研究成果。

四个特点：① 知识的综合性。这节课综合运用了重力、浮力、密度、二力平衡等概念。② 材料的多样性。“配重”的种类不是唯一的，不限定学生的思维。③ 方法的多种性。在使吸管竖直漂浮的教学过程中可采用“试错”教学法，让学生尝试失败并纠正错误，收获成果，让学生反思评价，得到最优解决方案。④ 结果的开放性。课堂发散式结尾，从两个方面引发学生思考：a. 从创造性思维的角度，看是否可以进行迁移；b. 从实验材料本身角度，看是否可以改进，从而培养学生的创新能力。

二、教学路径设计

教育路径设计如图 8-55 所示。

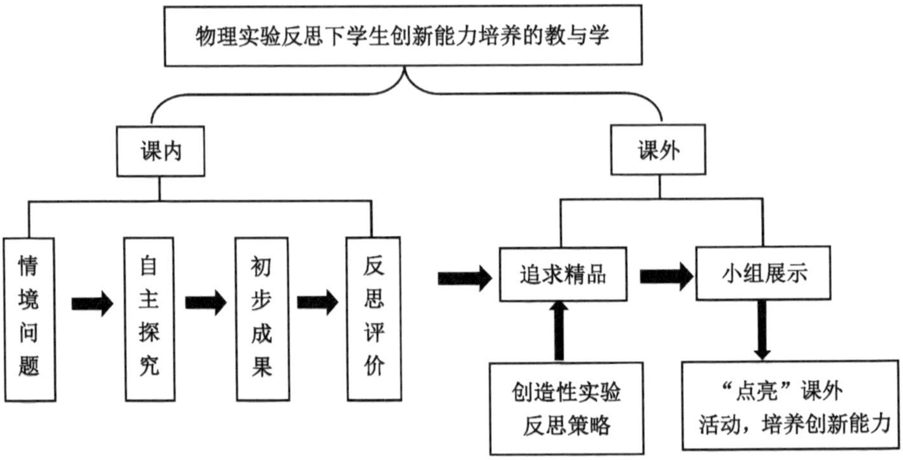

图 8-55 教学路径设计

三、教学实施过程

（一）创设情境问题，进行自主探究

笔者通过创设如下的情境，以问题解决为线索，构建一个统领整节课的大背景，让学生在解决问题的同时运用相应的知识。

教师手上拿了一根密度计，将它放入装有液体的容器中，观察到液面对应密度计的刻度线，显示容器中液体的密度是 1.1 g/cm^3。容器中装的是普通的自来水，水的密度应该是 1 g/cm^3，故这是一支不达标的密度计。

问题 1：如何制作一支标准的密度计呢？

问题 2：实验台上有一根塑料吸管，现在请大家将这支吸管放入水中，观察一下，它能否像刚刚的密度计一样竖直漂浮在水中？

问题3：如何让塑料吸管能竖直漂浮在水中，这是利用了什么原理?

问题4：如何在塑料吸管上标注刻度线?

问题5：自制的密度计的刻度线有什么特点?

学生在真实情境问题中慢慢学会了“直立行走”。教师直接把多样的材料展现在实验台上，引导和激发学生逐一攻克制作过程中遇到的问题。例如，如何让一支吸管竖直漂浮在水中，可放手让学生操作实践，学生可能会想到将橡皮泥包裹在吸管外面，此时不要急于去纠错，而是及时鼓励，激发学生的创造欲。实验最难的部分就是标注密度计的刻度线，学生会想到找不同密度的液体，然后将吸管放在液体中划线。教师要先肯定学生的想法，并给予鼓励。慢慢引导学生运用所学知识认识到橡皮泥包裹在吸管外面的缺陷，以及无法根据长度标出刻度线，让学生知其然也知其所以然。情境问题能启发学生自主发现问题，促成学生获得成功的体验，激发他们的探究欲望和学习兴趣，提高其思维能力和思维品质。

(二)对学生的初步成果进行反思评价

在教学过程中，用到吸管、橡皮泥、钢丝和水等实验器材，学生参与度高，态度积极，课堂氛围轻松活泼，对于学生的成果及时点评，促进学生深度学习。

问题6：大家可以用自制的密度计测一测实验台上的盐水密度是多少?看哪组测得最准?

问题7：今天在如此短的时间内制作好密度计，同学们表现很棒。下面讨论一下在制作密度计的过程中大家发现了哪些问题，或者遇到了哪些困难?

问题8：同学们思路非常开阔，我们一直在想怎么把刻度线画在外面而且不掉色?为什么不能把刻度线画在吸管里面呢?大家再想一想我们的密度计还有什么地方可以改进的呢?

在学生制作结束后，给学生时间思考他们制作的密度计有哪些可以改进的地方，引导学生反思，让他们通过自己的思考提出针对各种各样问题的解决方案，如“封口”问题，因橡皮泥易溶于水，如何改进该方法?“配重”问题，即每种尺寸的吸管配备多少钢丝或螺丝钉最为合适?刻度线的标注问题，等等。

(三)追求精品，培养学生的创新能力

实践在物理学习中占有重要的地位，是学习者学习物理知识、应用物理知识和研究物理问题的重要手段、途径和方法。在实践中不断创新，这是综合实践活动课的优势。学生制作密度计的方案层出不穷，但要有所创新，教师还应该引导学生出“精品”。部分学生的创新能力不足，要做出一个实践创新的“产品”，往往会缺乏一些创造技法。为了解决这类问题，笔者团队总结出一套“创新性实验反思策略”，在

学生自我反思结束后，教师可以引导学生通过该反思策略，对他们所经历的实验过程及实验过程中遇到的问题进行评价、批判和再次深入探究，旨在使学生的创造性得到发展，创新素养得以养成。

学生借助教师提供的“创新性实验反思策略”，尝试进行反思：① 能否借用？即能否借用其他实验的经验？此实验有无与过去的实验相似的东西？可以模仿点什么？② 能否改变？即实验的器材、步骤、测量方法、数据处理等能否作其他改变？③ 能否代用？即能否用其他实验原理、其他动力、其他场所、其他方法等取而代之？④ 能否组合？即整套实验器材、实验方案是否统一协调，能否进行适当的组合？能否和其他实验进行组合？能否综合其他人的实验主张？能否综合其他人的创新实验设想？⑤ 能否扩大？即实验中能否增加什么？实验的器材、次数、质量、长度、厚度等能否增加？实验的附加价值能否扩大？⑥ 能否缩小？即实验中能否减少什么？实验器材能否再小点、浓缩、微型化、低些、轻些？实验装置能否采取内装？⑦ 能否重新调整？即能否更换部分实验器材，用其他的型号、种类，用其他的设计方案，按其他的顺序？⑧ 能否颠倒？即能否颠倒方位？⑨ 有无其他用途？即现有实验还有没有新的用途？或稍加改进能否扩大它的用途？根据“奥斯本检核表法”创生的“创新性实验反思策略”，充分保留了“奥斯本检核表法”的重要特征，有利于打开发散思维，在初中和高中的物理教学实践中，被证实对培养学生的创新能力效果明显。

（四）拓展外延，展示成品

综合实践活动的选题能够将物理与自然、生活、社会、技术、环境联系起来，利用这种活动有利于对学生进行科学、技术、社会、环境教育。

布置任务：学生查阅密度计的相关资料，了解密度计在生活中的应用情况，归纳整理收集到的信息资料，为制作成品准备所需要的材料。

探究与制作：以项目小组为单位，交流、讨论收集到的信息，制定方案，开始制作密度计。用故事板的形式将小组的想法、设计图纸、解释设计方案、数据记录表、得出的结果、感想等记录下来，在课上交流展示。

这项活动给予了学生较大的创造空间，学生可根据自己的兴趣、爱好、联想创作出各种各样的作品，体验创造的快乐。本次活动将通过小组自评、互评及教师评价等方式，对密度计的设计及制作过程、性能、外观，以及器材、资源的利用，时间的管理，团队合作等方面进行评估，指出最成功之处，并针对不足之处提出优化的建议，提升了学生的批判性思维能力。

四、结语

在苏科版义务教育物理教材中，共设置了九个综合实践活动，其选题来自对自然界的观察、生活应用的需要和社会发展的需求。综合实践活动课主题大体分为三种类型：以研究性学习为主的探究活动，如从防治噪声污染出发，研究“比较材料的隔声性能的方法”等；以实际应用的设计类活动，如密度计的制作、简单电路的设计、一个机械模型的设计和制作等；以社会考察为主的体验性活动，如从节能的观点出发，进行“家庭用电的调查研究”等。

不同类型的综合实践活动应采用不同的设计路线：探究性活动一般以“主题—探究—表达”的过程来设计，而技术与制作活动通常以“任务—方案—评价”的方式来组织。针对学生动手操作能力较弱的现状，综合实践活动有利于强化学生的工程设计理念，培养学生的实践创新能力。综合实践课中技术与制作活动的特点决定了其成为发展学生创新能力、科学论证能力、实践应用能力等关键能力的天然载体。

（发表于《物理教师》杂志2021年第3期，有删改）

成果8 STSE理念下的深度学习课堂教学模式初探①

李 康
（苏州工业园区金鸡湖学校，江苏 苏州 215000）

摘 要：综合实践活动充分体现STSE理念的四个维度（科学、技术、社会和环境），为了实现培养学生灵活运用知识、发展学生思维品质的目标，就必须落实深度学习。本文以综合实践活动“制作简易的密度计”为例，浅谈STSE理念下针对综合实践活动的深度学习课堂教学模式的构建。

关键词：STSE；深度学习；课堂教学；综合实践

STSE即科学、技术、社会和环境，基于STSE理念的教学强调教师在学科教学中，不仅要重视科学知识的教学，还要关注科学知识与技术、社会和环境等方面的联系及跨学科的教学。因此，学生学习的过程不再是单纯获取知识的过程，更是将所学知识学以致用、培养核心素养的过程。

深度学习是区别于浅层学习的一种学习模式，是指在理解学习的基础上，能够批判地学习新的思想和事实，把它们融入原有的认知结构中，能在众多思想中进行联系，并能将已有的知识迁移到新的情景中去，作出决策和解决问题的学习。深度学习同样强调学生建构知识、内化知识、应用知识和培养思维能力的过程。

综合实践活动充分体现STSE理念的四个维度，为了实现培养学生灵活运用知识、发展学生思维品质的目标，就必须落实深度学习。当前，已有不少关于深度学习的具体教学策略，如重演关键步骤、解决实际问题等，旨在探寻引导学生进入深度学习的具体方法，让学生在真正获取知识的同时发展关键能力，但对于深度学习课堂教学模式的研究并不多。因此，基于STSE理念下针对综合实践活动的深度学习课堂教学模式的构建尤为关键。本文就以苏科版初中物理第九章综合实践活动“制作简易的密度计”为例，浅谈课堂教学模式的建构与思考。

① 基金项目：本文系江苏省教育科学“十三五”规划2020年度课题“STEM理念下初中物理教学的实践研究”（课题编号：E-c/2020/21）、江苏省教育科学“十三五”规划重点课题“基于学生经验的物理深度学习研究与实践”（编号：E-a/2016/03）、江苏省教育科学“十三五”规划课题“互联网+背景下初中物理情境体验式教学的实践研究”（编号：C-c/2016/02/67）和苏州工业园区“十三五”教育科研青年专项课题“基于中考STSE试题分析的物理教学实践研究”（课题编号：2019086）之阶段性成果。

一、有趣的引入——深度学习的前提

学习的主体是学生，教师在教学中只起到主导作用，因此，如何让学生积极主动地参与到课堂中是落实深度学习的首要问题。

【教学片段1】

师：将鸡蛋放入装有盐水的烧杯中，处于什么状态？

生：漂浮状态。

师：向烧杯中不断加水，观察鸡蛋露出液面的情况怎样变化，并解释原因。

生：鸡蛋露出液面的部分变小。当浮力一定时，随着液体密度的变化，鸡蛋排开液体的体积发生改变。

师：（播放动画演示）这艘轮船是从河入海还是从海入河？为什么？

生：从河入海，当浮力一定时，液体密度增大，排开液体的体积减小。

师：如果船身标有刻度线，则可用于测量液体的密度。重力不变的轮船，船身形状对测量精确度有何影响？

生：船越细越高，刻度线越多，测量越精确。

通过演示实验和动画演示，刺激了学生的视觉感官，再辅以解释、分析，引导学生利用已有的漂浮条件知识解决实际问题，唤起相关的科学知识，激发学生的学习兴趣，引出课题。课堂的引入需要充分调动学生的学习积极性，可以通过演示实验、视频、动画、图片、故事等不同形式，或引发学生的认知冲突，或引导学生将所学知识应用于日常生活中，为学生的深度学习提供前提保障。

二、充分的体验——深度学习的方式

学生的主动参与只是前提，如何将教师的灌输式教学真正转变为学生的深度学习，关键在于教师要设置丰富的教学活动，学生通过经历科学探究过程，确保获得充分的体验。

【教学片段2】

师：根据桌上器材，思考如何将吸管封口？实验中要注意哪些操作细节？

生：为了使密封性更好，可以利用液态蜡进一步封口。

师：观察将吸管改造成“吸管小船”后的下水情况，若“吸管小船”不稳，如何解决？

生：加沙子，以降低“吸管小船”的重心，使吸管竖直漂浮。

师：改造完的“吸管小船”下水后，可得到第一条刻度线，如何确定其他的刻度线呢？

生：可将“吸管小船”放入多种已知密度的液体中，确定其他刻度线的位置。

师：若没有带来已知密度的不同液体，是否可以理论推算出其他刻度线的位置？

生：测出密度计浸入水中的深度 H，就可以利用公式 $h=\frac{\rho_{水}}{\rho_{液}}H$，计算其他刻度线的位置。

以学生为中心的深度学习活动，一定是建立在学生已有知识经验的基础之上的，让学生灵活运用知识、迁移知识，经历理论设计、动手实践操作、方案优化改进的学习过程，其中科学探究便是最佳选择。在制作密度计的环节中，由于不同小组的进程不同，可将相关操作要点推送到学生在线平台，利用在线资源分组完成实验探究，既能保证学生自主参与、充分体验，同时又能针对不同小组遇到的难点促进小组合作学习。既充分体现了科学（S）与技术（T）的有机融合，同时也展现信息技术与学科教学整合的优点，为深度学习的有效发生提供条件。

三、思维的训练——深度学习的核心

深度学习强调高阶思维能力的发展，旨在培养学生的批判、质疑和创新能力。动态的科学探究活动以让学生获得充分的体验为基础，但对学生的思维训练还远远不够，因此，问题链的设置至关重要，在课堂教学中只有让学生进行深度思维，才能促成深度学习。

【教学片段 3】

师：与温度计的刻度线相比，自制密度计的刻度线分布有何特点？为什么？

生：刻度线上小下大；同一支密度计，所测液体的密度 $\rho_{液}$ 越大，浸入液体的深度 h 越小。

师：浸入液体的深度 h 与液体的密度 $\rho_{液}$ 满足什么关系式？

生：$h=\frac{G}{\rho_{液}Sg}$。

师：刻度线不仅不均匀，还呈现上疏下密的特点，为什么？

生：h 与 $\rho_{液}$ 呈反比例关系，不是线性关系。

独立思考能力的培养离不开问题的设置，太简单的问题仍属于浅层学习，对能力的发展帮助不大；太难的问题若超出学生的能力范围，不仅会让学生思而无获，甚至会失去继续思考的信心。在对刻度线的分布特点进行教学时，先引导学生观察刻度线的分布，再结合反比例函数关系及其图像，分析刻度线的特点。这样，一个难点被化解为多个进阶式问题的问题链，并被逐步融入原有的认知结构中，引发学生深度思考，从而层层递进认识刻度线分布规律。因此，只有属于最近发展区、需要深度思维的问题链，才能确保深度学习的生根落地。

四、能力的提升——深度学习的意义

无论是动态的科学探究学习方式，还是静态的深度思维训练，均是为了引导学生深度学习，促进其关键能力的发展。理论联系实际，将所学知识和思维方法应用于实际生活中，既是作出决策和解决问题的手段，也是能力得以提升、科学态度和精神得以快速养成的一种普遍方法。

【教学片段 4】

师：实验过程中出现如图 8-56 所示的现象，该实验操作是否得当？如何改进？

生：操作错误，未使密度计竖直漂浮。可换细长的容器（量筒等）代替烧杯进行实验。

师：如果有如图 8-57 所示不同小组自制的两支密度计，你会如何选择？为什么？

图 8-56 用自制密度计测液体的密度

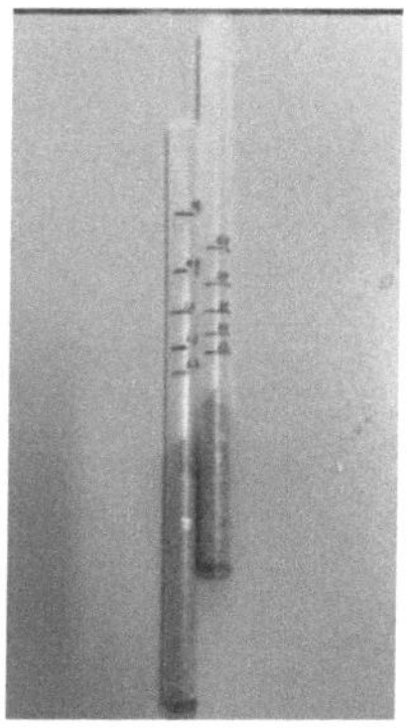

图 8-57 不同小组自制的两支密度计

生：选择左边的密度计，刻度线间距更大，能标出更多刻度，更精确。

师：与自制密度计相比，实验室密度计的构造为何很奇特？为何分为比重计和比轻计？

生：实验室密度计在液体中能较快、较容易地竖直漂浮立定。为了使用方便，将密度计分为比重计和比轻计。

在学生利用自制密度计估测液体密度的实践活动中，教师通过呈现典型操作错误，帮助学生认识到错误，提高学生实验操作能力。基于对不同小组测量结果的差异性，以及自制密度计与实验室密度计的异同点，小组间展开交流讨论，旨在培养学生合作交流的能力、批判思维和质疑的能力。在此基础上，展示不同小组的作品，引出对刻度线间距与密度计自重的关系的教学，再过渡到学生自主设计的其他增大刻度线间距的方法，进而对本小组的作品进行改进优化，最后利用课余时间测量生活中常见液体的密度，并由废液的处理引导学生关注环境问题，旨在提高学生的环保意识、创新能力和学以致用的能力。整个过程强调科学（S）、技术（T）、社会（S）、环境（E）的有机结合，既体现从物理走向社会、面向全体学生发展核心素养的新课程理念，又追求学生各方面能力的全面发展，充分实现深度学习的意义。

综上所述，基于STSE理念的综合实践活动深度学习课堂教学的一般模式如图8-58所示。基于科学知识的引入为深度学习课堂提供前提条件，基于科学与技术的实验探究活动作为深度学习课堂的学习方式，基于思维的问题链设计是深度学习课堂的核心环节，基于科学与社会、环境的实际应用能发挥深度学习课堂的意义所在，即一节课应该追求有趣、有体验、有思维和有意义，促进学生思维能力与品质的全面发展。

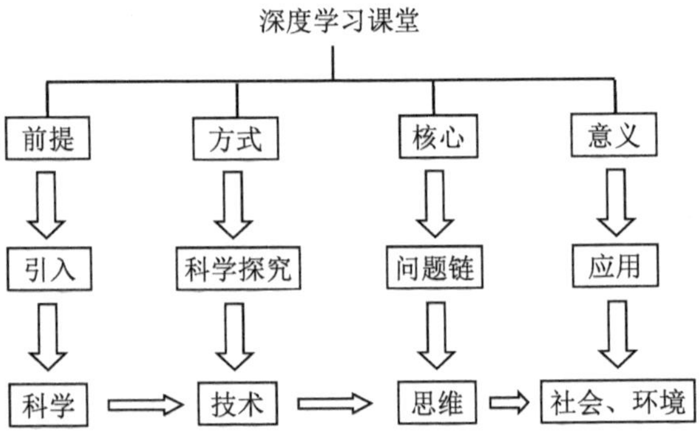

图8-58　基于STSE理念的综合实践活动深度学习课堂教学的一般模式

（发表于《物理教师》杂志2020年第4期，有删改）

成果9 初中物理教学中开展家庭实验的实践探索

周 健

（苏州工业园区星湾学校，江苏 苏州 215021）

摘 要：家庭实验是初中物理自主学习的一种模式，它蕴含于学科核心素养和课程标准之中。它是课堂教学的有益补充、学生保持学习兴趣的有效手段、教师获取备课资源的有效途径、学生破除错误概念和促进深度学习的利器。教师若能准确把握家庭实验的普适性、联系性、作业属性、拓展性、有用性等，就能更好地发挥它的作用。

关键词：初中物理；家庭实验；深度学习；实践探索

在任务驱动下，让学生以生活中常见的物品为实验器材，独立思考与合作交流并行，浅层学习与深度学习融合，并用得到的证据论证出一定结论，这种自主的初中物理学习行为就是初中物理家庭实验。其包括器材小制作、课外小实验、课内实验前置、课内实验外延、书面试题验证等。笔者从2016年开展家庭实验以来，历时5年，在两个地区的两所学校共进行了近100个小实验，取得了一定经验。

一、开展家庭实验的意义

（一）家庭实验蕴含于学科核心素养及课程标准之中

家庭实验是区别于教师演示实验及学校分组实验的另一种实验方式，但其并不独立于学科核心素养及课程标准。

物理学科核心素养要求能正确实施实验探究方案，使用各种科技手段和方法收集信息。

义务教育物理课程标准提倡师生利用身边的物品、器具、材料等进行物理实验，有条件的学校应根据具体情况适当增设一些学生实验，增加学生的动手机会。

案例1：找出生活中质量为50 g、500 g、50 kg的物体，并据此估测一些常见物体的质量。

案例2：往两个相同的杯中分别注入一样多的冷、热水，同时滴一滴墨水，观察墨水扩散的快慢。

这些都是课程标准提倡的实验项目。由此可见家庭实验蕴含于学科核心素养及课程标准之中。

（二）家庭实验是对物理教学有益的补充

长期的应试教育及评价机制、教师的教学理念的偏颇，加上实验配套设置（含实验设备和实验管理人员）的不完善，使一门以实验为基础的自然科学——物理，慢慢地偏离实验教学之路，虽然纯粹的“讲实验”代替“做实验”的很少，但是用演示实验代替学生分组实验，用实验视频代替演示实验比比皆是。若让学生进行家庭实验，学生从不同于教师演示的角度观察现象，会有不同的收获，在“做中思”“思中学”。

同时，将一些简单易行的“课堂实验”转化为家庭实验，可以节约课堂时间，有效提高课堂效率。家庭实验可以从空间和时间上对教学进行有益的补充。

（三）家庭实验可以提高学生的观察能力和动手能力，保持其学习兴趣

我国很多地区在学生学业水平测试中开设实验操作考试，实验真题及详细操作步骤提前下发，学校会针对考试的实验进行强化练习，以确保学生都能得到较为理想的分数。但是每年还有一些学生失分，其中包括平时物理理论成绩不错的学生。究其原因是这些同学平时不注重实际操作能力的训练。

爱因斯坦说：“兴趣是最好的老师。”而能够引起兴趣的实验往往是令人惊奇、“超乎想象”的实验。学生才能够在兴趣的引导下，主动地去学习和探索。

案例 3：在学习苏科版《物理》八年级（下册）“走进分子世界”前，笔者布置了这样一个家庭实验：将一支回形针轻轻地放入倒满水的杯中，杯中水不会溢出，继续放入回形针，杯中水还是没有溢出，尝试最多能放多少只回形针。针对此现象，提出一个或者几个值得探究的问题。在学生的反馈中，有的学生表示从来没有想过水的液面可以是弧形的，在以前只知道量筒中液面是凹形的；有的学生对能够放那么多回形针感到惊讶，并表示为了能够放得更多，总是小心翼翼地放；有极个别学生还对比了“同样条件下水和油哪种液体表面放的回形针更多”。

可见，一个看似平常的家庭实验，刺激了学生去观察、去动手、去思考、去探究，唤起了学生求知的欲望。

（四）家庭实验是获取备课资源的有效途径

教师在备课时，往往根据多年积累的经验，选取恰当的教学方法和教学策略去突出教学重点和攻克教学难点。但是，随着社会的发展，学生获取信息的渠道及方式已经发生了一定的变化，教师不能再以老方式、老观点来看待新问题。

此时，学生的家庭实验不仅是一种作业形式、学习手段，同时也是获取教学备课资源的有效途径。可先让学生自学，教师获知哪些部分是可以简略讲解的，哪些部分是需要通过特殊教学方法重点讲解的，进而有效提高课堂教学效率。

案例 4：在进行人教版《物理》八年级（上册）“测量平均速度”的教学时，学生通过家庭实验，已经获知平均速度的测量方法，而对怎样减小误差、设计实验数据表格、求平均速度（即与速度的平均值关系）不甚了解，笔者在教学中将教学重心偏向于此，获得了较好的教学效果。

（五）家庭实验破除错误前概念

一个人通过所见、所闻、所感、所思来逐渐认识世界，其间便形成对事物认识的前概念。但是有些前概念是不科学、不全面的，在课堂教学中，教师可以通过一定的手段将一些错误的前概念转化为科学概念。部分同学错误的前概念根深蒂固，在课堂上未能转化，会一直困扰着他。此时家庭实验，便成为破除错误前概念的利器。

案例 5：学生从小就在科普读物中知道含有水的矿泉水瓶和凸透镜具有一个相同的特点——对光有会聚作用。教师让学生回答透过装有水的圆柱形瓶子观察近处物体，将成什么样的像，许多同学认为将成“上下左右都放大的像”。通过布置家庭实验“透过装有水的圆柱形瓶子、方形容器观察近处物体”，就可轻松解除学生疑惑（图 8-59）。

图 8-59 **透过“装水的瓶子”观察物体**

案例 6：小镜子能成小物体完整的像，大镜子能成大物体完整的像，这也是学生的一个错误前概念。通过布置家庭实验“通过家中小镜子观察一个比他大 10 倍的物体”（图 8-60），学生通过实验得到了正确的结论，解除了疑惑。

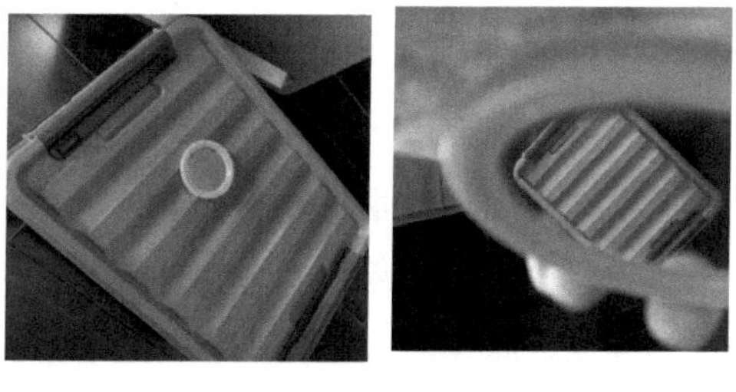

图 8-60 **通过家中小镜子观察大物体**

（六）家庭实验促进学生深度探究

学有余力的学生对学校布置的日常作业完成准确率高、速度快，这些学生的家长会建议老师推荐有些难度的资料或者给孩子布置有些难度的题目。毫无疑问，家长想让孩子的高阶思维能力得到提升。与其布置一些难度大、计算量大、玩弄文字、抠字眼、“超纲”的题目，不如让学生对一些实验进行设计、操作、分析、论证、改进，促进学生深度探究，从而使学生的批判性思维、创新性思维、实践能力得到提升，此时家庭实验凸显出其独特的优势。

案例 7：学习完“熔化和凝固”知识后，针对部分学生布置家庭实验“小组合作探究盐水浓度对盐水凝固点的影响。”

经小组合作讨论、交流，讨论出盐水的浓度的含义；为减少操作难度，学生将“探究盐水凝固点”改为“探究盐冰的熔点”；为减少个人操作次数，学生分组测量不同浓度的盐冰的熔点。最后得到盐水凝固点与盐水浓度的曲线（图 8-61），并用文字语言阐述了两者之间的关系。

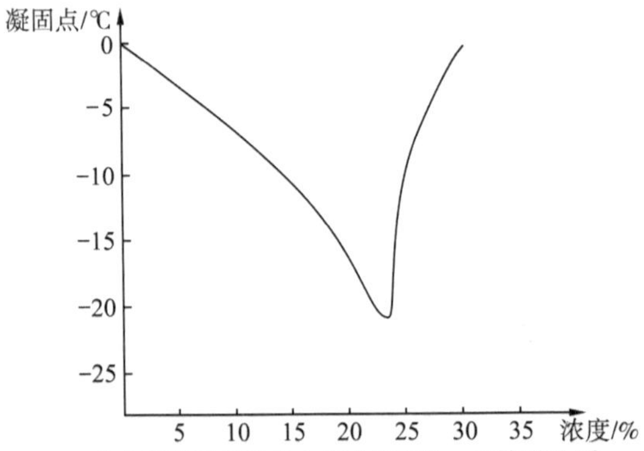

盐水的凝固点跟盐水的浓度有关，在浓度达到23%之前，盐水浓度越大凝固点越低，超过该浓度后盐水浓度越大凝固点越高

图 8-61　**盐水凝固点与盐水浓度的曲线**

在不同的教辅资料中也会遇到如上类似题目，相信学生通过探究得到的规律比仅仅通过做题得到的要深刻，同时在探究过程中会明白“纸上得来终觉浅，绝知此事要躬行”的道理。

家庭实验往往也是在家长的参与下进行的，家长与学生一起实验、一起修正、一起分析论证、一起享受成功的快乐，无形之中改善了亲子关系。

可见，将家庭实验融入教师的教和学生的学中，对保持学生的学习兴趣、破除学生错误的前概念、促进学生深度探究等都有其特殊的意义和作用，学生的核心素养的达成也会更容易得到落实。

二、家庭实验的性质

演示实验和分组实验是初中物理教学中最重要的手段，学生通过已有认知和技能及在教师搭建的脚手架的协助下，较容易达到既定的目标。家庭实验在项目设计好后，实际工作者是学生，此时要想使家庭实验顺利完成，要想其成为初中物理教学的有力助手，必须具有以下性质特点：

（一）普适性

家庭实验要求用居家用品或者网络上容易购买的物品进行实验，其理论依据是课程标准中“使用易拉罐、饮料瓶等日常用品进行物理实验……”

案例 8：在进行光的色散家庭实验时，“在水盆中装有水，将镜子斜插入其中，将盆放在阳光下，转动盆，将反射的光投射在白墙上。”这种方式毫无疑问比用三棱镜要更加具有普适性。

案例 9：在制作测力计家庭实验时，选择利用橡皮筋来作为研究对象要比选择弹簧作为研究对象更合适；水盆、镜子、橡皮筋更易在家庭中获得，通过家庭生活中常见的物品获得实用的测力计和美丽的彩虹，能够拉近物理学与生活的距离，激发学生学习的兴趣；同时学生经历探究过程，获取数据信息，提高了分析数据信息的能力，认识到物理学与生活相联系，进而体会到实践出真知的道理。

（二）联系性

教科书是学校教学中最基本、最重要的课程资源，是教师开展教学活动和学生进行学习活动的主要参考。在平时的教学中，教师准备一节课都是参考各个不同版本的教材进行整合教学的，以取得最佳教学效果。同理，在布置家庭实验时，教师也可以参考不同版本的教材。

案例 10：苏科版《物理》八年级（上册）序言中利用“富兰克林捕捉闪电”来阐述科学探究的六要素，那么教师可以让学生做人教版《物理》八年级（上册）序言中的“伽利略对摆动的研究”家庭实验（图8-62）。

图8-62 “伽利略对摆动的研究”家庭实验

案例 11：人教版《物理》八年级（上册）采用“敲桌子”实验来说明固体也可以传声，那么教师可以布置苏科版《物理》八年级（上册）“铅笔敲衣架”家庭实验（图 8-63）。

图 8-63　敲桌子和“铅笔敲衣架”家庭实验

以上两个案例巧妙地建立了教材与教材、教材与知识点、知识点与实验、实验与学生之间的联系，这样家庭实验就会紧贴课堂，不脱离教学实际。

（三）作业属性

作业是学生根据教师要求，在课外时间独立进行的学习活动，其不仅包含书面练习，而且包括课外小实验、课外小制作……家庭实验就是一项课外作业。

1. 控制作业总量

《国家中长期教育改革和发展规划纲要（2010—2020 年）》中明确指出：过重的课业负担严重损害青少年身心健康。成立学科兴趣小组，通过兴趣小组的一系列活动培养学生的学习兴趣和爱好，从而减轻学生学业上的负担。如果在课外作业正常的情况下再用家庭实验来加码，那么家庭实验不但不能培养学生的学习兴趣和爱好，还有可能成为学生的一项负担。

所以，家庭实验应该纳入作业总量，从而提高实验效果。

2. 体现作业评价

作业要做到“有发必收、有练必批、有批必评、有错必纠”。但是实验作业不能仅仅看到答案的正确与错误，要将过程性评价和终结性评价相结合，体现发展性评价与甄别性评价的结合，运用多样化的评价方法，促进学生全面而富有个性地发展。

案例 12：2021 年寒假前，笔者布置了“不用生活中的秤，比较《语文》八年级（上册）书与《数学课时作业》八年级（下册）哪个重”的家庭实验。一位同学使用直尺做横梁、小书本做砝码来度量两本书的“重”的关系，这俨然就是一个天平的雏形（图 8-64）。

教师批改作业后，选取几个典型实验报告，首先由所选学生展示，并要求从“好的方面”“有待改进的方面”“我的再思考”三方面进行自评。然后要求学生从“我发现两者不同点”“我认为好的方面”“我认为可以改进的地方”互评。最后教师进行评价，应多指出实验的优点，让学生有荣誉感，并提出对学生的期待，让学生感受今后学习的方向。

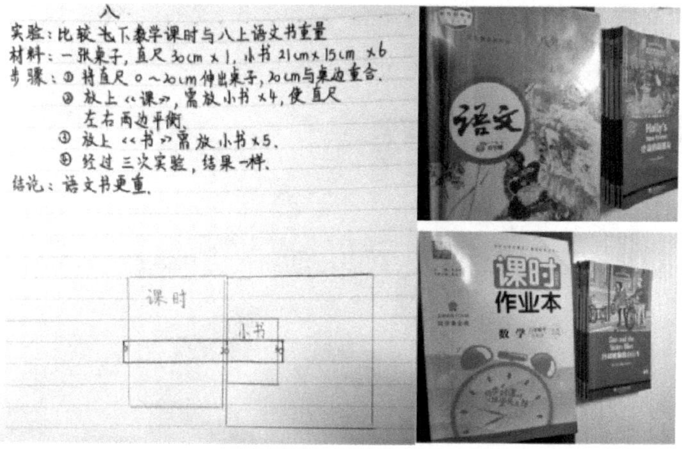

图 8-64 “比较书的‘重’”家庭实验

适量的家庭实验及合理的评价对培养学生的批判性思维大有益处，特别是基于证据大胆质疑，从不同角度思考问题，追求自主创新。

（四）拓展性

拓展是基于原有知识及技能、方法，利用家庭现有器材对既有的知识进行深加工，从而让学生加深理解，促进其核心素养得到全面提升。

案例 13：“响度与距离的关系”是八年级学生须习得的知识，控制变量法是八年级学生须习得的技能，手机中的“噪声分贝仪”是较为常见的 App，在上述基础上，“响度随距离的变化的可视性研究”就是可行的家庭实验。

通过以上探究，学生得出“用发出持续稳定单音的手机作为声源更好”“因受墙面反射等因素的影响，在空旷的场地进行实验要比在房间内好”“用描点作图法可得到响度随距离变化的图像”“响度的变化并不一定与距离成反比”等结论。

学生在家庭实验过程中应用既有知识，经历探究过程，思考解决问题的最佳路径，学会了用数学手段处理物理问题，提高了提取信息的能力，提升了信息化素养。

（五）有用性

初中物理注重有趣和有用并存，两者都是学生学习物理的持续动力。家庭实验的有趣性不容置辩，但有用才是家庭实验真正的价值，这种价值不仅促进学生高阶思维的发展，还解决了一些疑难问题。

案例 14：在教学苏科版《物理》“力与运动”内容时，作业中有如下习题：为了探究电梯在运行时受力和运动的关系，小明先将体重计放在静止的电梯中，站在体重计上，示数如图 8-65（a）所示，然后乘坐电梯从 1 层直接到 10 层，之后又从

10层直接回到1层。相关示数如图8-65（b）、（c）、（d）所示，其中，图的右上角为电梯显示的层数和运行方向。以下分析正确的是（　　）。

(a)　(b)　(c)　(d)

图8-65　“力与运动”实验示数

A. 该同学的质量是50 kg

B. 由图（b）可知，电梯在加速向上

C. 由图（d）可知，电梯在减速向下

D. 在图（c）、（d）状态下，小明受非平衡力作用

本题难度较大，为了使学生理解习题，笔者布置了“电梯运行时，人站在体重计上，其示数如何变化”的家庭实验，学生经过实验，获得表象，完成习题的正确率明显提高，体现出家庭实验的有用性。

当然，为了使学生获得荣誉感，适时将学生的优秀案例发布在公众号上，学生发现自己的实验能够被别人认可，也会增加学习物理的兴趣。

总之，只要教师不拘泥于“多、难、偏”的作业观，让学生敢于、善于、乐于进行家庭实验，学生的自主学习、动手操作、批判质疑、创新等方面的能力肯定会有长足进步。

（发表于《中学物理》杂志2021年第22期，有删改）

参考文献

［1］义务教育物理课程标准修订组．初中物理（科学）课程标准国际比较报告［Z］. 2019.

［2］义务教育物理课程标准修订组．义务教育物理课程标准（2011 年版）实施调研报告［Z］. 2019.

［3］廖伯琴．义务教育教科书物理八年级（全一册）［M］. 上海：上海科学技术出版社，2019.

［4］廖伯琴，李洪俊，李晓岩．高中物理学科核心素养解读及教学建议［J］. 全球教育展望，2019，48（9）：77-88.

［5］于晓雅．STEM 课例生成与进阶解析［M］. 北京：北京师范大学出版社，2021.

［6］曹帅．当语文遇上 STEAM 教育理念：探究新课改背景下语文教学的现代性［J］. 课外语文，2019（9）：92-93.

［7］［美］盖尔曼．夸克与美洲豹：简单性和复杂性的奇遇［M］. 杨建邺，李湘莲，等译. 长沙：湖南科学技术出版社，2002.

［8］朱珂．国际视野下 STEM 教育的理论与实践［M］. 北京：科学出版社，2020.

［9］白瑞，陈坚．奥巴马任期内 K-12 STEM 教育改革研究［J］. 现代教育科学，2018（4）：145-151.

［10］徐墨，苑大勇，聂苏佳惠．2023 年全球科学教育热点扫描［N］. 中国教育报，2024-01-04（9）.

［11］张丰，管光海. 变革学校：科技创新教育与项目化学习［M］. 杭州：浙江教育出版社，2022.

［12］陈超．美国的世界一流大学战略与启示［J］. 中国高教研究，2008（11）：48-50.

［13］丁林，杜玉霞．从美国 STEM 教育的发展看中国 STEM 教育［J］. 中国信息技术教育，2016，（13-14）：21-29.

［14］［美］哈兰德．STEM 项目学生研究手册［M］. 中国科协青少年科技中心，译. 北京：科学普及出版社，2013.

［15］王建华，胡茜．STEM 教育的全球发展［N］. 光明日报，2024-01-18

(14).

［16］米歇尔·斯蒂芬，大卫·普高里，朱莉·克莱因，等. 课堂透视：STEM 深度学习中学生创意和问题的获得［M］. 李鹏伟，译. 北京：电子工业出版社，2020.

［17］826 全美. 基于课程标准的 STEM 教学设计：有趣有料有效的 STEM 跨学科培养教学方案［M］. 林悦，译. 北京：中国青年出版社，2018.

［18］苏西·博斯，约翰·拉尔默. 项目式教学：为学生创造沉浸式学习体验［M］. 周华杰，陆颖，唐玥，译. 北京：中国人民大学出版社，2020.

［19］孙赤婴. 中小学综合实践活动的整体规划与实施：STEM 视野下区域本土化研究［M］. 上海：华东师范大学出版社，2021.

［20］中国教育发展战略协会. STEM（科学、技术、工程和数学）教育 2035 行动计划［R］. 北京：中国教育发展战略协会，2024.7.

［21］课题组. 建设教育强国：世界中的中国［J］. 教育研究，2023（2）：4-14.

［22］廖伯琴. 继承与发展：物理课程标准修订的主旋律：以义务教育物理课程标准（从 2001 版到 2022 版）为例［J］. 物理教学探讨，2022，40（11）：1-5.

后 记

随着新课程改革的不断深入，《义务教育物理课程标准（2022年版）》明确指出，跨学科实践不少于10%的课时，苏科版物理新教材也于2024年9月1日全面投入使用。2023年11月9日，联合国教科文组织第42届大会通过了在中国上海设立教科文组织国际STEM教育研究所的决议，STEM教育已经成为全球教育的热点。依托苏州工业园区2020年江苏省基础教育前瞻性教学改革实验培育一类项目“STEM教育支持强基创新人才的融浸式实践”和苏州工业园区2024年江苏省基础教育前瞻性教学改革实验项目“科技强国背景下整体建构中小学科学教育体系的区域创新实验”，结合江苏省教育科学“十三五”规划课题“STEM理念下初中物理教学的实践研究”，打破学科之间的界限，探索STEM物理+跨学科课程研究。本书正是基于这一背景，深入探讨了STEM理念在初中物理教学中的具体应用和效果，旨在为广大教育工作者提供有益的参考和启示。

STEM理念强调跨学科整合，鼓励学生通过项目式学习、问题解决等方式，将科学、技术、工程和数学的知识与技能融为一体，从而培养学生的创新精神和实践能力。在初中物理教学中，这一理念得到了广泛的应用和体现。

本书从理论和实践两个层面，对STEM理念下的初中物理教学进行了系统梳理和总结。在理论方面，我们分析了STEM教育的核心要义和发展趋势，探讨了STEM教育与初中物理课程的结合点。在STEM理念指导下，初中物理教学不再是单纯的知识传授和技能训练，而是更加注重学生的主体性和实践性。在实践方面，我们通过具体的教学案例，展示了STEM理念在初中物理教学中的具体应用和效果。学生通过参与各种实践活动和项目研究，不仅能够深入理解物理概念和原理，还能够掌握科学探究的方法和技能，培养创新精神和团队协作能力。

本书中的实践案例涵盖了课堂教学、实验教学、课外活动等多个方面，体现了

STEM 教育的多样性和灵活性。STEM 理念强调跨学科整合，鼓励学生通过项目式学习、问题解决等方式，将科学、技术、工程和数学的知识与技能融为一体，从而培养学生的创新精神和实践能力。在初中物理教学中，这一理念得到了广泛的应用和体现。

在课堂教学方面，我们积极践行 STEM 教育理念，采用项目式学习、合作学习等多样化的教学方法，充分发挥学生的主体作用，让学生在探究实践中成长进步。例如，在力学部分，我们设计了“测量物体的质量”“走进非遗：自制杆秤”“制作简易密度计”等课内外项目；在光学部分，我们设计了“自制简易望远镜”“制作投影仪”“自制赤道式日晷”等课内外项目；在电学部分，我们设计了“制作简易调光灯”“自制油量表”等课内外项目。让学生通过动手实践，在项目活动中培养能力，发展素养。在实验教学方面，我们注重实验的探究性和创新性，让学生在实验中发现问题、解决问题。例如，在“自制弹簧测力计”“测量长度和时间”这两个课例中，通过学生自制专属的弹簧测力计和刻度尺，培养学生的动手能力和创新意识。在课外活动方面，我们组织了各种科技制作、科技创新等活动，让学生在实践中锻炼技能、提升能力。通过系列课例如“桥项目”“水项目”“家项目”，将 STEM 教育与初中物理教学深度融合，在“桥项目”中通过识桥、研桥、制桥（课后）、赛桥等活动，有效地将初中物理教学提升到一个新的高度，这些项目让学生在动手实践中，不仅深入理解物理概念和原理，还将科学、技术、工程和数学知识有机结合，有效培养了综合能力，提升了科学素养。让学生在实践中学习，在探索中成长，为未来成为创新型人才打下坚实的基础。

经过多年的实践探索，STEM 理念下的初中物理教学已经取得了显著的成效。学生的学习兴趣和实践能力得到了显著提升，创新精神和团队协作能力也得到了有效培养。同时，教师的教学水平和专业素养也得到了提高，形成了一批具有创新精神和实践能力的优秀教师队伍。

然而，我们也应该清醒地看到，STEM 理念下的初中物理教学仍面临诸多挑战和问题。例如，如何更好地实现跨学科整合？如何更有效地培养学生的创新精神和实践能力？如何更好地评价学生的学习成果？这些问题需要我们进一步思考和探索。

展望未来，我们将继续深化 STEM 理念下的初中物理教学改革，不断探索新的教学方法和手段，努力提高学生的综合素质和实践能力。同时，我们也希望广大教育工作者能够积极参与其中，共同推动 STEM 教育的发展和创新。

本书是对 STEM 理念下初中物理教学的一次全面总结和反思。通过本书的撰写和出版，我们希望能够为广大教育工作者提供有益的参考和启示，推动 STEM 教育在初中物理教学中的深入发展。同时，我们也希望读者能够从中获得启发和灵感，为教育事业的发展贡献自己的力量。

感谢中国教育学会物理教学专业委员会副理事长、江苏省教育学会物理教学专业委员会理事长、苏州大学物理科学与技术学院陶洪教授，苏州大学物理教育研究所所长、《物理教师》编辑部主任、常务副主编桑芝芳教授，江苏省特级教师、中小学正高级教师、“江苏人民教育家培养工程”培养对象杨勇诚校长，苏州市教育科学研究院初中教育研究所副所长、初中物理教研员李刚，原苏州工业园区教育局局长、现苏州工业园区人大工委副主任沈坚，苏州工业园区教育局局长顾纯青，原苏州工业园区教师发展中心主任顾建元，苏州工业园区教师发展中心主任叶鹏松，苏州工业园区教师发展中心教研室主任曹宏，原苏州工业园区教师发展中心 STEM 教研员尹德光，苏州工业园区教师发展中心小学科学教研员蒋波等领导专家一直以来的关心、指导和支持。

感谢江苏省教育科学“十三五”规划专项课题“STEM 理念下初中物理教学的实践研究”课题组（课题编号：E-c/2020/21）成员，感谢苏州工业园区 STEM 物理＋联盟全体成员，每位同行的探索实践使得我们在研究中教学相长。感谢积极投身 STEM 教育研究和实践并参与撰写本书案例的各位教师：苏州工业园区星湾学校周健、钱二停、宋冰峰，西安交通大学苏州附属初级中学王芳，苏州工业园区星海实验初级中学李翔等。

本书由苏州工业园区星洋学校的肖晨主编，西安交通大学苏州附属初级中学的陈刚、顾健，苏州工业园区金鸡湖学校的李康同时参与书稿框架的讨论与设计，共同撰写完成。过程中，团队借鉴和参考了诸多国内外相关专家的著作和研究成果，同时引用了许多一线教师的授课案例。该书各章节分工如下：第一章、第二章、第七章部分内容、后记由肖晨编写，第三章、第七章部分内容由李康编写，第四章、第六章由陈刚编写，第五章、第八章由顾健编写，全书由肖晨统稿。

本书能够在较短的时间里顺利出版，还要感谢苏州大学出版社周建兰的大力支持。

我们对 STEM 理念下初中物理教学的实践研究尚处于探索阶段，由于水平有限，加上时间仓促，书中难免有疏漏之处，敬请读者朋友批评指正！

肖晨

2024 年 8 月